D1705497

Classroom in a Book

Adobe

Version

Adobe Premiere 5.0

Adobe

Classroom in a Book

Version

Adobe Premiere 5.0

Markt&Technik
Buch- und Software
Verlag GmbH

Die Deutsche Bibliothek – CIP-Einheitsaufnahme

Adobe Premiere 5.0: [Medienkombination]: Macintosh und Windows; Version 5.0
das offizielle Übungsbuch / entwickelt von Adobe-Mitarbeitern. -
Haar bei München: Markt&Technik Buch- und Software-Verlag
(Classroom in a book)
ISBN 3-8272-5458-2

Buch. – 1998
brosch.
CD-ROM. – 1998

Titel der amerikanischen Originalausgabe: Adobe Premiere 5.0 – Classroom in a book
© 1998 by Adobe Systems Incorporated

10 9 8 7 6 5 4 3 2 1

01 00 99 98

ISBN 3-8272-5458-2

© 1998 by Markt&Technik Buch- und Software-Verlag GmbH,
Hans-Pinsel-Straße 9b, D-85540 Haar bei München/Germany
Alle Rechte vorbehalten
Einbandgestaltung: Adobe Press
Lektorat: Jörg Wieter, jwieter@mut.de
Herstellung: Martin Horngacher
Übersetzung und Satz: Frank Baeseler, Börm
Druck: Kösel Druck, Kempten
Dieses Produkt wurde mit Adobe FrameMaker, Adobe Photoshop und Adobe Illustrator
auf dem Macintosh erstellt und auf chlorfrei gebleichtem Papier gedruckt.
Printed in Germany

Inhalt

**Zuweisen von Video-
und Audiofiltern**

**Clipkopien und
virtuelle Clips**

Einführung

Adobe® Premiere® 5.0 ist ein leistungsstarkes Programm für die digitale Filmerstellung. Mit Premiere können Sie dynamische Videos oder Filme erstellen, egal, ob Sie lange oder kurze Programme für CD-ROM oder das Web benötigen. Sie können in Premiere äußerst präzise mit den Werkzeugen arbeiten, wie sie auch in den traditionellen, nicht-linearen Schnittsystemen vorhanden sind – Werkzeuge, die z.B. den 3-Punkt-Schnitt und viele andere professionelle Techniken ermöglichen.

Über dieses Buch

Adobe Premiere 5.0 Classroom in a Book® gehört zu den offiziellen Trainingsbüchern für Adobe-Grafik- und Satzprogramme und wurde von Experten im Haus Adobe Systems entwickelt. Die Lektionen sind so angelegt, daß Sie Ihren Lernrhythmus selber bestimmen können. Wenn Sie mit Adobe Premiere noch nicht vertraut sind, werden Sie alle wichtigen Grundlagen und Möglichkeiten kennenlernen, die Sie für die Arbeit mit dem Programm benötigen. Arbeiten Sie bereits mit Adobe Premiere, finden Sie in *Classroom in a Book* viele weitergehende Techniken und Tips für die aktuellste Version von Adobe Premiere.

Obwohl in jeder Lektion Schritt-für-Schritt-Anweisungen für das Erstellen eines bestimmten Projekts gegeben werden, gibt es viele Möglichkeiten für eigene Experimente. Sie können das Buch von Anfang bis Ende durcharbeiten oder sich nur die Lektionen vornehmen, die für Sie interessant sind. Alle Lektionen werden mit Fragen und Antworten zum jeweiligen Lernstoff abgeschlossen.

Voraussetzungen

Bevor Sie mit *Adobe Premiere 5.0 Classroom in a Book* beginnen, sollten Sie mit dem Betriebssystem Ihres Computers vertraut sein. Sie sollten wissen, wie mit der Maus und den standardmäßigen Menüs und Befehlen umgegangen wird. Ihnen sollte außerdem bekannt sein, wie man Dateien öffnet, speichert und schließt. Um diese Techniken noch einmal aufzufrischen, können Sie die Dokumentation lesen, die mit Ihrem Computer ausgeliefert wurde.

Es ist hilfreich, aber keine Voraussetzung, wenn Sie bereits Erfahrung im Umgang mit den Programmen Adobe Illustrator*, Adobe Photoshop* und Adobe After Effects* haben.

Prüfen der Systemvoraussetzungen

Bevor Sie mit *Adobe Premiere 5.0 Classroom in a Book* beginnen, muß Ihr System korrekt eingerichtet und die notwendige Hard- und Software installiert sein. Hinweise zur benötigten Festplattenkapazität für die Classroom-in-a-Book-Lektionen finden Sie unter »Verwenden der Classroom-in-a-Book-Dateien« auf Seite 17.

Sytemvoraussetzungen unter Windows

Sie benötigen folgende Komponenten:

- Prozessor der Intel-Pentium-Klasse (oder 100% kompatibel)
- Windows 95 (oder später) oder Windows NT 4.0
- QuickTime 3.0 (installiert mit Premiere)
- Mindestens 32 Mbyte Arbeitsspeicher (RAM)
- 60 Mbyte freier Festplattenspeicher für die Installation (30 Mbyte für das Programm)
- Grafikkarte, die eine Farbtiefe von mindestens 8 Bit (256 Farben) unterstützt
- CD-ROM-Laufwerk

Damit Sie Premiere 5.0 optimal nutzen können, empfiehlt Adobe Systems die folgende Hard- und Software:

- Multiprozessorsystem (nur Windows NT)
- Mindestens 64 Mbyte RAM

- Festplatte oder Festplattenarray mit großer Kapazität

- Grafikkarte mit 24 Bit (16,7 Millionen Farben)

- Microsoft-Video-für-Windows®-kompatible oder Apple-QuickTime-für-Windows-kompatible Videoaufnahmekarte

- Apple-QuickTime-für-Windows-3.0 (wahlweise mit Premiere installiert), Microsoft-DirectX®-Media-5.1 (wahlweise mit Premiere installiert) oder eine andere von Ihrer Videoaufnahme-Hardware unterstützte Video-Software

- Soundkarte (ratsam, falls Ihre Videoaufnahmekarte keinen Soundchip enthält)

Systemvoraussetzungen für Mac OS

Sie benötigen die folgenden Komponenten:

- PowerPC™-Prozessor

- Mindestens Systemsoftware 7.5.5 (oder 7.5.1 nur für Radius™ VideoVision™)

- 16 Mbyte RAM

- 30 Mbyte Festplattenspeicher für die Installation

- CD-ROM-Laufwerk

Damit Sie Premiere 5.0 optimal nutzen können, empfiehlt Adobe Systems zusätzlich die folgende Hard- und Software:

- Multiprozessorsystem

- QuickTime 3.0 (mit Premiere installiert)

- Mindestens 48 Mbyte RAM

- Festplatte oder Festplattenarray mit großer Kapazität

- QuickTime-kompatible Videoaufnahmekarte

- Grafikkarte mit 24 Bit (16,7 Millionen Farben)

Installieren von Adobe Premiere

Sie müssen das Programm Adobe Premiere gesondert erwerben. Das dazugehörige *Adobe Premiere 5.0 Handbuch* enthält alle Hinweise für die Installation.

Installieren von QuickTime

QuickTime 3.0 wird für das Abspielen von QuickTime-Filmen benötigt, die Sie mit Adobe Premiere sowohl unter Windows als auch auf dem Mac OS erstellen. Folgende Voraussetzungen sind für die Tonwiedergabe erforderlich:

• Auf einem Windows-System muß eine Soundkarte mit angeschlossenen Lautsprechern installiert sein.

• Der Mac OS ist von Haus aus mit integrierter Tonwiedergabe ausgestattet, wobei die Tonqualität je nach Modell unterschiedlich ist. Eine optimale Tonqualität erzielen Sie, wenn Sie Ihren Mac OS an einen externen Verstärker mit entsprechenden Lautsprechern anschließen.

Wenn QuickTime 3.0 noch nicht auf Ihrem System installiert ist, finden Sie die benötigte Software auf der *Adobe Premiere Application CD-ROM*.

Installieren der Schriften für die Lektionen

Die Lektionen 8 und 9 in *Classroom in a Book* benötigen die Schriften News Gothic und OCRA Alternate. Sie finden diese Adobe-PostScript-Schriften zusammen mit weiteren Gratisschriften auf der diesem Buch beigefügten CD-ROM.

Installieren Sie unter Windows die Adobe-PostScript-Schriften mit Hilfe des Adobe Type Managers (ATM). Dieses Dienstprogramm (sofern noch nicht vorhanden) kann ebenfalls von der *Adobe Premiere Application CD-ROM* installiert werden. Der Adobe Type Manager verbessert die Bildschirmanzeige von Schriften und ermöglicht es Ihnen, PostScript-Schriftarten auf Nicht-PostScript-Druckern auszudrucken. Hinweise zur Schriftinstallation auf dem Mac OS finden Sie in der Dokumentation für Ihren Computer.

Verwenden der Classroom-in-a-Book-Dateien

Die CD-ROM *Classroom in a Book* enthält Verzeichnisse mit allen Dateien für die einzelnen Lektionen dieses Buchs. In einigen Fällen sind auch eine Premiere-Projektdatei als Ausgangspunkt für die Lektion sowie ein QuickTime-Film der fertigen Version enthalten. Sie können während des Nachvollziehens einer Lektion jederzeit auf den fertigen Film als Hilfe zugreifen.

Hinweis: Die Dateien auf der Classroom-in-a-Book-CD-ROM sind urheberrechtlich geschützt und dürfen nur für die in diesem Buch vorhandenen Lektionen verwendet werden .

Für die einzelnen Lektionen können Sie unter einer der folgenden Arbeitsweisen wählen:

• Laden Sie die Lektionsdateien direkt von der CD-ROM, und speichern Sie Ihre eigenen Arbeiten auf der Festplatte. Das spart zwar Festplattenkapazität, geht aber zu Lasten der Geschwindigkeit.

• Kopieren Sie die Lektionsdateien auf Ihre Festplatte. Sie erzielen so eine optimale Arbeitsgeschwindigkeit, benötigen aber entsprechenden Speicherplatz. Falls die Festplattenkapazität problematisch ist, sollten Sie nur den für die jeweilige Lektion benötigten Ordner auf Ihre Festplatte kopieren und löschen, bevor Sie den nächsten Ordner kopieren. Für den umfangreichsten Lektionsordner benötigen Sie etwa 55 Mbyte Festplattenkapazität oder weniger, wenn Sie den fertigen QuickTime-Film (.mov) für die entsprechende Lektion auslassen.

Hinweis: Wenn Sie zu Beginn einer Lektion eine Projektdatei öffnen, könnte eine Meldung nach dem Speicherort der Datei fragen. Grund: Premiere sucht Projektdateien an ihrem ursprünglichen Speicherort, der sich natürlich ändert, wenn Sie den Ordner auf Ihre Festplatte kopieren oder die Dateien direkt von der CD-ROM laden. Sobald die Meldung erscheint, wählen Sie die fragliche Datei im Lektionsordner aus. Klicken Sie dann auf OK, um das Öffnen des Projekts fortzusetzen.

Um mit Lektionsdateien von der CD-ROM aus zu arbeiten:

1 Legen Sie auf dem Desktop einen neuen Ordner mit der Bezeichnung **Lektionen** an. Legen Sie dann innerhalb dieses Ordners den Ordner **Projekte** an und in diesem dann die einzelnen Ordner **01Lektion**, **02Lektion** usw.

2 Arbeiten Sie in den Lektionen mit den Lektionsdateien auf der CD-ROM. Wenn während der Lektion eine Datei gespeichert werden soll, speichern Sie diese in einem der Ordner, die Sie im Ordner *Projekte* angelegt haben (Sie können nicht auf der CD-ROM speichern).

Um mit den Lektionsdateien von der Festplatte aus zu arbeiten:

1 Legen Sie auf dem Desktop einen neuen Ordner mit der Bezeichnung **Lektionen** an.

2 Öffnen Sie den *Lektionen*-Ordner auf der CD-ROM. Kopieren Sie die benötigten Lektionsordner in den *Lektionen*-Ordner auf Ihrem Desktop.

3 Arbeiten Sie in der jeweiligen Lektion mit den Lektionsdateien im *Lektionen*-Ordner auf Ihrem Desktop. Wenn Sie im Verlauf einer Lektion eine Datei speichern müssen, können Sie dazu den Ordner mit den Lektionsdateien verwenden. Sie können aber auch an beliebiger anderer Stelle auf Ihrer Festplatte speichern.

Wiederherstellen der Standardeinstellungen

Adobe Premiere arbeitet mit einer Voreinstellungen-Datei, in der die zuletzt im Programm verwendeten Einstellungen gespeichert werden. Wenn Sie in einer Lektion mit einem Projekt neu beginnen, werden Sie darauf hingewiesen, die Adobe-Premiere-Voreinstellungendatei zu löschen. Mit diesem Schritt werden die *standardmäßigen* Programmeinstellungen von Adobe Premiere wiederhergestellt. So wird sichergestellt, daß die Einstellungen von Adobe Premiere mit den Einstellungen übereinstimmen, die für den Start mit der Lektion benötigt werden. Das Löschen der Voreinstellungen-Datei stellt auch die standardmäßige Anordnung von Fenstern und Paletten wieder her.

💡 *Um die Premiere-Voreinstellungen-Datei schnell unter Windows zu finden und zu löschen, wählen Sie* **Start: Suchen: Dateien/Ordner***; suchen Sie nach der Datei* prem50.prf. *Wählen Sie* **Optionen: Ergebnis speichern** *und dann den Befehl* **Datei: Suche speichern***. Auf dem Mac OS erstellen Sie einen Alias für den* Preference-*Ordner innerhalb des Systemordners. Anschließend können Sie auf die gespeicherte Suchdatei (Windows) oder den Alias (Mac OS) immer dann doppelklicken, wenn Sie die Voreinstellungen-Datei löschen wollen.*

Um die standardmäßigen Premiere-Voreinstellungen wiederherzustellen:

1 Beenden Sie Adobe Premiere.

2 Führen Sie eine dieser Aktionen aus:

• Unter Windows löschen Sie die Datei *prem50.prf* im Premiere-Programmordner.

• Auf dem Mac OS löschen Sie die Datei *Adobe Premiere 5.0 Prefs* im Ordner *Preferences* innerhalb des Systemordners.

Konventionen

Befehle und Eingaben über die Tastatur sind in diesem Buch **fett** und Namen, z.B. für Dateien und Ordner, *kursiv* gedruckt. Es wird durchgehend das Menü »Datei« (statt »Ablage« für Mac OS) und der Befehl »Speichern« (statt »Sichern« für Mac OS) verwendet. Die Bezeichnung »Eingabetaste« gilt für den Zeilenschalter (Mac OS) bzw. die Enter-Taste (Windows). Bei weiteren Unterschieden zwischen den Plattformen wird explizit darauf hingewiesen.

Weitere Unterlagen

Adobe Premiere 5.0 Classroom in a Book ist kein Ersatz für die mit Adobe Premiere 5.0 gelieferte Dokumentation, da im vorliegenden Buch nur Befehle und Optionen für die jeweiligen Lektionen erläutert werden. Ausführliche Informationen über alle Programmfunktionen finden Sie in folgenden Unterlagen:

• *Adobe Premiere 5.0 Handbuch*, das zum Lieferumfang von Adobe Premiere gehört und die vollständige Beschreibung aller Programmfunktionen umfaßt. Auszüge aus dem Handbuch finden Sie im vorliegenden Buch, einschließlich der *Tour*, mit der das Buch beginnt.

• *Tour*-Film auf der Adobe-Premiere-5.0-CD-ROM.

• *Schnellreferenzkarte* als nützliche Hilfe während der Arbeit in den Lektionen. Sie können auf die Online-Version zugreifen, indem Sie aus Premiere heraus den Befehl **Hilfe: Tastatur-Kurzbefehle** wählen.

• *Online-Hilfe* als Online-Version des *Handbuchs* und der *Schnellreferenzkarte*, auf die Sie mit dem Befehl **Hilfe: Hilfethemen** zugreifen können.

• Die *Adobe Web Site*, die Sie im World Wide Web mit dem Befehl **Datei: Adobe Online** besuchen können – vorausgesetzt, Sie haben einen Internet-Zugang.

Adobe-Zertifizierung

Das Adobe-Zertifizierungsprogramm bietet Anwendern und Schulungszentren die Möglichkeit, ihre Professionalität im Umgang mit dem Programm darzustellen und sich als *Adobe Certified Experts*, *Adobe Certified Instructors* oder *Adobe Authorized Learning Providers* zu qualifizieren. Informationen über dieses Zertifizierungsprogramm finden Sie auf der Website *http://www.adobe.com*.

Tour

Eine Tour
durch Adobe Premiere

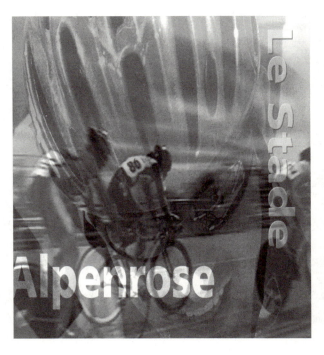

Diese Tour – sie wurde aus dem Adobe Premiere 5.0 Handbuch übernommen – hilft Ihnen dabei, die grundlegenden Konzepte und Funktionen von Adobe Premiere zu verstehen und anzuwenden. Sie werden durch die typischen Schritte bei der Erstellung eines Video geführt, einschließlich wesentlicher Bearbeitungstechniken wie das Hinzufügen von Überblendungen, Bewegung und Transparenz. Das Erstellen des Videos dürfte ungefähr eine Stunde in Anspruch nehmen.

Im Verlauf dieser Tour werden Sie unter Verwendung der auf der CD-ROM enthaltenen Video- und Audio-Clips eine Fernsehwerbung für einen fiktiven Fahrradhersteller erstellen. Sie werden dabei mit Clips arbeiten, die bereits als QuickTime-Dateien digitalisiert wurden. Wenn Sie dieses Projekt von Beginn an selber realisieren müßten, würden Sie vermutlich Clips von Original-Videobändern aufnehmen und mit Premiere digitalisieren.

Beginnen mit dem Projekt

Zuerst müssen Sie ein neues Projekt erstellen und dann die Video-Clips importieren.

1 Prüfen Sie, wo sich die für diese Lektion benötigten Dateien befinden. Eventuell müssen Sie auf die CD-ROM zugreifen. Sie können den Ordner *Tour* auf Ihre Festplatte kopieren. Entsprechende Hinweise finden Sie unter »Verwenden der Classroom-in-a-Book-Dateien« auf Seite 17.

2 Um sicherzustellen, daß Sie mit den standardmäßigen Premiere-Programmeinstellungen arbeiten, beenden Sie Premiere, um die Vorgabedatei zu löschen. Entsprechende Hinweise finden Sie unter »Wiederherstellen der Standardeinstellungen« auf Seite 18.

3 Starten Sie Premiere. Falls das Programm bereits geladen ist, wählen Sie **Datei: Neu: Projekt**.

4 Wählen Sie im Dialogfeld »Neue Projekteinstellungen« unter »Bearbeitungsmodus« die Einstellung »QuickTime«.

5 Wählen Sie unter »Timebase« den Wert »30«.

Die Timebase legt die Anzahl an Frames pro Sekunde für Ihr Projekt fest. Für die endgültige für eine Ausstrahlung bestimmte Version Ihres Videoprogramms würden Sie hier den Wert 25 fps für den PAL-(Phased Alternating Line)-Fernsehstandard oder den

Wert 29,97 fps für den NTSC-(National Television Standards Commission)-Standard wählen, je nachdem, wo das Programm ausgestrahlt werden soll.

6 Klicken Sie auf »Nächste«, um in dem Dialogfeld »Neue Projekteinstellungen« den Abschnitt »Videoeinstellungen« zu öffnen.

7 Geben Sie unter »Framegröße« den Wert **240** in das äußerste linke Feld ein, um die Vorschaubreite festzulegen.

Da die Option »Seitenverhältnis 4:3« aktiviert ist, wird für die Höhe des Vorschau-Frames automatisch der Wert »180« gewählt. Diese Einstellungen legen fest, wie die Projektvorschau auf Ihrem Bildschirm angezeigt wird.

8 Wählen Sie unter »Framerate« den Wert »15«, und klicken Sie auf OK.

Viele der von Ihnen soeben definierten Projekteinstellungen legen fest, wie das Video-programm erstellt und exportiert wird. Bevor Sie Ihre eigenen Videos erstellen, sollten Sie das Kapitel 2, »Arbeiten mit Projekten«, im *Adobe Premiere 5.0 Handbuch* durchle-sen, um einen besseren Überblick über die möglichen Einstellungen und ihren Einfluß auf den Erfolg Ihrer Arbeit zu gewinnen.

Ansehen des fertigen Films

Sie können sich den Film, den Sie anschließend erstellen werden, schon jetzt als fertige Version ansehen.

1 Wählen Sie **Datei: Öffnen**, und doppelklicken Sie auf die Datei *zfinal.mov* im *Tour*-Ordner (wenn Sie die Tour zusammen mit Premiere installiert haben). Ansonsten finden Sie die Datei auf der *Premiere-Application-CD-ROM*.

Das Videoprogramm wird in der Originalansicht geöffnet.

2 Klicken Sie auf die Abspiel-Schaltfläche (▶), um das Videoprogramm anzusehen.

Importieren der Clips

Sie importieren jetzt die Clips für Ihr Videoprogramm. Ein Clip kann ein digitalisierter Film, Video, Audio, ein Standbild oder eine Sequenz aus mehreren Standbildern sein; ein Video- oder Audio-Clip kann nur einige Sekunden lang sein.

Es gibt verschiedene Möglichkeiten, Clips in ein Projekt zu importieren. In dieser Tour werden Sie Clips direkt in das Projektfenster importieren, d.h. an die einzige Stelle, an der alle Clips eines Projekts aufgeführt werden.

1 Führen Sie je nach Plattform einen der folgenden Schritte aus:

• Wählen Sie in Windows **Datei: Importieren: Datei**, und öffnen Sie dann den von der *Premiere Application CD-ROM* kopierten oder installierten *Tour*-Ordner. Wählen Sie die Datei *Boys.mov*, halten Sie die Umschalttaste gedrückt, und wählen Sie die Datei *Finale.mov*. Dadurch werden die ersten vier Filmdateien des Ordners ausgewählt. Klikken Sie nun auf »Öffnen«.

• Wählen Sie auf dem Macintosh **Datei: Importieren: Mehrere**, öffnen Sie den von der *Premiere Application CD-ROM* kopierten oder installierten *Tour*-Ordner, und öffnen Sie dann den *Clips*-Ordner. Wählen Sie die Datei *Boys.mov* aus, und klicken Sie auf »Importieren«. Wählen Sie auf diese Weise auch die Dateien *Cyclers.mov*, *Fastslow.mov* und *Finale.mov* aus, und klicken Sie dann auf »Fertig«.

Die Dateien erscheinen im Projektfenster. Das Projektfenster listet Name, Typ und Dauer jeder von Ihnen importieren Datei auf. In die übrigen Spalten können Sie Ihre eigenen Beschreibungen und Bezeichnungen eingeben. Falls erforderlich, können Sie einen Bildlauf durchführen.

Speichern Sie nun das Projekt, und wählen Sie einen Programmnamen.

2 Wählen Sie **Datei: Speichern** (Windows) bzw. **Datei: Sichern** (Mac OS). Im weiteren Verlauf dieses Buchs wird der Begriff »Speichern« sowohl für die Windows- als auch für die Mac-OS-Plattform verwendet.

3 Geben Sie in das Dialogfeld »Datei Speichern« den Dateinamen **Radfahren.ppj** ein, und bestimmen Sie den Speicherort auf Ihrer Festplatte an. Klicken Sie auf »Speichern«.

Premiere speichert die Projektdatei nun auf Ihrer Festplatte.

Erstellen eines Rohschnitts

Bei vielen Projekten bietet es sich an, zunächst einen *Rohschnitt* des Videoprogramms zu erstellen. Ein Rohschnitt ist eine in der von Ihnen gewünschten Reihenfolge zusammengestellte, unbearbeitete oder kaum bearbeitete Clipsequenz. Der Rohschnitt gibt Ihnen einen raschen Überblick über die Wirkung Ihres Videoprogramms und hilft Ihnen bei der Entscheidung, wo Sie schneiden, trimmen und Überblendungen und Spezialeffekte einfügen können.

1 Falls das Schnittfenster nicht geöffnet ist, wählen Sie **Fenster: Schnittfenster**.

Die von Ihnen importierten Clips werden in das Videoprogramm aufgenommen, wenn Sie sie im Schnittfenster plazieren. Im Schnittfenster erstellen und bearbeiten Sie Ihr Videoprogramm – Sie können Clips hinzufügen, kopieren und verschieben, ihre Länge anpassen usw. Das Schnittfenster gibt Ihnen einen kompakten Überblick über Ihre Arbeit, indem es den Anfangs- und Endzeitpunkt jedes Clips sowie die Beziehungen zwischen den Clips anzeigt.

Es gibt nicht nur für den Import eines Clips in Premiere mehrere Verfahren, sondern auch für die Bearbeitung eines Videos. Experten in der Videobearbeitung arbeiten vielleicht lieber im später in dieser Tour beschriebenen Monitorfenster als im Schnittfenster. Die in dieser Tour beschriebene Bearbeitungsmethode ist auf Anfänger abgestimmt, die ein relativ einfaches Projekt erstellen. Kapitel 4, »Videobearbeitung«, im *Adobe Premiere 5.0 Handbuch* beschreibt kompliziertere Bearbeitungstechniken, wie zum Beispiel die Dreipunktbearbeitung.

Wenn Sie das Schnittfenster zum ersten Mal öffnen, werden darin unter der Zeitliste sieben Reihen bzw. Spuren angezeigt. Die Spuren enthalten die Clips; mit mehreren Spuren und durch die Anordnung der Clips in den Spuren können Sie Sequenzen und Effekte erzeugen, aus denen dann Ihr Videoprogramm erstellt wird. In dieser Tour werden Ihnen alle Spurarten und die für jede Spur verfügbaren Steuerungen vorgestellt.

2 Wählen Sie im Projektfenster den Clip *Boys.mov* aus, und ziehen Sie ihn in die Videospur 1A. Dabei wird der Clip als grauer Kasten dargestellt. Positionieren Sie den linken Rand dieses Kastens genau am linken Rand der Videospur 1A, bevor Sie die Maus loslassen.

Hinweis: Falls die Videospur 1A nicht vergrößert ist (die Überblendungsspur und die entsprechende Videospur 1B sind eingeblendet), klicken Sie auf den Pfeil links neben der Spurbezeichnung, damit die Spuren so wie in der folgenden Abbildung angezeigt werden.

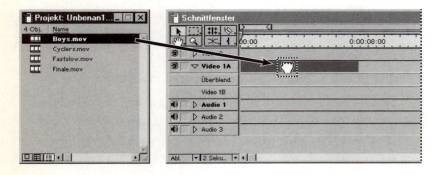

3 Wählen Sie den Clip *Cyclers.mov* aus, ziehen Sie ihn in die Videospur 1A, und positionieren Sie ihn genau hinter dem Clip *Boys.mov*, damit der Anfang des *Cyclers*-Clip genau am Ende des *Boys*-Clips ansetzt.

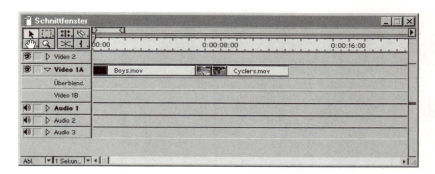

4 Wählen Sie den Clip *Fastslow.mov* aus, ziehen Sie ihn in die Videospur 1A, und positionieren Sie ihn hinter dem Clip *Cyclers.mov*. Wiederholen Sie diesen Vorgang mit dem Clip *Finale.mov*, den Sie genau hinter den Clip *Fastslow.mov* ziehen.

Die Videospur 1A enthält jetzt vier Clips, die ein Videoprogramm von ungefähr 32 Sekunden Länge bilden. Dies ist ein Rohschnitt, der Ihnen eine ungefähre Vorstellung davon vermittelt, ob Ihre Sequenz funktioniert und was getrimmt (beschnitten), bearbeitet und geändert werden muß. Im nächsten Abschnitt werden Sie eine Vorschau auf diese Sequenz abspielen. Zunächst ändern Sie jedoch die Darstellung der Clips im Schnittfenster.

5 Klicken Sie auf die Titelleiste des Schnittfensters, um das Fenster zu aktivieren, und wählen Sie **Fenster: Schnittfenster-Optionen**.

6 Wählen Sie unter »Symbolgröße« die mittlere Option aus, und klicken Sie auf OK.

Sie ändern nun die Größe der Clipdarstellungen im Schnittfenster und die im Schnittfenster angezeigte Zeiteinheit.

7 Wählen Sie im Einblendmenü für die Zeiteinheiten unten links im Schnittfenster den Wert **2 Sekunden** aus.

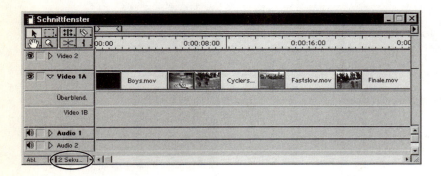

Die Clips nehmen jetzt horizontal weniger Platz in Anspruch, da der Inhalt des Schnittfensters in einer weniger detaillierten (gröberen) Zeiteinheit angezeigt wird.

Es ist an der Zeit, die von Ihnen importierte Clipsequenz abzuspielen.

Vorschau im Monitorfenster

Sie können im Monitorfenster eine Vorschau auf einen oder mehrere Clips anzeigen, um einen Überblick über Ihre Arbeit zu gewinnen.

1 Falls das Monitorfenster noch nicht geöffnet ist, wählen Sie **Fenster: Monitorfenster**.

Das Monitorfenster zeigt zwei Ansichten an:

• In der *Originalansicht* (auf der linken Fensterseite) können Sie eine Vorschau auf einen Clip anzeigen, ihn trimmen und dann ins Schnittfenster einfügen. In dieser Ansicht können Sie zwar viele Clips gleichzeitig speichern, aber jeweils nur einen Clip zur Zeit anzeigen und bearbeiten.

• In der *Programmansicht* (rechts) können Sie jederzeit eine Vorschau auf Ihr gesamtes Videoprogramm abspielen. In dieser Ansicht wird die Clipsequenz angezeigt, die sich momentan im Schnittfenster befindet. Sie können mit der Programmansicht auch Ihr Videoprogramm bearbeiten.

2 Klicken Sie im Monitorfenster auf die Abspiel-Schaltfläche unter der Programm-ansicht, oder drücken Sie die Leertaste.

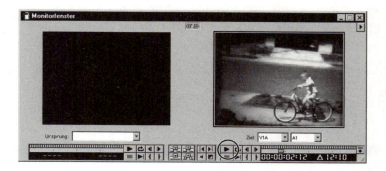

Der Rohschnitt Ihres Videoprogramms wird vollständig abgespielt.

Beachten Sie, daß sich die Schnittlinie im Schnittfenster analog zur Vorschau bewegt. Diese zeigt den aktiven Frame an – d.h. den Frame, der gerade bearbeitet oder in der Vorschau angezeigt wird.

3 Klicken Sie erneut auf die Abspiel-Schaltfläche, um das Videoprogramm noch einmal abzuspielen, oder klicken Sie auf die Loop-Schaltfläche (⏏), um das Videoprogramm wiederholt abzuspielen. Um das Abspielen zu beenden, klicken Sie auf die Stop-Schalt-fläche (■), oder drücken Sie die Leertaste.

Nachdem Sie nun einen Überblick über das Videoprogramm gewonnen haben, können Sie die Videoclips trimmen und Ton, Überblendungen, Spezialeffekte und Überlage-rungen für die Endfassung hinzufügen.

Trimmen von Clips im Monitorfenster

Wenn Sie mit Ihrer Kamera Filmmaterial aufnehmen, produzieren Sie in der Regel wesentlich mehr Material, als Sie in Ihrem Videoprogramm tatsächlich verwenden kön-nen. Um Szenen, Schnitte und Überblendungen zu erstellen, müssen Sie Ihre Clips trimmen und die nicht benötigten Teile daraus entfernen. Das Trimmen von Clips ist ein wesentlicher Vorgang bei der Erstellung eines Videoprogramms, den Sie recht häufig ausführen werden. Premiere bietet Ihnen eine Reihe von Möglichkeiten für das Trim-men von Clips, einschließlich die schnellen Rohschnittwerkzeuge und die präzisen Frame-für-Frame-Ansichten.

Zur Bearbeitung des Fahrradvideos trimmen Sie zunächst den Clip *Boys.mov*, d.h. den ersten Clip des Videoprogramms.

1 Stellen Sie sicher, daß Schnittfenster und Monitorfenster sichtbar sind und sich nicht überlappen. Aktivieren Sie dann das Schnittfenster, indem Sie auf die Titelleiste des Schnittfensters klicken.

2 Doppelklicken Sie in der Videospur 1A des Schnittfensters auf den Clip *Boys.mov*.

Der erste Frame des Clips *Boys.mov* erscheint in der Originalansicht des Monitor-fensters.

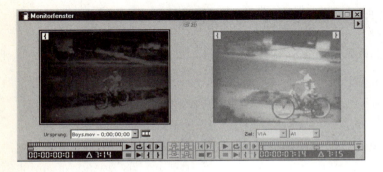

Spielen Sie den Clip ab, bevor Sie ihn trimmen.

3 Klicken Sie auf die Abspiel-Schaltfläche (▶) unter der Originalansicht, oder drücken Sie die Leertaste.

Der Clip ist ein wenig zu lang, daher werden Sie ihn etwas trimmen. Einen Clip zu trim-men bedeutet, daß Sie einen neuen *In-Point* (den Arbeitsbereichsanfang) und/oder *Out-Point* (das Arbeitsbereichsende) bestimmen. Ein In-Point ist der erste Frame eines Clips, und ein Out-Point ist der letzte Frame des Clips. Sie werden nun den Out-Point des Clips *Boys.mov* ändern.

4 Um festzulegen, wo Sie den Clip trimmen, klicken Sie auf die Abspiel-Schaltfläche und suchen die Stelle, an der der erste Radfahrer sich nicht mehr vorwärts bewegt (nach ungefähr 4 Sekunden). Dort setzen Sie den Out-Point.

Zu den Steuerungen für die beiden Ansichten im Monitorfenster gehört auch ein Shuttle-Regler, mit dem Sie Clips *scrubben* können. Durch Scrubben – das manuelle Vor- oder Zurückspulen eines Clips – können Sie Ereignisse genau identifizieren und markieren.

5 Ziehen Sie den Shuttle-Regler unter der Originalansicht, bis der erste Radfahrer seine Fahrt beendet hat (die unter dem Shuttle-Regler angegebene Zeit sollte zwischen 4:20 und 5:00 Sekunden liegen.)

6 Klicken Sie auf die Out-Point-Schaltfläche (⊦), um das Arbeitsbereichsende zu markieren.

Sobald Sie den Out-Point korrekt gesetzt haben, müssen Sie diese Änderung auf den Clip im Schnittfenster anwenden. Beachten Sie, daß jetzt über der Originalansicht die Schaltfläche »Übernehmen« angezeigt wird. Diese Schaltfläche wird eingeblendet, wenn Sie für einen Clip im Schnittfenster einen neuen In- oder Out-Point markieren.

7 Um das Trimmen anzuwenden, klicken Sie auf die Schaltfläche »Übernehmen«.

Premiere trimmt das Ende des Clips, um den Clip mit einem neuen Out-Point zu versehen. Der getrimmte Bereich wird jedoch nicht gelöscht, sondern die getrimmten Frames werden nur ausgeblendet. Sie erscheinen nicht im Schnittfenster und werden auch in einer Vorschau auf das Videoprogramm oder beim Export des Videoprogramms nicht angezeigt. Sie können die getrimmten Frames ganz leicht wiederherstellen, indem Sie den Out-Point mit einem beliebigen Trimmverfahren wieder an seine ursprüngliche Position verschieben.

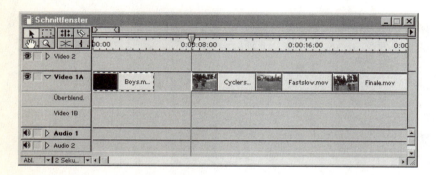

Da Sie einen neuen Out-Point gesetzt haben, entsteht im Schnittfenster eine Lücke zwischen dem ersten und dem zweiten Clip. Um für einen lückenlosen Übergang zwischen den Clips zu sorgen, müssen Sie diese Lücke schließen, indem Sie die anderen Clips nach links verschieben. Verwenden Sie dazu die Spurauswahl (⊞). Mit diesem Werkzeug markieren Sie in einer Spur alle Clips rechts von der Stelle, auf die Sie klicken. (Später werden Sie noch erfahren, wie Sie Lücken beim Trimmen automatisch schließen können.)

8 Wählen Sie im Schnittfenster die Spurauswahl.

9 Klicken Sie auf den Clip *Cyclers.mov* in Spur 1A. Dadurch werden dieser Clip und alle Clips rechts davon ausgewählt.

10 Ziehen Sie die Auswahl nach links, bis sie an den Clip *Boys.mov* grenzt.

11 Klicken Sie auf das Auswahlwerkzeug (➤), um die Spurauswahl bis auf weiteres zu beenden.

12 Klicken Sie im Monitorfenster auf die Abspiel-Schaltfläche der Programmansicht, um eine Vorschau auf die von Ihnen ausgeführten Änderungen abzuspielen.

13 Speichern Sie das Projekt.

Hinzufügen von Audiodateien

Jetzt versehen Sie das Projekt mit Musik, indem Sie eine Audiodatei importieren und in der ersten Audiospur plazieren. Die Musik in der Audiodatei wurde in einem Studio aufgenommen, digitalisiert und dann in Premiere zusammengesetzt und gerendert.

1 Wählen Sie **Datei: Importieren: Datei**, und doppelklicken Sie auf die Datei *Music.aif* im *Clip*-Ordner innerhalb des *Tour*-Ordners. Die Datei wird nun im Projektfenster angezeigt.

2 Ziehen Sie das Symbol *Music.aif* aus dem Projektfenster in die Audiospur 1.

3 Klicken Sie auf den Pfeil links neben der Spur, um sie zu vergrößern.

In der vergrößerten Ansicht sehen Sie die Wellenform, die die Lautstärke des Clips anzeigt. Je höher die Ausschläge des Diagramms, desto lauter ist der Audio-Clip. Im nächsten Abschnitt werden Sie die Audiospur weiter bearbeiten, um Ereignisse in dem Video mit der Musik zu synchronisieren. Doch jetzt werden Sie erst einmal die Spureinstellungen schützen.

4 Klicken Sie auf das Feld neben dem Lautsprechersymbol, um die Audiospur zu schützen.

5 Klicken Sie auf die Abspiel-Schaltfläche der Programmansicht des Monitorfensters, um eine Vorschau auf die Video- und Audio-Clips abzuspielen.

Trimmen von Clips im Schnittfenster

Sie können Clips nicht nur im Monitorfenster, sondern auch im Schnittfenster trimmen, und zwar mit einer Reihe von verschiedenen Verfahren. Um eine präzise Verarbeitung im Schnittfenster zu erzielen, ist es oft einfacher, eine größere Anzahl von Frames anzuzeigen. Standardmäßig zeigt das Schnittfenster die Frames mit der Zeiteinheit 1 Sekunde an.

1 Wählen Sie im Einblendmenü für die Zeiteinheiten unten links im Schnittfenster die Option »8 Frames« aus.

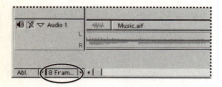

Das Schnittfenster zeigt jetzt jeden achten Frame an.

Als erstes synchronisieren Sie den Out-Point des von Ihnen getrimmten Clips *Boys.mov* mit dem ersten Ausschlag des Diagramms der Audiospur.

2 Wählen Sie im Schnittfenster das Werkzeug für »Löschen & Lücke schließen« (⊷).

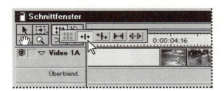

Mit *Löschen & Lücke schließen* trimmen Sie den ausgewählten Clip, ohne die Länge der anderen Clips zu verändern. Diese Bearbeitung hat jedoch Auswirkungen auf das gesamte Projekt, da andere Clips nach vorn oder hinten verschoben werden, je nachdem, ob Sie den Clip kürzen oder verlängern. Daher ändert sich die Länge des gesamten Videoprogramms.

3 Richten Sie den Mauszeiger auf die Linie, an der die beiden ersten Clips sich berühren. Dabei nimmt der Zeiger die Form des Symbols für das Werkzeug für »Löschen & Lücke schließen« an.

4 Ziehen Sie dieses Werkzeug auf den ersten Ausschlag des Diagramms der Audiospur, und lassen Sie dann die Maustaste los.

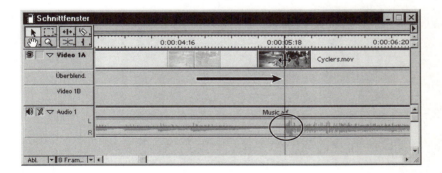

Jetzt werden Sie den Clip *Cyclers.mov* so trimmen, daß der Endpunkt dieses Clips einer genau festgelegten Position im Schnittfenster entspricht. Um den Clip *Cyclers.mov* auf diese Zeit zu trimmen, verwenden Sie die Informationenpalette.

5 Markieren Sie den Clip *Cyclers.mov*, und wählen Sie **Fenster: Informationen**.

Die Informationenpalette zeigt den Namen, die Dauer und die Anfangs- und Endpunkte des ausgewählten Clips an. Außerdem wird die gegenwärtige Position des
Zeigers angezeigt. Diese Information hilft Ihnen beim Trimmen.

6 Während das Werkzeug für »Löschen & Lücke schließen« weiterhin aktiviert ist, bewegen Sie den Zeiger auf die Linie, an der sich die Clips *Cyclers.mov* und *Fastslow.mov*
berühren.

7 Ziehen Sie das Werkzeug nach links, bis die Zeigerposition in der Informationenpalette mit 0:00:08:01 angegeben ist, und lassen Sie dann die Maustaste los.

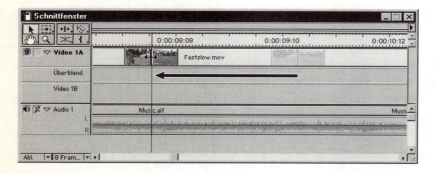

Sie haben den Out-Point des Clips *Cyclers.mov* getrimmt. Da Sie den Clip mit »Löschen
& Lücke schließen« getrimmt haben, wurden die folgenden Clips entsprechend nach
links verschoben.

8 Wählen Sie jetzt das Auswahlwerkzeug( ), da Sie das Werkzeug für »Löschen & Lücke
schließen« nicht länger benötigen.

Jetzt werden Sie eine Überblendung zwischen Clips erstellen.

Hinzufügen einer Überblendung

Eine *Überblendung* ist ein Übergang von einer Szene zur nächsten oder von einem Clip zum nächsten. Die einfachste Überblendung ist ein Schnitt, d.h. daß der letzte Frame eines Clips direkt in den ersten Frame des nächsten Clips übergeht. Durch das Hintereinandersetzen der ersten beiden Clips – *Boys.mov* und *Cyclers.mov* – haben Sie einen Schnitt zwischen diesen beiden Clips erstellt.

Für das Hinzufügen von Strukturen, Nuancen und auffälligen Spezialeffekten zwischen Szenen können Sie die in Premiere 5.0 verfügbaren speziellen Überblendungen verwenden: zum Beispiel weiche Blenden, Blenden und Zooms. In dieser Tour werden Sie die Überblendung »Weiche Blende« anwenden.

1 Wählen Sie **Fenster: Überblendungen**.

Daraufhin wird die Überblendungenpalette eingeblendet, in der die verfügbaren Überblendungen angezeigt sind. Jedes Symbol stellt die Wirkung der jeweiligen Überblendung grafisch dar. Animieren Sie nun diese Vorschau, um eine dynamische Ansicht jeder Überblendung anzuzeigen.

2 Klicken Sie dazu auf den kleinen schwarzen Pfeil(▸) in der oberen rechten Ecke der Überblendungenpalette, und wählen Sie »Animieren«.

Falls Sie die Animation als störend empfinden, können Sie sie abschalten, indem Sie die Option »Animieren« im Menü der Überblendungenpalette deaktivieren, d.h. erneut auswählen.

3 Falls die Videospur A nicht vergrößert bzw. ausgeklappt ist, klicken Sie auf den Pfeil links neben der Spur.

Um eine Überblendung zu erstellen, müssen Sie zunächst einen Clip in der Videospur 1A und einen Clip in der Videospur 1B überlappen. Die überlappenden Clipabschnitte werden in der Überblendung verwendet. Die überlappenden Clipabschnitte sollten für Ihr Projekt keine essentielle Bedeutung haben, da sie durch die Überblendung etwas undeutlich werden.

4 Ziehen Sie die Schnittlinie in der Zeitleiste auf eine Position eine Sekunde vor dem Out-Point des Clips *Cyclers.mov* (0:00:07:01). Diese Position wird Ihnen als Anhaltspunkt für die Verschiebung des *Fastslow*-Clips im nächsten Schritt dienen.

Hinweis: *Um den gewünschten Frame zu lokalisieren, beobachten Sie beim Ziehen der Schnittlinie die Timecode-Anzeige unter der Programmansicht.*

5 Ziehen Sie nun den Clip *Fastslow.mov* in die Videospur 1B, und richten Sie seinen In-Point an der Schnittlinie aus.

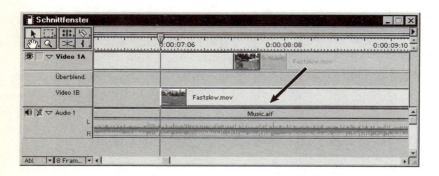

Die beiden Clips überlappen sich jetzt für einen Zeitraum von einer Sekunde.

6 Suchen Sie in der Überblendungenpalette die Überblendung *Weiche Blende* (falls erforderlich mit Hilfe der Bildlaufleiste).

Mit dieser in Videos und Filmen häufig eingesetzten Überblendung werden zwei Szenen für einen kurzen Zeitraum übereinandergeblendet.

7 Ziehen Sie die Überblendung *Weiche Blende* in das Schnittfenster, und plazieren Sie sie in der *Überblendungsspur*, und zwar dort, wo die beiden Clips überlappen.

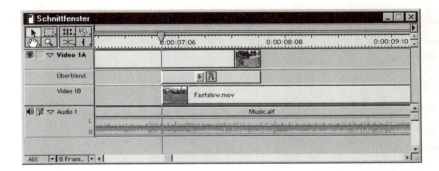

Wenn Sie die Maustaste loslassen, wird die Überblendung automatisch der Größe der Überlappung angepaßt und als Symbol angezeigt. Die Überblendung *Weiche Blende* beginnt eine Sekunde vor dem Ende des Clips *Cyclers.mov* und endet eine Sekunde nach dem Beginn des Clips *Fastslow.mov*.

Vorschau auf Überblendungen und andere Effekte

Wenn keine *Vorschaudatei* erstellt wurde, können Sie mit der Abspiel-Schaltfläche in der Programmansicht eine Vorschau auf die Video-Clips in der Videospur 1 sowie die Audio-Clips anzeigen, nicht jedoch auf Überblendungen, Filter und überlagerte Clips (Clips in der Videospur 2). Sobald Sie die Vorschaudatei erstellt haben, zeigt die Programmansicht die zusätzlichen Effekte an.

1 Ziehen Sie den Mauszeiger bei gedrückter Alt-Taste (Windows) oder Wahltaste (Mac OS) in die Zeitleiste des Schnittfensters. Der Mauszeiger nimmt dabei die Form eines kleinen nach unten weisenden Pfeils (↓) an.

2 Ziehen Sie den Zeiger in der Zeitleiste auf die Überblendung, während Sie die Alt-Taste bzw. die Wahltaste gedrückt halten.

Der Clip *Cyclers.mov* wird jetzt über den Zeitraum von einer Sekunde in den Clip *Fastslow.mov* übergeblendet.

Dieses Ziehen ermöglicht Ihnen eine rasche Vorschau auf Ihr Videoprogramm. Da Sie den Clip dabei manuell bewegen, kann jedoch keine genaue Framerate angezeigt werden. Für eine Vorschau auf Effekte mit einer bestimmten Framerate müssen Sie eine Vorschaudatei erstellen.

Bevor Sie diese Datei erstellen, müssen Sie jedoch die *Arbeitsbereichsleiste* – den oberen Abschnitt des Schnittfensters – so anpassen, daß sie den Bereich abdeckt, den Sie in der Vorschau anzeigen wollen. Die Arbeitsbereichsleiste legt fest, welchen Bereich Ihres Projekts (einschließlich Überblendungen, Filter und andere Effekte) Sie in einer Vorschau anzeigen oder ausgeben wollen. Im vorliegenden Beispiel wollen Sie die ersten drei Clips Ihres Projekts, einschließlich des eben hinzugefügten Überblendungseffekts, in einer Vorschau abspielen.

3 Um die ersten drei Clips vollständig anzuzeigen, wählen Sie im Einblendmenü für Zeiteinheiten die Option »1 Sekunde«. Jetzt können Sie den Arbeitsbereich leicht auf den gewünschten Umfang vergrößern.

Hinweis: Je nach Größe und Auflösung Ihres Bildschirms werden die ersten drei Clips durch die Einstellungen 1 Sekunde *eventuell nicht vollständig zu sehen sein. Wählen Sie in diesem Fall im Einblendmenü für die Zeiteinheiten eine andere Einstellung aus. Sie können auch mit anderen Zeiteinheiten die in dieser Tour erläuterten Verfahren ausführen, doch werden die Abbildungen dann eventuell nicht genau Ihrer Bildschirmanzeige entsprechen.*

4 Ziehen Sie das rechte Ende der Arbeitsbereichsleiste, so daß sie der Länge der ersten drei Clips entspricht und am Ende des Clips *Fastslow.mov* ausgerichtet ist.

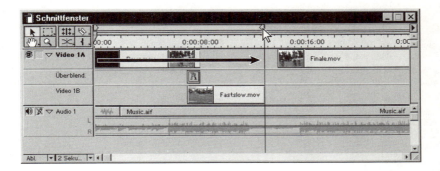

5 Wählen Sie **Projekt: Vorschau**, oder drücken Sie die Eingabetaste.

Während des Generierens der Vorschaudatei zeigt Premiere eine Statusleiste an. Sobald dieser Vorgang abgeschlossen ist, wird die Vorschau auf Ihr Videoprogramm in der Programmansicht des Monitorfensters abgespielt.

Teilen eines Clips

Gelegentlich wollen Sie vielleicht einen Clipabschnitt überlagern. Dazu müssen Sie den Clip teilen, um zwei oder mehrere separate Clips zu erstellen. In vorligen Beispiel werden Sie den Clip *Fastslow.mov* so teilen, daß Sie einen bestimmten Clipabschnitt mit einer anderen Geschwindigkeit abspielen und ausblenden können.

1 Ziehen Sie im Schnittfenster die Schnittlinie über den Clip *Fastslow.mov*, bis die Zuschauertribüne komplett zu sehen ist (11:18). Behalten Sie diese Schnittposition bei.

2 Wählen Sie im Schnittfenster das Rasierklingenwerkzeug (✎).

3 Richten Sie den Mauszeiger auf die aktuelle Schnittposition des Clips *Fastslow.mov*, und klicken Sie.

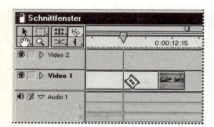 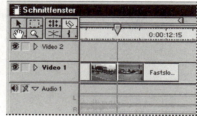

Premiere schneidet den Clip *Fastslow.mov* an der Position, auf die Sie geklickt haben, und erstellt zwei separate Clips.

Ändern der Geschwindigkeit eines Clips

Sie können die Abspielgeschwindigkeit eines Clips erhöhen oder senken. Durch Ändern der Geschwindigkeit wird die Länge des Clips geändert, ohne daß Frames hinzugefügt oder entfernt werden. Um die Fahrradsequenz interessanter und aufregender zu gestalten, können Sie die Geschwindigkeit des von Ihnen soeben geschnittenen zweiten Clipabschnitts reduzieren, so daß der Abschnitt insgesamt länger wird.

Um den Clip außerdem auszublenden, müssen Sie ihn in einer Überlagerungsspur plazieren.

1 Falten Sie die Videospur 1 zusammen, indem Sie auf den nach unten weisenden Pfeil links neben der Spur klicken.

2 Klicken Sie auf das Auswahlwerkzeug (▶), und ziehen Sie den zweiten Abschnitt des *Fastslow*-Clips in die Videospur 2.

Achten Sie darauf, daß dabei die bisherige Zeitposition beibehalten wird.

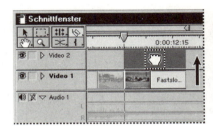 

Nun verändern Sie die Geschwindigkeit des Clips.

3 Markieren Sie den soeben verschobenen Clip (falls er nicht bereits markiert ist), und wählen Sie **Clip: Geschwindigkeit**.

4 Geben Sie im Dialogfeld den Wert **30** in das Feld »Neuer Faktor« ein. Klicken Sie auf OK.

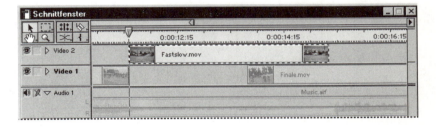

Die Abspielgeschwindigkeit des Clips liegt jetzt bei 30% der ursprünglichen Geschwindigkeit. Die Dauer des Clips hat sich dementsprechend proportional verlängert und beträgt ungefähr das Dreifache.

Beachten Sie, daß dieser Clip einen Teil des Clips *Finale.mov* überlappt. Um den verlangsamten Clip jetzt schwarz auszublenden, müssen Sie den Clip *Finale.mov* nach rechts verschieben.

5 Ziehen Sie den Clip *Finale.mov* nach rechts, bis der linke Rand am Out-Point des verlangsamten Clips ausgerichtet ist.

Sie erstellen jetzt eine weitere Vorschau.

6 Ziehen Sie den rechten Rand der Arbeitsbereichsleiste so weit nach rechts, bis er an das Ende des *Fastslow*-Clips in der Videospur 2 reicht.

7 Wählen Sie **Projekt: Vorschau**, oder drücken Sie die Eingabetaste. Falls Sie die Vorschau öfter abspielen möchten, wiederholen Sie diesen Schritt.

8 Speichern Sie das Projekt.

Ändern der Deckkraft eines Clips

Falls sich ein Clip in der Videospur 2 oder einer höheren Videospur befindet, können Sie ihn teilweise transparent machen, indem Sie seine Deckkraft ändern. Mit der Option »Deckkraft« können Sie einen Clip ein- oder ausblenden oder einem Clip einen oder mehrere Clips überlagern, so daß zwei oder mehr Clips gleichzeitig sichtbar sind. Im weiteren Verlauf dieser Tour werden Sie Clips überlagern. Zunächst blenden Sie mit der Überlagerungsspur einen Clip aus, indem Sie seine Deckkraft manuell anpassen.

Premiere enthält die standardmäßige Überlagerungsspur *Video 2* (über Videospur 1). Sie können, je nach Bedarf, weitere Überlagerungsspuren hinzufügen. Sobald ein Clip in einer Überlagerungsspur plaziert wurde, wird eine Leiste zur Steuerung der Deckkraft verfügbar. Um dieses Leiste anzuzeigen, müssen Sie die Videospur 2 vergrößern.

1 Klicken Sie auf den Pfeil links neben der Videospur 2.

Die Deckkraftleiste zeigt die Deckkraft des Clips an. Momentan beträgt die Deckkraft 100%.

2 Richten Sie den Zeiger nun auf die Deckkraftleiste (dabei nimmt der Zeiger die Form eines Zeigefingers an), und klicken Sie auf den Beginn des letzten Clipviertels. Dabei einsteht ein kleines Kästchen, das als Griffpunkt bezeichnet wird.

Der Griffpunkt teilt die Steuerungsleiste in Abschnitte, die Sie durch Ziehen anpassen können. Griffpunkte an beiden Enden einer Steuerungsleiste definieren die Anfangs- und Endpunkte der Deckkrafteinstellung.

3 Klicken Sie in der Videospur 2 des Schnittfensters auf den äußersten rechten Griffpunkt. Halten Sie die Maustaste während des nächsten Schrittes gedrückt.

4 Drücken Sie die Umschalttaste, und ziehen Sie den gewünschten Griffpunkt für die Deckkraft nach unten, bis neben dem Griffpunkt ein Wert von 20% angezeigt wird.

In der Steuerungsleiste erkennen Sie jetzt eine Abwärtskurve, die an dem ersten von Ihnen erstellten Griffpunkt einsetzt. Die Abwärtskurve redziert die Deckkraft – sie beginnt bei 100% und sinkt auf 20% ab. (Drücken Sie unbedingt die Umschalttaste, nachdem Sie den Griffpunkt ausgewählt haben, da die Änderungen sonst am äußersten linken Griffpunkt der Steuerungsleiste ansetzen.)

Hinweis: *Sie können Griffpunkte auch ziehen, ohne die Umschalttaste gedrückt zu halten. Allerdings können Sie dann die Deckkraft nur um 5 Prozent ändern, und es wird auch keine Anzeige eingeblendet. Sie können die Deckkraft jedoch in der Informationenpalette einsehen.*

Spielen Sie eine Vorschau auf Ihr Videoprogramm ab.

5 Halten Sie die Alt-Taste (Windows) bzw. Wahltaste (Mac OS) gedrückt, und ziehen Sie in der Zeitleiste langsam über den eben von Ihnen angepaßten Clip. Die Vorschau wird im Monitorfenster abgespielt. Da im Schnittfenster nur dieser eine Clip abgespielt wird, verblaßt er vor dem schwarzen Hintergrund.

6 Speichern Sie das Projekt.

Hinzufügen von Spezialeffekten zu einem Video-Clip

Mit Premiere 5.0 können Sie unter Verwendung von Videofiltern viele verschiedene Arten von Spezialeffekten erstellen. Sie werden dem letzten Clip Ihres Videoprogramms den Spezialeffekt *Kamera weichzeichnen* hinzufügen, der einen Clip so verschwommen erscheinen läßt, als ob das Kameraobjektiv unscharf eingestellt wäre.

1 Wählen Sie im Schnittfenster den Clip *Finale.mov* aus.

2 Wählen Sie **Clip: Filter**.

3 Verschieben Sie das Filterfenster, so daß sowohl dieses Fenster als auch das Monitorfenster sichtbar sind.

4 Wählen Sie im Filterfenster in der Spalte »Verfügbare Filter« den Filter *Kamera weichzeichnen*, und klicken Sie dann auf die Schaltfläche »Hinzufügen«.

Daraufhin erscheint das Dialogfeld »Kamera weichzeichnen einstellen«, das den ersten Frame des Clips *Finale.mov* anzeigt.

5 Ziehen Sie den Regler auf Null, und klicken Sie dann auf OK.

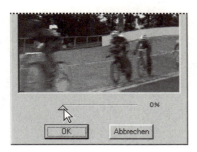

Der Filter *Kamera weichzeichnen* erscheint in der Spalte »Aktuelle Filter« des Filterfensters. Die in dieser Spalte aufgelisteten Filter werden auf den ausgewählten Clip angewendet.

Sie können den Effekt *Kamera weichzeichnen* variieren, um einen Fokuswechseleffekt (Verändern der Scharfeinstellung) zu erzielen. Dazu müssen Sie *Keyframes* setzen. Ein Keyframe legt einen Kontrollwert für einen bestimmten Zeitpunkt fest.

Der untere Teil des Filterfensters zeigt jetzt eine Zeitleiste für die Länge des Clips *Finale.mov* an. Die dreieckigen Keyframes auf beiden Seiten der Zeitleiste steuern, wann ein Effekt anfängt und endet und wie stark der Weichzeichner eingesetzt wird. Da der Weichzeichner ungefähr in der Mitte des Clips *Finale.mov* einsetzen soll, müssen Sie den ersten Keyframe verschieben. Durch das Verschieben eines Keyframes wird der Clip in der Programmansicht des Monitorfensters gescrubbt.

6 Ordnen Sie das Filterfenster so an, daß die Programmansicht des Monitorfensters sichtbar ist. Ziehen Sie anschließend den ersten Keyframe (das linke Dreieck) nach rechts, bis Sie die Stelle des Clips erreichen, an der sich die Fahrräder genau in der Bildmitte befinden.

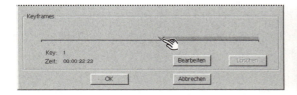

7 Klicken Sie auf die Schaltfläche »Bearbeiten«.

8 Stellen Sie sicher, daß der Regler auf Null gestellt ist, und klicken Sie auf OK.

Sie erstellen nun einen neuen Kreyframe und verstärken den Weichzeichner.

9 Klicken Sie im Filterfenster auf die Stelle genau zwischen den beiden Keyframes.

Es wird ein neuer Keyframe erstellt und ausgewählt, und das Dialogfeld »Kamera weich-zeichnen einstellen« wird eingeblendet.

10 Ziehen Sie den Regler, bis der Weichzeichner bei 80% liegt, und klicken Sie dann auf OK.

Sie sehen im Filterfenster das Dreieck für den neuen Keyframe. Jetzt positionieren Sie den Keyframe genau an einen bestimmten Zeitpunkt.

11 Ziehen Sie den Keyframe, bis der Timecode 00:00:25:00 (25 Sekunden) anzeigt.

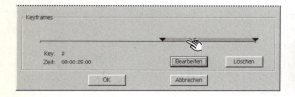 

12 Wählen Sie den letzten Keyframe (das äußerste rechte Dreieck) aus, und klicken Sie auf »Bearbeiten«.

13 Ziehen Sie erneut den Regler, bis der Weichzeichner bei 80% liegt. Klicken Sie auf OK.

14 Klicken Sie im Filterfenster auf OK.

Die vorgenommenen Änderungen sehen zusammengefaßt folgendermaßen aus: Durch das Setzen der Keyframes – bei 0%, 80% und 80% – haben Sie festgelegt, daß der Effekt *Kamera weichzeichnen* an dem von Ihnen festgelegten Zeitpunkt bei 0% beginnt, sich nach 25 Sekunden auf 80% steigert und bis zum Ende des Clips bei 80% verbleibt.

Warum wurden nicht einfach nur zwei Keyframes verwendet – der erste bei 0% und der letzte bei 80%? Premiere erstellt stets einen linearen Wechsel zwischen Keyframes. Wenn Sie nur zwei Keyframes verwenden, würde der Weichzeichner daher im Verlauf des Clips allmählich gesteigert werden. Das ist jedoch nicht der gewünschte Effekt: Der Weichzeichner soll den festgelegten Wert schnell erreichen und ihn dann bei zum Ende beibehalten.

Spielen Sie erneut eine Vorschau ab.

15 Ziehen Sie rechts an der Arbeitsbereichsleiste, so daß sie bis zum Ende des Clips *Finale.mov* reicht. Drücken Sie die Eingabetaste.

Das Videoprogramm nimmt langsam Form an!

16 Speichern Sie das Projekt.

Überlagern eines Bildes

Im vorigen Abschnitt haben Sie mit Hilfe des Filters *Kamera weichzeichnen* einen Weichzeichner auf die zweite Hälfte des letzten Clips angewendet. Sie überlagern jetzt diesen Clip mit einem Firmenlogo und lassen das Ganze so aussehen, als läge der Kamerafokus nur auf dem Logo.

1 Wählen Sie **Datei: Importieren: Datei**. Markieren Sie den Clip *Veloman.eps* im *Clips*-Ordner des *Tour*-Ordners. Klicken Sie auf »Öffnen«.

2 Ziehen Sie das Bild *Veloman.eps* aus dem Projektfenster in die Videospur 2.

3 Wählen Sie **Fenster: Informationen**, falls die Palette noch nicht geöffnet ist, und setzen Sie den In-Point des Bildes auf 0:00:25:00 (angezeigt als »Anfang: 0:00:25:00« in der Informationenpalette).

Standardmäßig ist in den allgemeinen Einstellungen für Standbilder eine Länge von 30 Frames festgelegt. Da die Framerate Ihres Videoprogramms 15 Frames pro Sekunde beträgt, wird das Standbild 2 Sekunden lang gezeigt. Damit das Bild aber bis zum Ende des Videoprogramms sichtbar ist, müssen Sie die »Standzeit« verlängern. Anders als bei einem Bewegungsclip können Sie die Länge eines Standbildes festlegen, indem Sie einfach die Darstellung des Clips im Schnittfenster entsprechend in die Länge ziehen.

4 Markieren Sie im Schnittfenster das Auswahlwerkzeug.

5 Ziehen Sie den rechten Rand des Bilds *Veloman.eps* nach rechts, bis er am Ende des Clips *Finale.mov* ausgerichtet ist.

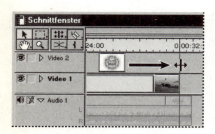 

Das Bild überlappt nun im Schnittfenster den Clip *Finale.mov*. Das Logo wird im Überlappungsbereich dem Radrennen überlagert.

Hinweis: *Halten Sie die Alt-Taste (Windows) bzw. Wahltaste (Mac OS) gedrückt, und ziehen Sie in der Zeitleiste über den Bereich, in dem sich die beiden Clips überlappen.*

Wie erwartet, können Sie jetzt nur das Bild *Veloman.eps* sehen – der Clip *Finale.mov* ist unsichtbar. Grund: Das Bild *Veloman.eps* verfügt noch über die volle Deckkraft. Sie machen jetzt den Hintergrund des Bildes *Veloman.eps* transparent.

Mit Hilfe des *Transparent-Keys* können Sie festlegen, daß bestimmte Bereiche eines Clips transparent werden, während andere Bereiche opak (deckend) bleiben. Ein Transparenz-Key (oft auch einfach nur als Key bezeichnet) macht bestimmte Farben (oder Farbbereiche) eines Clips transparent oder teilweise transparent. Mit einem *Blue Screen-Key* wird z.B. ein bestimmter Blauton transparent. So kann ein Darsteller im Studio vor einem blauen Hintergrund gefilmt und dann später einer Action-Szene im Freien überlagert werden. Wenn eine bestimmte Farbe transparent gemacht wird, bezeichnet man dies als *Auskeyen* (Ausstanzen) dieser Farbe. Um das Bild *Veloman.eps* zu überlagern, müssen Sie den weißen Hintergrund auskeyen.

6 Markieren Sie das Bild *Veloman.eps* im Schnittfenster, und wählen Sie dann **Clip: Video: Transparenz.**

Der markierte Clip wird im Bereich »Beispiel« des Dialogfelds »Transparenz einstellen« angezeigt. Der von Ihnen gewählte Key wird auf den Clip angewendet, und die Wirkung wird angezeigt.

7 Klicken Sie auf das Umblättern-Symbol für die Anzeige von Clips im Bereich »Beispiel«.

8 Wählen Sie im Dialogfeld »Transparenz einstellen« den Key-Typ *Weiße Alpha-Maske*. Mit diesem Key werden alle alpha-weißen Bereiche eines Bildes mit Alpha-Kanal ausgekeyt.

Im Bereich »Beispiel« des Dialogfelds sind die weißen Bereiche des Bilds *Veloman.eps* jetzt transparent und lassen das darunterliegende Bild – den Clip *Finale.mov* – durchscheinen.

9 Klicken Sie auf OK.

10 Um eine Vorschau auf den Effekt abzuspielen, halten Sie die Alt-Taste (Windows) bzw. Wahltaste (Mac OS) gedrückt und ziehen in der Zeitleiste über den Bereich, in dem die Überlagerung auftritt.

11 Speichern Sie das Projekt.

Animieren eines Clips

Premiere bietet Ihnen weitere Spezialeffekte: Sie können einen Clip innerhalb des durch den Frame des Videoprogramms festgelegten Bereichs verschieben, drehen oder zoomen. Sie können Bewegungen jedoch nicht einzelnen Clipelementen hinzufügen, sondern nur dem Clip selbst.

Um das Bild *Veloman.eps* optisch interessanter zu gestalten, zoomen Sie es von links in den Frame.

1 Wählen Sie im Schnittfenster das Bild *Veloman.eps*.

2 Wählen Sie **Clip: Video: Bewegung**.

In der Mitte des Dialogfelds befindet sich die Bewegungseinstellung für den Clip. Standardmäßig ist dies eine gerade Linie, die links außerhalb des Frames endet. In der linken Hälfte des Dialogfensters wird eine Vorschau auf die Bewegung abgespielt.

Sie definieren nun eine neue Bewegungseinstellung.

3 Ziehen Sie den Anfangspunkt der Bewegungseinstellung nach rechts, so daß ungefähr die Hälfte des Bildes den sichtbaren Teil überlappt.

Sie können die Position des Bildes auch festlegen, indem Sie Koordinaten eingeben.

4 Markieren Sie den Endpunkt, und geben Sie in die beiden Textfelder unterhalb der Zeile »Klicken Sie in die Leiste« die Werte **26** und **-8** ein. Drücken Sie die Tabulatortaste.

Der Endpunkt verschiebt sich nun an die festgelegte Position.

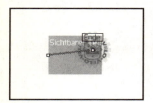 

Die Bewegungseinstellung enthält standardmäßig zwei Bewegungspunkte, Anfang und Ende, deren Position Sie gerade geändert haben. Sie können auch festlegen, daß das Bild an diesen Punkten gezoomt, gedreht und verzerrt wird, und Sie können andere Bewegungspunkte erstellen, die jeweils bestimmte Animationswerte aufweisen. Mit Bewegungspunkten können Sie (genau wie mit Keyframes für Filter) einen bestimmten Wert für einen bestimmten Zeitpunkt festlegen.

Um das Bild *Veloman.eps* eindrucksvoller zu gestalten, fügen Sie einen neuen Bewegungspunkt hinzu, legen neue Zoomwerte für die Anfangs- und Endpunkte fest und wenden schließlich einen Drehungswert an, damit das Logo sich dreht, während es in der Ferne zu verschwinden scheint.

5 Klicken Sie in der Bewegungseinstellung auf eine Stelle ungefähr auf halber Strecke zwischen den Anfangs- und Endpunkten.

Es wird ein neuer Bewegungspunkt erstellt.

6 Verschieben Sie den neuen Bewegungspunkt nach rechts unten, ungefähr auf die in der Abbildung angezeigte Position.

Legen Sie nun die Zoomwerte für die Anfangs- und Endpunkte fest.

7 Markieren Sie in der Bewegungseinstellung den Anfangspunkt.

8 Geben Sie in das Feld »Zoom« am unteren Rand des Dialogfelds den Wert 0 ein, und drücken Sie die Tabulatortaste.

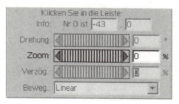

9 Markieren Sie den Endpunkt, geben Sie in das Feld »Zoom« den Wert **0** ein, und drücken Sie die Tabulatortaste.

Mit diesen Einstellungen scheint das Logo von der linken Seite des Frames einzuzoomen und dann in die Ferne zu rücken.

10 Geben Sie, während der Endpunkt weiterhin markiert ist, in das Feld »Drehung« am unteren Rand des Dialogfelds den Wert **720** ein, und drücken Sie die Tabulatortaste.

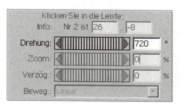

Drehungswerte werden in Gradzahlen angegeben. Der Wert 720 (360 x 2) entspricht zwei vollständigen Kreisen oder Drehungen von einem Punkt zum nächsten.

Das Bild zoomt und dreht sich nun auf dem Bildschirm – es führt die von Ihnen festgelegten Bewegungen aus.

11 Klicken Sie auf OK, um das Dialogfeld »Bewegung einstellen« zu schließen.

Spielen Sie jetzt eine Vorschau auf das Ende des Videoprogramms ab, und sehen Sie sich an, wie sich das überlagerte Bild durch den Frame bewegt.

12 Verschieben Sie die Arbeitsbereichsleiste, so daß sie den letzten Abschnitt Ihres Videoprogramms, in dem das Bild beginnt, abdeckt.

13 Drücken Sie die Eingabetaste, und sehen Sie sich die Vorschau an.

14 Speichern Sie das Projekt.

Jetzt müssen Sie nur noch die Endfassung des Films erstellen.

Exportieren des Films

Als Abschluß der Tour werden Sie aus dem Projekt einen QuickTime-Film bzw. einen AVI-Film (nur für Windows) erstellen. Das QuickTime-Format ist ein Standardformat sowohl für Windows- als auch für Macintosh-Systeme.

1 Wählen Sie **Datei: Exportieren: Film**.

2 Klicken Sie auf die Schaltfläche »Einstellungen«.

3 Stellen Sie sicher, daß unter »Dateiformat« die Option »QuickTime« oder »AVI« (nur Windows) und unter »Bereich« die Option »Gesamtes Projekt« ausgewählt ist.

4 Achten Sie darauf, daß die Kontrollkästchen »Video exportieren« und »Audio exportieren« markiert sind. Die Standardwerte der übrigen Einstellungen, einschließlich derjenigen für das Komprimieren, können für dieses Projekt beibehalten werden.

5 Klicken Sie auf OK, um das Dialogfeld »Einstellungen für Filmexport« zu schließen.

6 Geben Sie im Dialogfeld »Film exportieren« einen Dateinamen (einschließlich der Dateinamenerweiterung .MOV für QuickTime) sowie einen Ordner an, in dem der Film gespeichert werden soll.

7 Klicken Sie auf »Speichern«.

Premiere erstellt nun den Film und zeigt dabei eine Statusleiste an, die die für die Ausgabe oder das Rendern des Films erforderliche Zeit angibt. Die Ausgabezeit hängt stets von der Leistung Ihres Rechners ab. Auf den meisten Systemen dürfte die Erstellung des Films nicht länger als 7 Minuten in Anspruch nehmen. Sie können die Ausgabe abbrechen, indem Sie die Esc-Taste drücken.

8 Wenn der Film fertiggestellt ist, können Sie ihn in Premiere öffnen und abspielen. Wählen Sie dazu **Datei: Öffnen**, und doppelklicken Sie auf die soeben exportierte Datei.

9 Klicken Sie auf die Abspielen-Schaltfläche, und sehen Sie sich Ihr Werk an.

Glückwunsch – Sie haben die Tour erfolgreich absolviert!

Lektion 1

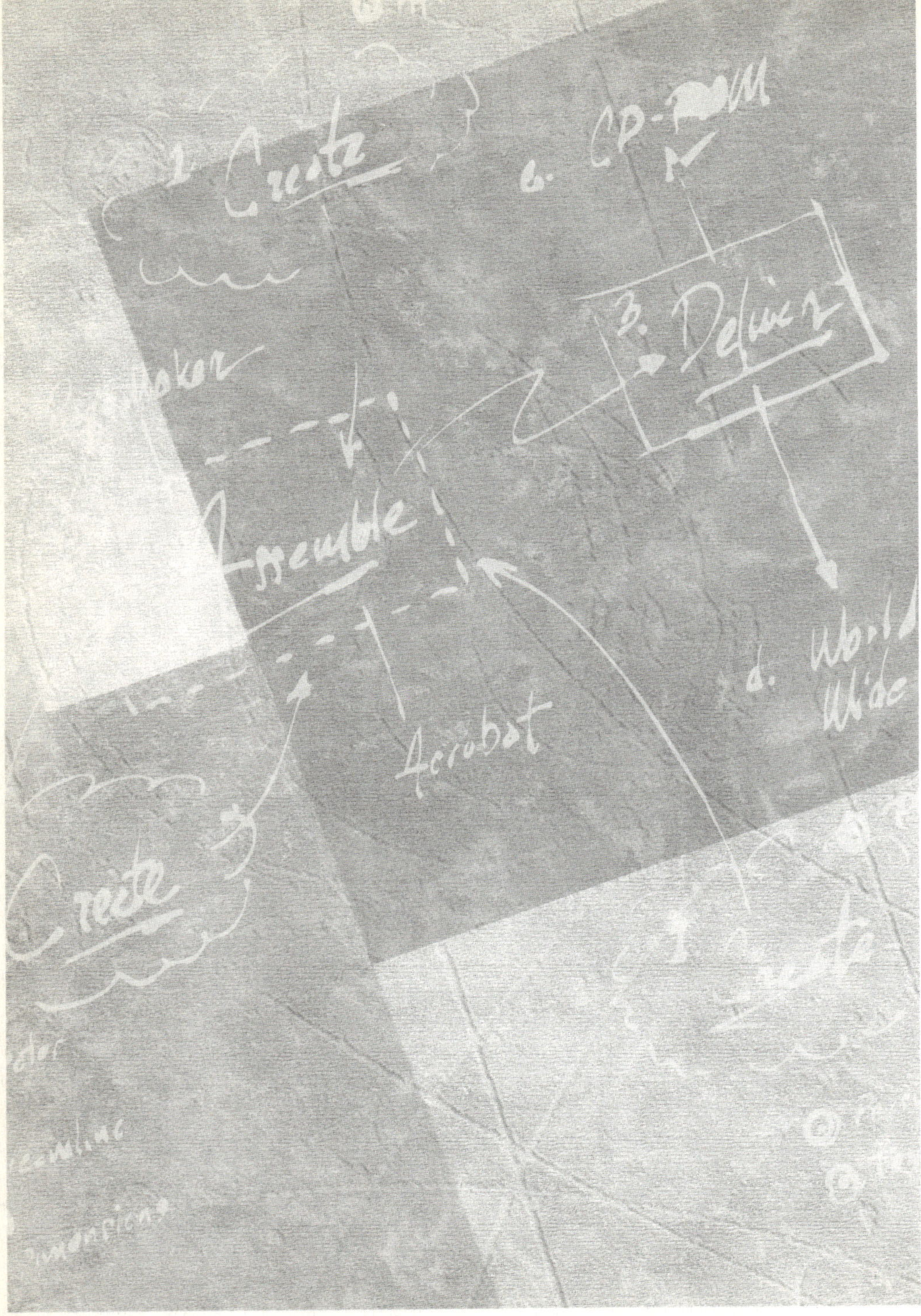
1. Create
Acrobat
Create

Der Premiere-Arbeitsbereich

Premiere organisiert die Bearbeitungs-
funktionen in speziellen Fenstern. Das
gibt Ihnen die Freiheit, die Fenster
individuell Ihrem Arbeitsstil entsprechend anzuordnen. Nicht verankerte,
fließende Paletten liefern Informationen und ermöglichen den schnellen
Zugriff auf jeden Teil eines Videoprogramms. Paletten lassen sich ebenfalls
beliebig auf dem Bildschirm anordnen.

In dieser Lektion lernen Sie folgendes:

- Starten von Adobe Premiere und Öffnen einer Projektdatei

- Arbeiten mit Projekt-, Ablage- und Bibliothekfenstern

- Arbeiten mit dem Schnittfenster

- Arbeiten mit dem Monitorfenster

- Navigieren zu einem bestimmten Zeitpunkt in Ihrem Videoprogramm

- Arbeiten mit Paletten

- Anwenden von Tastaturbefehlen

Starten von Adobe Premiere

Jeder Adobe-Premiere-Film beginnt als ein Projekt – eine Ansammlung von Videoclips, Standbildern und Audiodateien, die Sie entlang einer Zeitleiste anordnen. In dieser Lektion werden Sie sich mit Paletten und Fenstern vertraut machen, indem Sie mit einem Projekt arbeiten, das bereits zusammengestellt wurde. Vergewissern Sich sich, daß Sie den Speicherort der in dieser Lektion verwendeten Dateien kennen. Hinweise dazu finden Sie unter »Verwenden der Classroom-in-a-Book-Dateien« auf Seite 17.

Um die standardmäßigen Premiere-Voreinstellungen wiederherzustellen, verlassen Sie Premiere. Löschen Sie die Voreinstellungen-Datei; Hinweise dazu finden Sie unter »Wiederherstellen der Standardeinstellungen« auf Seite 18.

1 Doppelklicken Sie auf die Datei *01Lesson.ppj* im Ordner *01Lektion*, um die Datei in Premiere zu öffnen.

Hinweis: Premiere speichert den Speicherort aller Clips eines Projekts für den Computer, auf dem das Projekt zusammengestellt wurde. Da Sie die Projektdatei auf einem anderen Computer verwenden, wird Sie Premiere beim Laden der Projektdatei auffordern, den Speicherort der jeweiligen Datei(en) anzugeben. Suchen und wählen Sie diese Datei(en), und klicken Sie auf OK.

2 Falls erforderlich, ordnen Sie die Fenster und Paletten so an, daß sie nicht übereinanderliegen.

Es erscheint ein neues Projekt mit folgenden standardmäßig geöffneten Fenstern:

• Mit dem Projektfenster können Sie importieren, organisieren und Verweise auf Clips speichern. Hier werden alle Original-Clips aufgeführt, die Sie in ein Projekt importieren, auch wenn Sie nicht alle importierten Clips tatsächlich verwenden.

• Das Monitorfenster beinhaltet die Original- und die Programmansicht. Verwenden Sie die Originalansicht, um einen einzelnen Video-Clip anzuzeigen, und die Programmansicht, um den aktuellen Status des im Schnittfenster bearbeiteten Videoprogramms einzublenden.

• Das Schnittfenster bietet eine schematische Ansicht Ihres Programms, einschließlich aller Video-, Audio- und Überlagerungsspuren (S-Spuren). Änderungen, die Sie hier vornehmen, werden in der Programmansicht angezeigt.

Außerdem werden standardmäßig die folgenden Paletten in zwei Palettengruppen angezeigt:

• In der Navigatorpalette können Sie die Ansicht des Schnittfensters schnell ändern. Sie können auch die Detailgenauigkeit der Schnittfensteranzeige ändern.

• Die Informationenpalette zeigt Informationen über einen ausgewählten Clip, eine Überblendung, einen ausgewählten Bereich im Schnittfenster oder eine gerade von Ihnen ausgeführte Operation an.

• Die Überblendungenpalette ermöglicht die Auswahl von Überblendungen zwischen Clips im Schnittfenster.

• Die Befehlepalette beinhaltet eine Liste vorgegebener Befehle, die Sie Ihren Bedürfnissen entsprechend anpassen können. Außerdem können Sie den einzelnen Schaltflächen häufig verwendete Tastaturbefehle zuweisen.

Sie arbeiten mit Clips und stellen Ihr Programm in Fenstern zusammen. Paletten dagegen enthalten keine Clips. Paletten sind immer vor Fenstern angeordnet und lassen sich
individuell kombinieren bzw. ordnen.

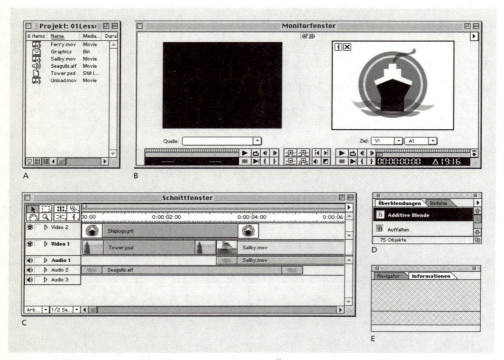

A. *Projektfenster* **B**. *Monitorfenster* **C**. *Schnittfenster* **D**. *Überblendungen- und Befehlepalette*
E. *Navigator- und Informationenpalette*

Premiere bietet zusätzliche, spezielle Fenster für Aufgaben wie Filmaufnahme und
Titelerstellung; diese Fenster werden im weiteren Verlauf dieses Buchs im Zusammenhang mit den jeweiligen Aufgaben beschrieben. Je besser Ihnen die Arbeit in Premiere
vertraut ist, desto häufiger werden Sie Fenster und Paletten Ihrem persönlichen
Arbeitsstil anpassen.

Arbeiten mit Projekt-, Ablage- und Bibliothekfenstern

Die Dateinamen im Projektfenster geben Auskunft für die in das Projekt importierten Dateien. Die Symbole neben den Dateinamen kennzeichnen den Dateityp. Da Video- und Audiodateien sehr groß sind, würde ein direktes Kopieren in ein Objekt nur unnötig viel Festplattenkapazität beanspruchen. Statt dessen werden in einem Premiere-Projekt nur Verweise auf die importierten Clips gespeichert, und nicht die Clips selber. Ein 5 Mbte großer Original-Clip nimmt also immer nur 5 Mbyte Festplattenkapazität in Anspruch, egal ob Sie ihn in einem oder in zehn Projekten verwenden. Wenn Sie Ihr Videoprogramm bearbeiten, erhält Premiere die jeweils benötigten Frames aus den jeweiligen Originaldateien.

A. Video mit Audio B. Ablage C. Audio D. Titel E. Standbild

Sie können Clips eines Projekts oder einer Bibliothek in *Ablagen* anordnen. Das Prinzip entspricht der Anordnung von Dateien in Verzeichnissen auf Ihrer Festplatte. Ablagen eignen sich vor allem für die Organisation komplexer Projekte, die eine Vielzahl von Clips enthalten. Am Ende dieser Lektion arbeiten Sie mit einer Bibliothek, die einer Ablage ähnelt, sich aber außerhalb des Projekts befindet. Eine Ablage kann sich innerhalb eines Projekts oder einer Bibliothek befinden oder als Unterablage innerhalb einer bereits vorhandenen Ablage. Sie werden jetzt eine Ablage öffnen und deren Inhalt prüfen.

1 Doppelklicken Sie auf das Symbol für die *Graphics*-Ablage im Projektfenster. Das jetzt geöffnete (Arbeits)ablagefenster enthält eine Grafikdatei. Sie könnten alle Ihre Grafikdateien in diesem Ablagefenster anordnen.

Hinweis: Setzen Sie den Zeiger immer auf das Symbol (nicht den Namen), wenn Sie doppelklicken oder ziehen wollen.

2 Verschieben Sie das *Graphics*-Ablagefenster, so daß Sie gleichzeitig auch das Projektfenster sehen.

3 Ziehen Sie die Datei *Shiplogo.ptl* aus dem Projektfenster in die *Graphics*-Ablagefenster.

4 Schließen Sie das *Graphics*-Ablagefenster.

Verwenden von Bibliotheken

Eine *Bibliothek* ist ein Speicher- bzw. Aufbewahrungsfenster ähnlich dem Projekt- oder Ablagefenster. Während ein Projektfenster eine Dateiliste für ein bestimmtes Projekt enthält, wird in einer Bibliothek eine projektunabhängige Dateiliste gespeichert. Sie können eine Bibliothek beispielsweise verwenden, um eine Reihe von Clips aufzubewahren, die für verschiedene Projekte verfügbar sein sollen.

1 Wählen Sie **Datei: Neu: Bibliothek**. Ein Bibliothekfenster ohne Titel wird eingeblendet.

2 Verschieben Sie das Bibliothekfenster, so daß Sie gleichzeitig auch das Projektfenster sehen können.

3 Ziehen Sie einen beliebigen Clip aus dem Projekt- oder Ablagefenster in das gerade erstellte Bibliothekfenster.

Hinweis: Wenn Sie mit Symbolen im Projektfenster arbeiten, müssen Sie vor dem Ziehen den Zeiger auf das Symbol (nicht seinen Namen) setzen.

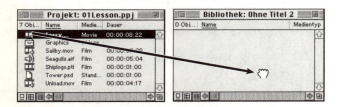

4 Aktivieren Sie das Bibliothekfenster, und wählen Sie dann **Datei: Speichern unter**.

5 Speichern Sie die Bibliothek in Ihrem Projektordner unter dem Namen *basiclib.plb*, und klicken Sie auf »Speichern«.

Sie können Dateien problemlos zwischen Projekt-, Ablage- und Bibliothekfenstern hin- und herschieben. Die Art und Weise, wie Sie die Originaldateien in diesen Fenstern anordnen, hat keinerlei Auswirkungen auf Operationen im Schnittfenster oder den Speicherort der Originaldateien auf der Festplatte. Beachten Sie, daß das Ziehen aus oder in ein Bibliothekfenster nur eine Kopie des Dateiverweises im Zielfenster nach sich zieht; die Datei im ursprünglichen Fenster bleibt erhalten. Dagegen bewirkt ein Ziehen zwischen dem Projekt- und Ablagefenster, daß der Clip aus dem ursprünglichen Fenster verschoben wird. Der Grund liegt darin, daß eine Bibliothek projektunabhängig ist, während eine Ablage ein Teil des Projekts ist.

Anpassen eines Projekt-, Ablage- oder Bibliothekfensters

Premiere zeigt standardmäßig in einem Projekt-, Ablage- oder Bibliothekfenster eine Dateiliste mit Dateinamen und dazugehörigen Symbolen an. Sie können die Anzeigeart der Dateiliste individuell ändern. Dabei können die Einstellungen für jedes Fenster verschieden sein.

1 Doppelklicken Sie im Projektfenster auf das Symbol für die *Graphics*-Ablage, um das dazugehörige Ablagefenster zu öffnen.

2 Wählen Sie bei aktiviertem Ablagefenster den Befehl **Fenster: Arbeitsablagefenster-Optionen**.

3 Wählen Sie aus dem Einblendmenü oben im Dialogfeld die Option »Thumbnails«.

Sie passen jetzt eines der vier Felder an. Im vorliegenden Beispiel benutzen Sie das Feld, um die Person, die die Datei zur Verfügung gestellt hat, zu speichern.

4 Markieren Sie im Bereich »Halbbilder« im zweiten Feld den Text »Label 1«, und geben Sie den Text **Von** ein.

5 Klicken Sie auf OK.

Sie haben das Ablagefenster in eine Thumbnail-Ansicht geändert, in der die Dateien als große Symbole aufgeführt sind. Ähnlich lassen sich mit Hilfe des ersten Befehls im Fenster-Menüs die meisten Premiere-Fenster individualisieren. Sie können jetzt das soeben veränderte Feld benutzen.

6 Ziehen Sie die untere rechte Ecke des Ablagefensters nach rechts, um die Spalte *Von* rechts neben der Spalte *Comment* (Kommentar) anzuzeigen.

7 Geben Sie in das Feld »Von« für die Datei *Sun.ai* den Namen **Maria** ein.

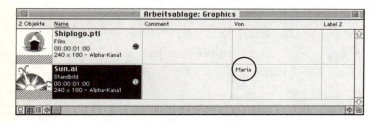

Premiere kann die Liste auch in Form von frei plazierten Symbolen darstellen. Diese Symbole können Sie dann (wie in einem Dateiordner) durch Ziehen anordnen. Sie werden jetzt mit einer schnelleren Methode für das Ändern einer Ansicht arbeiten.

8 Klicken Sie unten links im Ablagefenster auf die Symbole-Schaltfläche.

Klicken Sie unten links in einem Projekt-, Ablage- oder Bibliothekfenster auf die Schaltflächen für Symbole, Thumbnails oder Liste, um die Ansicht zu ändern (dargestellt am Ablagefenster).

💡 *Wenn Sie keine Symbole in der Symbolansicht sehen können, wählen Sie den Befehl* **Projekt: Aufräumen.**

Kommentare werden in der Symbolansicht nicht angezeigt. Dennoch können Sie schnell auf vorhandene Kommentare zugreifen, indem Sie zur Listenansicht umschalten. Dazu steht Ihnen eine andere Ansicht-Schaltfläche zur Verfügung.

9 Klicken Sie auf die Liste-Schaltfläche unten im Ablagefenster.

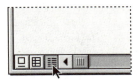

Sie können direkt in der Listenansicht die Sortierfolge verändern. Sie werden diese Listen nach Namen sortieren.

10 Klicken Sie direkt unter der Titelleiste auf die Spaltenüberschrift *Name*.

11 Der Arbeitsbereich ist ein wenig unübersichtlich geworden. Um ihn aufzuräumen, schließen Sie die Bibliothek- und Ablagefenster. Wenn Sie an Ihrer Bibliothek Änderungen vorgenommen haben, werden Sie zum Speichern aufgefordert. Klicken Sie auf »Ja«, wenn Sie die Änderungen übernehmen bzw. speichern wollen.

Diese Techniken können Sie ebenso auf das Projekt- und das Bibliothekfenster anwenden. Allerdings verwalten Sie mit diesen Fenstern nur Ihre Ursprungsdateien – zum Bearbeiten des aktuellen Videoprogramms werden diese Fenster nicht benötigt. In den folgenden Abschnitten lernen Sie die Fenster für die Videobearbeitung kennen.

Speichern und automatisches Speichern eines Projekts

*Beim Speichern eines Projekts werden Ihre Änderungen, Verweise auf Ursprungsdateien und die aktuelle Fensteranordnung gespeichert. Sichern Sie Ihre Arbeit durch häufiges Speichern. Mit dem Befehl **Datei: Grundeinstellungen: Automatisch sichern / Widerrufen** können Sie auch festlegen, daß Premiere Ihr Projekt automatisch in bestimmten zeitlichen Abständen speichert. Das Projekt kann jedesmal in dieselbe oder in eine neue Datei gespeichert werden. Sie können beispielsweise festlegen, daß Premiere alle 15 Minuten ein neues Archiv Ihres Projekts erstellt, wodurch eine Folge von Dateien erstellt wird, die den Status Ihres Projekts zum jeweiligen Zeitpunkt widerspiegeln. Auf diese Weise können Sie die automatische Speicherung als Alternative zum Befehl »Widerrufen« verwenden, je nachdem, wie viele Änderungen zwischen den einzelnen Speicherungen am Projekt vorgenommen wurden. Da Projektdateien verglichen mit den ursprünglichen Videodateien relativ klein sind, wird auch durch das mehrfache Speichern eines Projekts nicht allzuviel Speicherplatz verbraucht. Archivierte Dateien werden im* Projektarchiv-Ordner *innerhalb des Ordners* Adobe Premiere 5.0 *gespeichert.*

Aus dem Adobe Premiere 5.0 Handbuch, Kapitel 2

Das Schnittfenster

Das Schnittfenster ist eine zeitbezogene Ansicht Ihres Programms. Im Schnittfenster können Sie Ihr Videoprogramm zusammenstellen und bearbeiten. Zu Beginn eines neuen Projekts ist das Schnittfenster noch leer. Im vorliegenden Projekt sind bereits Clips im Schnittfenster vorhanden, da dieses Projekt für Sie bereits entsprechend vorbereitet wurde. Das Schnittfenster enthält auch eine Werkzeugpalette mit Bearbeitungswerkzeugen. Sie erfahren in diesem Abschnitt, wo sich die Steuerelemente zum Navigieren zu einem bestimmten Zeitpunkt und zum Bearbeiten befinden.

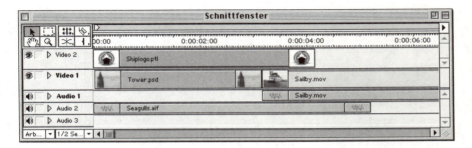

Im Schnittfenster wird die Zeit horizontal dargestellt, wobei die Clips in ihrer zeitlichen Folge im Fenster von links nach rechts angeordnet sind. In der Zeitleiste am oberen Rand des Schnittfensters werden die aktuellen Zeitpositionen der Schnittlinie angezeigt.

Das Einblendmenü für Zeiteinheiten am unteren Rand des Schnittfensters zeigt die aktuell verwendete Zeiteinheit an, die Sie ändern können, wenn Sie das Programm detaillierter bzw. mehr vom gesamten Videoprogramm sehen wollen.

1 Wählen Sie die Option »4 Sekunden« aus dem Zeiteinheiten-Menü. Das Schnittfenster verändert sich anschließend, so daß für jede Hauptunterteilung der Zeitleiste 4 Sekunden des Videos angezeigt werden.

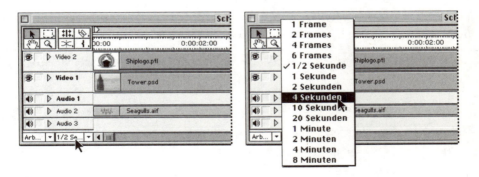

2 Wählen Sie aus dem Zeiteinheiten-Menü die Option »1 Frame«.

Das Schnittfenster zeigt jetzt einen Frame pro Unterteilung der Zeitleiste an. Mit dieser Einteilung können Sie zwar ein Programm äußerst präzise im Schnittfenster bearbeiten, aber Sie sehen nur wenig vom Videoprogramm.

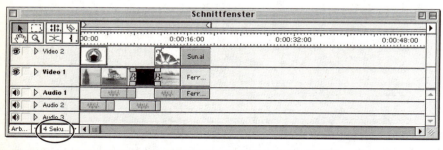

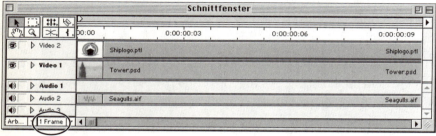

3 Klicken Sie auf den nach rechts weisenden Rollpfeil unten im Schnittfenster (und halten Sie die Maustaste gedrückt), um spätere Teile des Videoprogramms zu sehen. Da Sie mit einer stark vergrößerten Zeitleiste arbeiten, nimmt das Rollen durch das Schnittfenster entsprechend viel Zeit in Anspruch.

Sie können auch mit Hilfe eines Tastaturbefehls relativ zur aktuellen Zeitleiste ein- und auszoomen.

4 Drücken Sie die Minustaste (–), um eine Stufe auszuzoomen.

Das Zeiteinheiten-Menü zeigt jetzt eine Zeiteinheit von zwei Frames an. Drücken Sie erneut die Minustaste, um weiter auszuzoomen. Sie können bis zu einer Zeiteinheit von 8 Minuten pro Unterteilung in der Zeitleiste auszoomen, d.h. Sie können im Schnittfenster, ohne zu Rollen, ein Drei-Stunden-Programm darstellen.

5 Drücken Sie die Plustaste (+), um eine Stufe einzuzoomen. Das Zeiteinheiten-Menü zeigt die neue Zeiteinheit an.

6 Drücken Sie die <-Taste, um das gesamte Programm im Schnittfenster anzuzeigen.

Arbeiten mit Spuren

Im Schnittfenster können Sie Clips in mehreren Video- und Audiospuren anordnen. Die Spuren liegen vertikal übereinander. Wenn ein Clip über einem anderen angeordnet ist, werden beide Clips gleichzeitig wiedergegeben.

Die Spuren sind in drei Bereiche unterteilt:

• Im Zentrum des Fensters befindet sich die Spur *Video 1* als Hauptspur für die Videobearbeitung.

• Alle Spuren oberhalb von Video 1 werden für überlagernde Clips (für Video 1) benutzt.

• Alle Spuren unterhalb von Video 1 sind Audiospuren.

Sie können die Darstellung der Überlagerung- und Audiospuren *erweitern*, um die Steuerungsmöglichkeiten z.B. für die Deckkrafteinstellung oder die Audiowellenform (Lautstärke) anzuzeigen.

1 Klicken Sie auf das Dreieck neben der Spurbezeichnung Video 1.

Premiere erweitert die Videospur 1 um die Spuren *Video 1A*, *Überblendung* und *Video 1B*, um die Zusammenhänge zwischen Clips und Überblendungen klarer darzustellen. Sie arbeiten mit Überblendungen in Lektion 4, »Hinzufügen von Überblendungen«.

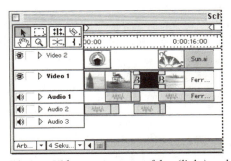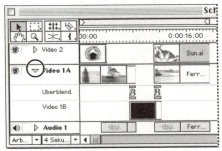

Die Spur Video 1 zusammengefaltet (links) und erweitert (rechts)

2 Klicken Sie auf das Dreieck neben der Spurbezeichnung *Video 2*. Premiere erweitert die Videospur 2.

Auf der Videospur 2 befinden sich zwei Clips:

• *Shiplogo.ptl* ist ein Standbild mit zugewiesener Transparenz (Weiße Alpha-Maske), so daß der andere Clip (*Tower.psd* auf der Videopur 1A) am Ende des Clips sichtbar ist. Sie arbeiten mit Transparenz in Lektion 9, »Überlagern«.

• *Sun.ai* ist ein in Adobe Illustrator erstelltes Standbild mit Transparenzeinstellungen, damit der andere, darunterliegende Clip (*Ferry.mov* auf Videospur 1A) sichtbar bleibt. Die rote, nach oben ansteigende Linie steuert die Deckkraft des Clips und zeigt an, daß *Sun.ai* völlig transparent beginnt und allmählich völlig opak wird.

3 Klicken Sie auf das Dreieck neben der Spurbezeichnung Video 2, um die Spur wieder zusammenzufalten.

Beachten Sie die rote Linie am unteren Rand des Clips *Shiplogo.ptl*. Diese Linie weist darauf hin, daß der Clip mit Bewegungseinstellungen versehen ist. Sie werden die Bewegungseinstellungen in Lektion 10, »Hinzufügen von Bewegung«, kennenlernen.

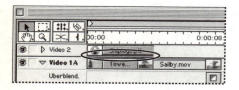

Der Clip *Sailby.mov* ist am oberen Rand mit einer blauen Linie versehen, was darauf hinweist, daß der Clip mit einem Filter versehen ist. Sie werden die Filter in Lektion, »Zuweisen von Video- und Audiofiltern«, kennenlernen.

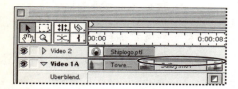

4 Klicken Sie auf das Dreieck neben der Spurbezeichnung *Audio 1*.

Premiere erweitert die Audiospur 1 und zeigt die rote Blendensteuerung und die blaue Tonschwenksteuerung für die Audioclips auf dieser Spur an. Die rote Linie auf der Audiospur markiert die Lautstärke an jeder beliebigen Stelle des Clips. Sie werden mit Ton in Lektion 5, »Hinzufügen von Ton«, arbeiten.

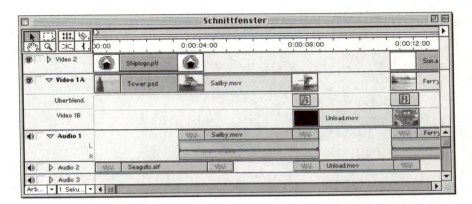

5 Klicken Sie auf das Dreieck neben der Spurbezeichnung Audio 1, um die Spur wieder zusammenzufalten.

Das Schnittfenster enthält außerdem Bearbeitungswerkzeuge, auf die im Verlaufe dieses Buchs noch genauer eingegangen wird. Sie können bei der Auswahl einzelner Werkzeuge die *Quickinfo* verwenden, um die Werkzeuge zu identifizieren und deren Tastatur-Kurzbefehle zu erhalten (siehe »Herausfinden der Tastatur-Kurzbefehle« auf Seite 86).

Das Monitorfenster

Zusätzlich zum Schnittfenster können Sie Clips auch im Monitorfenster zusammenstellen; das Fenster enthält die Originalansicht und die Programmansicht:

• In der Originalansicht wird ein einzelner Clip angezeigt. Sie verwenden die Originalansicht, um einen Clip für das Videoprogramm vorzubereiten oder um einen aus dem Videoprogramm geöffneten Clip zu bearbeiten.

• Die Programmansicht zeigt den aktuellen Status des Videoprogramms, das Sie gerade zusammenstellen. Wird ein Videoprogramm in Premiere abgespielt, erscheint es in der Programmansicht. Stellen Sie sich einfach die Programmansicht als eine andere Ansicht des Schnittfensters vor – das Schnittfenster zeigt eine zeitorientiere und die Programmansicht eine Frame-orientierte Ansicht Ihres Videoprogramms.

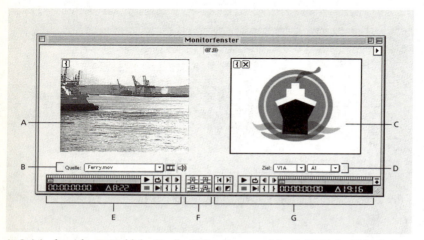

A. Originalansicht **B**. *Wahl der Quelle* **C**. *Programmansicht* **D**. *Wahl des Ziels* **E**. *Steuerelemente für Quelle* **F**. *Steuerelemente zum Einfügen eines Original-Clips in die vorhandene Schnittfenster-Spur* **G**. *Steuerelemente für Programm*

Die Steuerelemente am unteren Rand des Monitorfensters sind entsprechend ihrer Funktion gruppiert – und einige davon entsprechen den Schaltern eines herkömmlichen Schnittpults bzw. eines Videorecorders.

Stellen Sie sich die Originalansicht einfach als Monitor für Projektfenster und die Programmansicht als Monitor für das Schnittfenster vor. Sobald Sie ein Projekt öffnen, ist die standardmäßige Originalansicht leer, da Sie in dieser Arbeitssitzung noch nicht mit einem Original-Clip gearbeitet haben. In der Programmansicht dagegen wird der erste Frame im Schnittfenster angezeigt – sofern mindestens ein Clip im Schnittfenster vorhanden ist.

1 Doppelklicken Sie im Projektfenster auf das Symbol von *Ferry.mov*.

Die Originalansicht zeigt jetzt den Clip, den Sie soeben im Projektfenster ausgewählt haben. Das Doppelklicken auf einen Clip im Projektfenster zeigt den ungeschnittenen Clip in seiner ursprünglichen Form vor einer Bearbeitung an. Wenn Sie dagegen auf einen Clip im Schnittfenster doppelklicken, sehen Sie nur die Frames, die im Videoprogramm enthalten sind. Das werden Sie jetzt ausprobieren.

2 Doppelklicken Sie im Schnittfenster auf *Sailby.mov*.

Der Clip wird in Originalansicht angezeigt. Doppelklicken Sie auf einen Clip im Schnittfenster immer dann, wenn Sie einen bereits in das Schnittfenster eingefügten Clip ändern wollen. Sie haben sich bislang zwei Clips in der Originalansicht angesehen – und diese Information speichert Premiere im Quelle-Einblendmenü unterhalb der Originalansicht im Monitorfenster.

3 Setzen Sie den Zeiger auf das Quelle-Einblendmenü, und halten Sie die Maustaste gedrückt. Die in der aktuellen Arbeitssitzung bereits betrachteten Clips können Sie aus der Liste wählen, um sie wieder in der Originalansicht anzuzeigen. Sobald Sie ein Projekt schließen, werden die Informationen im Quelle-Einblendmenü zurückgesetzt bzw. gelöscht.

Da Programmansicht und Schnittfenster verschiedene Ansichten desselben Videoprogramms sind, können Sie ein Video in jedem der beiden Fenster bearbeiten. Sobald Sie mehr über das Bearbeiten von Videos wissen, könnten Sie die Videobearbeitung im mehr grafisch orientierten Schnittfenster bevorzugen. Diejenigen, die Erfahrung im Umgang mit professionellen Videobearbeitungssystemen haben, bearbeiten dagegen ein Video schneller und genauer mit den Steuerelementen der Original- und Programmansicht.

Navigieren zu einer Zeitposition

Die Schnittlinie im Schnittfenster kennzeichnet den in der Programmansicht im Monitorfenster angezeigten Frame und die Zeitpositon für den nächsten Bearbeitungsschritt, sobald ein einsprechender Befehl oder eine Steuerung im Monitorfenster angewendet wird. Die Programm-Steuerelemente beeinflussen das Schnittfenster, und ein Bearbeiten im Schnittfenster aktualisiert die Programmansicht.

1 Klicken Sie oben im Schnittfenster auf die gewünschte Stelle in der Zeitleiste, oder ziehen Sie die Schnittlinie im Schnittfenster mit der Maus nach links oder rechts (eine

Technik, die als *Scrubbing* bezeichnet wird). Sowohl die Programmansicht als auch der Timecode unter der Programmansicht ändern sich entsprechend dem aktuellen Frame.

Sie werden vielleicht festgestellt haben, daß beim Verändern der Programmansicht nur die Frames der ganz oben im Schnittfenster angeordneten Clips angezeigt werden. Das einfache Ziehen der Schnittlinie zeigt weder Deckkraft noch Überblendungen und Filtereffekte an. Diese Effekte können Sie sich jedoch mit Hilfe einer anderen Methode ansehen.

2 Halten Sie die Alt-Taste (Windows) bzw. Wahltaste (Mac OS) gedrückt, und ziehen Sie die Schnittlinie auf der Zeitleiste. Dabei kann es eine leichte Verzögerung bei der Anzeige geben, da die Effekte verarbeitet werden müssen.

Hinweis: *Sie müssen die Alt- bzw. Wahltaste drücken, bevor Sie die Schnittlinie ziehen.*

Die Programmansicht zeigt jetzt die Frames mit Deckkraft, Überblendungen und Filtern an, sofern diese Effekte dem jeweiligen Clip zugewiesen wurden.

Arbeiten mit Paletten

Adobe Premiere beinhaltet verschiedene Paletten zur Anzeige von Informationen und als Hilfe für Änderungen im Schnittfenster. Standardmäßig sind alle Paletten geöffnet. Während der Arbeit können Sie Paletten einblenden, ausblenden und neu ordnen. Die Paletten funktionieren so wie in Adobe Photoshop, Illustrator und PageMaker.

💡 *Wenn Sie mehr als einen Monitor an Ihr System angeschlossen haben und das Betriebs-system den auf mehrere Monitore aufgeteilten Desktop unterstützt, können Sie die Paletten auf den separaten Monitor ziehen.*

Verwenden der Informationenpalette

Die Informationenpalette zeigt Informationen über einen ausgewählten Clip oder eine Überblendung an. Welche Informationen in der Palette angezeigt werden, hängt u.U. von Faktoren wie dem Medientyp und dem aktiven Fenster ab. Die Informationen-palette ist nützlich für das Identifizieren von Elementen in Ihrem Projekt und der ent-sprechenden Eigenschaften.

1 Stellen Sie sicher, daß die Informationenpalette sichtbar ist. Falls erforderlich, klicken Sie auf das Register *Informationen* (sofern sichtbar), oder wählen Sie **Fenster: Anzeigen Informationen**.

2 Markieren Sie den Audio-Clip *Seagulls.aif* im Schnittfenster. Die Informationen-palette gibt Auskunft über den Namen, die Länge, die Audioattribute und die Position des Clips im Schnittfenster sowie die aktuelle Zeigerposition.

3 Ziehen Sie den Audio-Clip *Seagulls.aif* nach rechts. Während des Ziehens wird die Position des Clips kontinuierlich aktualisiert, so daß Sie ihn sehr präzise verschieben können.

4 Wählen Sie **Bearbeiten: Verschieben widerrufen**, um den Clip wieder an seiner ur-sprüngliche Position zu positionieren.

💡 *Wenn Sie mehrmals hintereinander den Clip verschoben haben, rufen Sie so oft den Widerrufen-Befehl auf, bis sich der Clip wieder an seiner ursprünglichen Position befindet.*

5 Wählen Sie den Clip *Sun.ai* im Schnittfenster. Dieser Clip wird in der Informationen-palette als Standbild identifiziert.

6 Markieren Sie die Lücke zwischen dem ersten und zweiten Clip auf der Videospur 2. Die Informationenpalette gibt Auskunft über die Dauer der Lücke im Schnittfenster.

Verwenden der Navigatorpalette

Die Navigatorpalette ist eine interaktive Miniaturansicht des gesamten Schnittfensters und bietet komfortable Möglichkeiten, die Ansicht des Schnittfensters schnell zu ändern. Die Palette ist besonders hilfreich, wenn Sie an einem langen Videoprogramm arbeiten, das über die Begrenzungen des Schnittfensters hinausreicht.

1 Stellen Sie sicher, daß das Schnittfenster und die Navigatorpalette sichtbar sind. Falls erforderlich, klicken Sie auf das Register *Navigator* (sofern sichtbar), oder wählen Sie **Fenster: Anzeigen Navigator**.

Die Navigatorpalette zeigt sämtliche Spuren Ihres Videoprogramms. Sie können mit den Steuerelementen in der Navigatorpalette die Zeiteinheit, mit der das Schnittfenster angezeigt wird, ändern. Bestimmte Farben in der Navigatorpalette kennzeichnen bestimmte Teile des Schnittfensters (siehe folgende Abbildung).

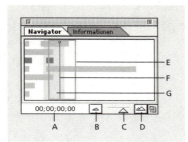

A. *Doppelklicken, Zeit für die Position der Schnittlinie eingeben und Eingabetaste drücken*
B. *Klicken, um die Zeitleiste zu verkleinern (Auszoomen)*
C. *Nach links oder rechts ziehen, um die Zeitleiste zu verkleinern bzw. zu vergrößern*
D. *Klicken, um die Zeitleiste zu vergrößern (Einzoomen)*
E. *Grünes Rechteck ziehen, um die verborgenen Bereiche des Schnittfensters anzuzeigen*
F. *Umschalttaste drücken und ziehen, um die Schnittlinie (rot) zu verschieben*
G. *Blauer Bereich kennzeichnet aktuellen Arbeitsbereich, der bei einer Vorschau wiedergegeben wird*

Die Navigatorpalette zeigt außerdem die Spuren in ganz bestimmten Farben an: Videospuren in Gelb, Überblendungen in Blau und Audiospuren in Grün.

2 Klicken Sie auf die Einzoomen-Schaltfläche (unten rechts) in der Navigatorpalette.

Das Schnittfenster wird auf die nächsthöhere Zeiteinheit vergrößert. Dabei wird das
grüne Rechteck schmäler, da Sie jetzt weniger vom Videoprogramm im Schnittfenster
sehen können.

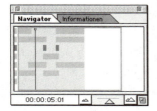

3 Ziehen Sie das grüne Rechteck. Während des Ziehens ändert sich der sichtbare
Bereich im Schnittfenster entsprechend.

4 Drücken Sie die Maustaste, und halten Sie während des Ziehens die Umschalttaste
gedrückt.

Diesmal verändert sich der sichtbare Bereich nicht; während des Ziehens wird jedoch die Schnittlinie bewegt, und die Programmansicht im Monitorfenster zeigt den Frame unter der Schnittlinie.

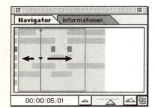

5 Markieren Sie die Zeitanzeige unten in der Navigatorpalette, geben Sie den Wert **200** ein, und drücken Sie die Eingabetaste. Die Schnittlinie bewegt sich auf Frame 00:00:02:00 im Schnittfenster, in der Navigatorpalette und in der Timecode-Anzeige in der Programmansicht.

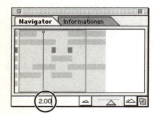

Verwenden der Befehlepalette

Die Befehlepalette beinhaltet eine Liste vorgegebener Befehle, die Sie Ihren Bedürfnissen entsprechend anpassen können. Sie können eine Reihe benutzerdefinierter Schaltflächen einrichten, um schnellen Zugriff auf Ihre bevorzugten Menübefehle zu erhalten, und Sie können jeder Schaltfläche eine Funktionstaste zuweisen, mit der sich die Befehle auch über die Tastatur ausführen lassen. In diesem Abschnitt fügen Sie der Befehlepalette eine Schaltfläche für den Befehl **Bearbeiten: Alles auswählen** hinzu. Generell werden Sie die Befehle hinzufügen, die Sie für Ihre Arbeit am häufigsten benötigen.

1 Achten Sie darauf, daß die Befehlepalette sichtbar ist. Falls erforderlich, klicken Sie auf das Register *Befehle* (sofern sichtbar), oder wählen Sie **Fenster: Anzeigen Befehle**.

2 Wählen Sie **Befehlssatz bearbeiten** aus dem Menü der Befehlepalette.

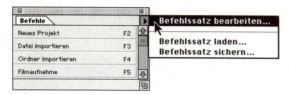

3 Klicken Sie auf »Hinzufügen«. Eine neue, noch nicht zugewiesene Schaltfläche mit dem Namen »Keine« (Windows) bzw. »Nicht definiert« (Mac OS) wird über dem ausgewählten Befehl eingeblendet.

4 Markieren Sie die neue Schaltfläche, und wählen Sie in der Menüleiste den Befehl **Bearbeiten: Alles auswählen**. Solange Sie sich im Dialogfeld »Grundeinstellungen: Befehlepalette« befinden, wird der jeweils in der Menüleiste gewählte Befehl der Befehlepalette hinzugefügt.

5 Geben Sie für »Taste« einen beliebigen, freien Tastaturbefehl ein (z.B. Umschalt + F7). Im Menü werden nur die Tasten angezeigt, die noch nicht mit anderen Befehlen belegt sind (Windows) bzw. bereits belegte Tasten sind abgeblendet (Mac OS). Klicken Sie auf OK.

Hinweis: In Windows ist die F1-Taste vom System für die Online-Hilfe reserviert.

Jetzt können Sie die neue Schaltfläche ausprobieren.

6 Aktivieren Sie ein Fenster, wie das Projekt- oder Schnittfenster, in dem Sie eine Clip-Auswahl vornehmen können.

7 Klicken Sie in der Befehlepalette auf die soeben erstellte Schaltfläche »Alles auswählen«, oder drücken Sie den von Ihnen festgelegten Tastaturbefehl. Danach werden alle im Fenster vorhandenen Clips ausgewählt.

Sie haben diesen Befehl als Übungsbeispiel für diese Lektion hinzugefügt. Der Befehl steht von nun an für jedes in Premiere geöffnete Projekt zur Verfügung. Falls Sie den Befehl nicht mehr benötigen, müssen Sie die beiden nächsten Schritte nachvollziehen.

8 Wählen Sie **Befehlssatz bearbeiten** aus dem Menü der Befehlepalette.

9 Achten Sie darauf, daß die Schaltfläche »Alles auswählen« gewählt ist, und klicken Sie auf »Löschen« und dann auf OK.

💡 *Wenn Sie einen standardmäßigen Tastatur-Kurzbefehl für einen bestimmten Befehl ändern wollen, können Sie ihn mit Hilfe der Befehlepalette »überschreiben«: Ein Tastatur-Kurzbefehl in der Befehlepalette hat Vorrang gegenüber dem entsprechenden vom Programm vorgegebenen Befehl.*

Herausfinden der Tastatur-Kurzbefehle

Premiere bietet Tastatur-Kurzbefehle für die meisten Befehle und Schaltflächen, so daß es möglich ist, ein Videoprogramm mit minimalem Mauseinsatz zu bearbeiten. Sobald Sie einen eigenen Arbeitsstil entwickeln, können Sie auch Ihre »Produktivität« in dem Maße vergrößern, wie Sie sich die Tastatur-Kurzbefehle für die am häufigsten benutzten Befehle und Schaltflächen einprägen. So mancher erfahrene Videoprofi kommt bei der Bearbeitung von Videoprogrammen schneller mit der Tastatur als mit der Maus voran. In diesem Abschnitt erfahren Sie, wo Sie die benötigten Tastatur-Kurzbefehle finden.

Premiere verhält sich dabei wie viele andere Programm: Besitzt ein Menübefehl einen Tastatur-Kurzbefehl, ist dieser im Menü neben dem dazugehörigen Befehl aufgeführt.

1 Klicken Sie im Schnittfenster auf einen beliebigen Clip.

2 Klicken Sie auf das Clip-Menü, um die einzelnen Menübefehle zu sehen. Sie erkennen, daß rechts neben den meisten Befehlen der entsprechende Tastatur-Kurzbefehl aufgeführt ist.

Premiere enthält aber auch viele Werkzeuge und Schaltflächen, deren Tastatur-Kurzbefehle Sie ebenso einfach finden können. Sie werden jetzt den Tastatur-Kurzbefehl für eine Schaltfläche im Monitorfenster herausfinden.

3 Aktivieren Sie das Monitorfenster.

4 Setzen Sie den Zeiger auf die Schaltfläche »Out-Point setzen« (⊧) innerhalb der Steuerelemente unter der Originalansicht. Lassen Sie den Zeiger so lange über der Schaltfläche, bis deren QuickInfo erscheint. Der Tastatur-Kurzbefehl steht in Klammern hinter der Werkzeugbezeichnung. (Falls keine QuickInfo angezeigt wird, wählen Sie **Datei: Grundeinstellungen: Allgemein / Standbild**. Stellen Sie sicher, daß im Dialogfeld die Option »QuickInfo anzeigen« aktiviert ist.)

Jetzt werden Sie einen Tastatur-Kurzbefehl in der Online-Hilfe herausfinden.

5 Wählen Sie **Hilfe: Tastatur** (Windows) bzw. **Hilfe: Tastatur-Kurzbefehle** (Mac OS).

6 Klicken Sie auf den Link (rot unterstrichener Verweis) für den gewünschten Tastatur-Kurzbefehl.

Eine ähnlich vollständige Aufstellung der Tastatur-Kurzbefehle finden Sie in der *Schnell-referenzkarte*, die zum Lieferumfang von Adobe Premiere gehört.

Fragen

1 Wozu dient die Originalansicht im Monitorfenster?

2 Wozu dient die Programmansicht im Monitorfenster?

3 Worin unterscheiden sich eine Arbeitsablage und eine Bibliothek?

4 Was sind die beiden Möglichkeiten für eine genauere Zeitabstufung im Schnittfenster?

5 Wie können Sie eigene Tastatur-Kurzbefehle festlegen?

Antworten

1 In der Originalansicht können Sie einen Clip im Projekt-, Ablage oder Bibliothekfenster ansehen, ihn für das Einfügen in das Schnittfenster vorbereiten oder einen im Schnittfenster geöffneten Clip bearbeiten.

2 In der Programmansicht können Sie einen bereits in das Schnittfenster eingefügten Clip bearbeiten.

3 Eine Ablage ist an ein bestimmtes Projekt gebunden, während eine Bibliothek projektunabhäng ist.

4 Die folgenden Antworten treffen zu: Sie können eine Zeiteinheit aus dem Zeiteinheit-Menü wählen, das Pluszeichen (+) drücken, auf die Einzoomen-Schaltfläche klicken oder den Regler in der Navigatorpalette ziehen.

5 Durch Hinzufügen eines Befehls in der Befehlepalette und anschließendes Zuordnen eines Tastatur-Kurzbefehls.

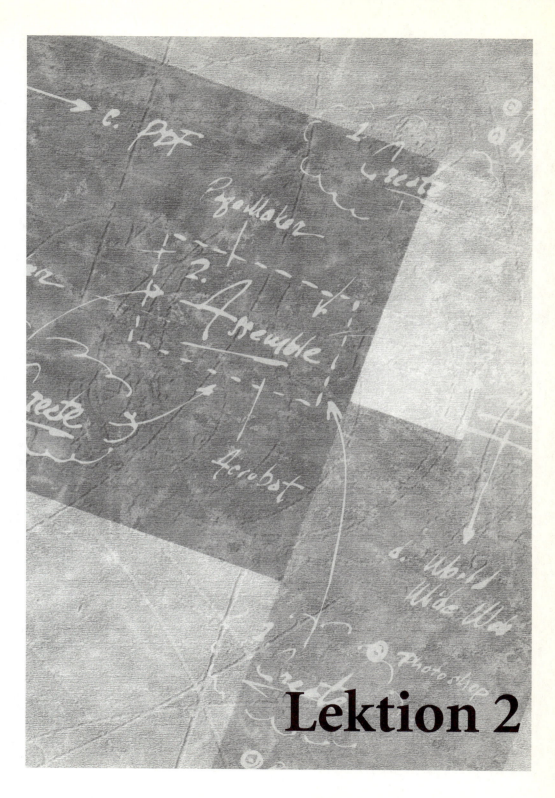

Lektion 2

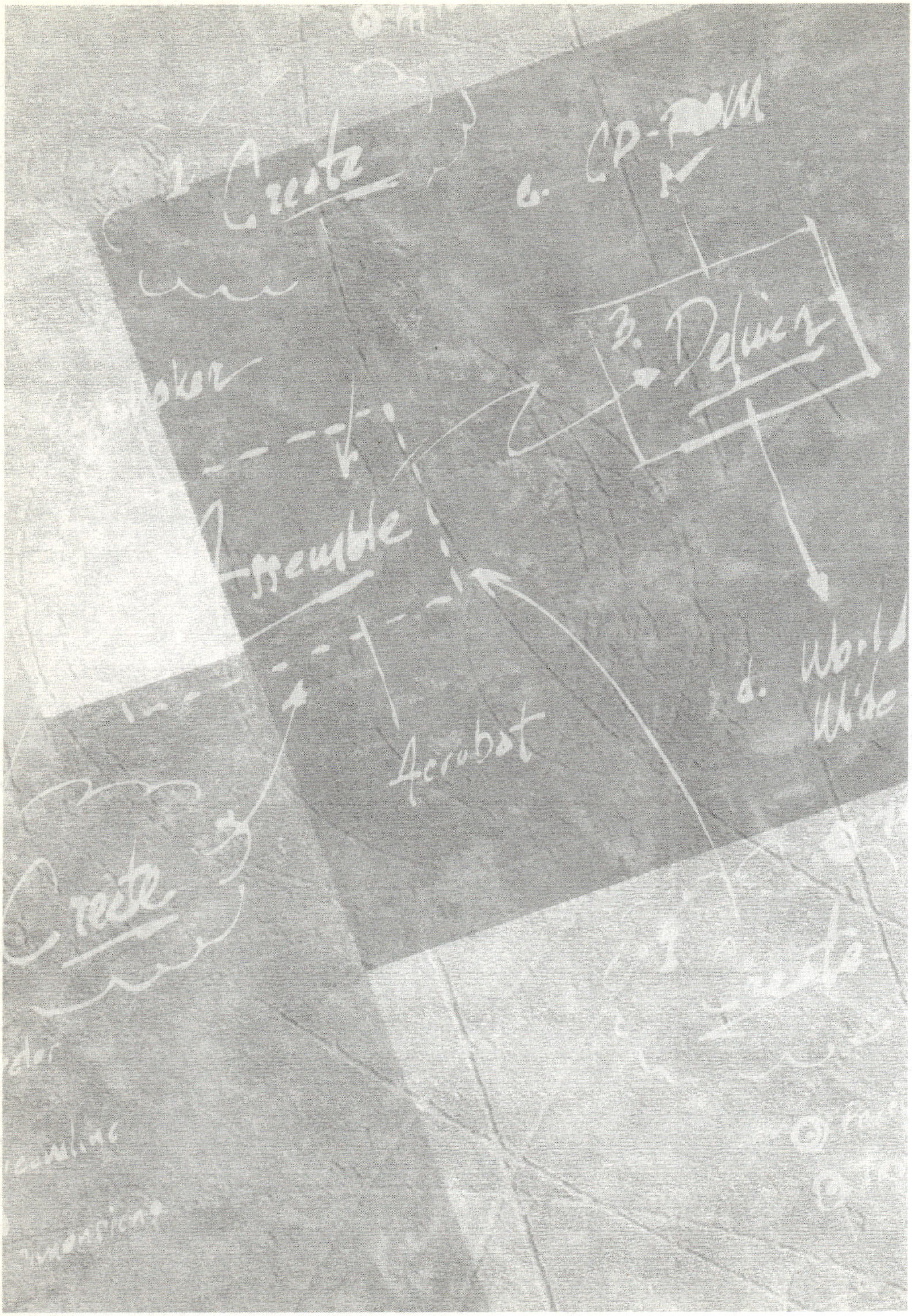
1. Create
Assemble
3. Deliver
Acrobat
Create

Videobearbeitung

Bei der Videobearbeitung arrangieren Sie Ihre Video-Clips so, daß sie eine überzeugende Story erzählen. Dabei kann es sich z.B. um eine Fernsehserie oder eine aktuelle Berichterstattung handeln – die Möglichkeiten sind unbegrenzt. Nur wenn Sie sich vorher intensiv mit dem Thema auseinandersetzen, können Sie unnötigen Zeitaufwand während der Bearbeitung Ihrer Videos vermeiden.

Diese Lektion beschäftigt sich mit der Rolle von Premiere in der Videoproduktion und bringt Ihnen die folgenden Themen näher:

• Messen der Videozeit

• Messen der Framegröße und Auflösung

• Video-Komprimierung

• Aufnehmen von Videos

• Überblendungen und Deckkraft

• Ton in einem Video

• Erstellen des endgültigen Videos

Premiere in der Videoproduktion

Die Produktion eines Videos läuft im allgemeinen in drei Phasen ab:

• *Pre-Production* beinhaltet das Schreiben eines Skripts, die Visualisierung einzelner Szenen in einem Storyboard und die Ausarbeitung eines Produktionsplans für die Aufnahme dieser Szenen.

• *Produktion* beinhaltet die Aufnahme, also das Filmen selbst.

• *Post-Production* beinhaltet das Bearbeiten der jeweils besten Szenen für das endgültige Videoprogramm, d.h. ein eventuelles Korrigieren und Optimieren von Video und Audio. Diese Bearbeitung umfaßt auch einen ersten *Rohschnitt*, über den Sie eine allgemeine Vorstellung von den Möglichkeiten des vorliegenden Materials erhalten. Im weiteren Verlauf der Videobearbeitung werden Sie Ihr Programm immer mehr verfeinern – bis Sie die Entscheidung treffen, daß jetzt die Endversion des Programms vorliegt. An diesem Punkt müssen Sie den *Feinschnitt* ausführen. Premiere wurde bewußt für das effiziente Bearbeiten, Korrigieren und Optimieren von Clips entwickelt, wodurch das Programm zu einem wertvollen Werkzeug in der Post-Production wird.

Sie lernen im weiteren Verlauf dieser Lektion die grundlegenden Funktionen von Premiere kennen, die für die Videoproduktion und andere Aufgaben bei der Post-Production benötigt werden. Die in diesem Abschnitt behandelten Grundlagen und die entsprechenden Möglichkeiten von Premiere werden ausführlich im *Adobe Premiere 5.0 Handbuch* angesprochen.

Sollten Sie bei Ihrer Videoproduktion mit externen Unternehmen zusammenarbeiten, beispielsweise in der Post-Production, stimmen Sie sich mit ihnen vor Produktionsbeginn entsprechend ab. Nur so können Sie die richtigen Einstellungen für die verschiedenen Stadien eines Projekts herausfinden und zeitraubende sowie kostspielige Fehler vermeiden. Wenn Sie z.B. ein Video für einen Fernsehsender erstellen wollen, müssen Sie bereits vorher wissen, ob das Video im NTSC-Standard (National Television Standards Committee), im PAL-Standard (Phase Alternate Line) oder im SECAM-Standard (Sequential Couleur Avec Memoire) gesendet werden soll.

Messen der Videozeit

Normalerweise empfinden wir Zeit als eine kontinuierliche Abfolge von Ereignissen. Für Videoprogramme wird dagegen eine präzise Synchronisation benötigt, weshalb die Zeit mit Zahlenwerten gemessen wird. Für die Videobearbeitung wird häufig eine höhere Genauigkeit als die Messungen in Stunden, Minuten und Sekunden erforderlich, da schon eine einzelne Sekunde verschiedene Ereignisse enthalten kann. In diesem Abschnitt erfahren Sie, wie Premiere und Videoprofis mit Hilfe von Standardmethoden die Zeit so messen, daß die innerhalb einer Sekunde abgespielten Frames erfaßt werden.

Zusammenhang zwischen Timebase und Framerate

Mit der *Timebase* legen Sie fest, wie die Zeiteinheiten in Ihrem Projekt berechnet werden sollen. Beispielsweise bedeutet eine Timebase mit dem Wert 30, daß jede Sekunde in 30 Zeiteinheiten unterteilt wird. Der exakte Zeitpunkt für eine Bearbeitung ist abhängig von der festgelegten Timebase, da eine Bearbeitung nur am jeweiligen Zeitabschnitt vorgenommen werden kann. Das Arbeiten mit verschiedenen Timebase-Einstellungen bewirkt, daß sich die Zeitabschnitte bzw. Sekundenunterteilungen an unterschiedlichen Positionen befinden.

Die Zeitaufteilung in einem Original-Clip wird durch die *Framerate des Original-Clips* festgelegt. Wenn beispielsweise der Original-Clip mit einer Videokamera mit 25 Frames pro Sekunde aufgenommen wurde, zeichnet die Kamera die jeweilige Szene jede 1/25 Sekunde auf. Das, was sich zwischen diesen 1/25-Sekunden-Intervallen abspielt, wird nicht aufgezeichnet. Eine höhere Framerate würde daher auch eine höhere Zeitauflösung bewirken.

Sie können festlegen, wie oft Premiere Frames aus Ihrem Projekt generiert, indem Sie die *Projekt-Framerate* definieren. Beispielsweise bedeutet eine Framerate von 25 Frames pro Sekunde, daß Premiere für jede Sekunde Ihres Projekts 30 Frames erzeugt.

Für eine ruckelfreie, flüssige Wiedergabe sollten Timebase, Framerate des Original-Clips und Projekt-Framerate identisch sein. Generell arbeitet man mit 24 fps (Frames pro Sekunde) bei der Bearbeitung von Filmen, 25 fps bei PAL- und SECAM-Videos, 29,97 fps für NTSC-Videos und 30 fps für andere Videoarten. (NTSC wurde ursprünglich für Schwarzweißvideos mit 30 fps entwickelt und dann für Farbvideos so modifiziert, daß sich die NTSC-Framerate in 29,97 fps änderte.)

Manchmal stimmen die Zeitsysteme jedoch nicht überein. Das ist der Fall, wenn Sie z.B. ein Video mit 15 fps zur Weitergabe auf einer CD-ROM erstellen müßten und sich dieses Video aus Filmmaterial (aufgenommen mit 24 fps) und Video-Clips (aufgenommen mit 30 fps) zusammensetzt. Wenn einer dieser Werte nicht mit den anderen übereinstimmt, müssen durch entsprechende Berechnungen einige Frames wiederholt oder entfernt werden; die Auswirkungen dieses Effekts können, abhängig von den Abweichungen zwischen Timebase und Framerate in einem Projekt, störend oder kaum wahrnehmbar sein.

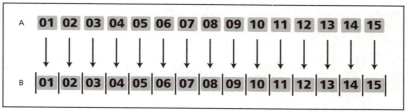

A. 30-fps-Video-Clip (1/2 Sekunde) **B.** *Timebase 30 für eine Videoproduktion
Keine Probleme, da Quell-Framerate und Timebase identisch sind*

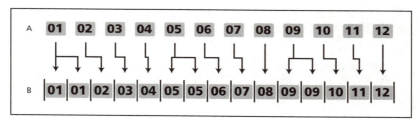

A. 24-fps-Kinofilm-Clip (1/2 Sekunde) **B.** *Timebase 30 für eine Videoproduktion
Für eine halbe Sekunde Wiedergabe mit einer Timebase 30 müssen die Frames
1, 5 und 9 des 24-fps-Kinofilm-Clips wiederholt werden*

💡 *Nehmen Sie Ihre Clips immer mit der Framerate auf, mit der später exportiert werden soll. Sollen die Original-Clips z.B. mit 30 fps exportiert werden, nehmen Sie die Clips mit 30 fps statt 24 fps auf.*

Wenn die Zeiteinheiten nicht übereinstimmen, ist die Timebase der wichtigste Wert, den Sie auf das besonders kritische Medium innerhalb Ihrer Produktion abstimmen müssen. Wollen Sie beispielsweise von einem Kinofilm einen Trailer für die Ausstrahlung durch eine Fernsehstation produzieren, wäre der Film das wichtigste Medium für das Projekt. Sie müssen also eine Timebase von 24 fps wählen.

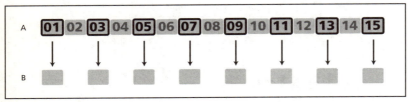

A. Timebase 30 (1/2 Sekunde). **B.** Endgültige Framerate 15 für einen Web-Film
Wenn die Timebase durch die Framerate glatt teilbar ist, werden die Frames gleichmäßig im Web-Film verteilt

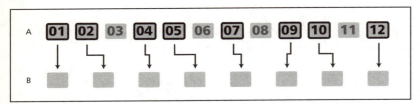

A. Timebase 30 für einen Kinofilm (1/2 Sekunde) **B.** Endgültige Framerate 15 für einen Web-Film
Die Timebase läßt sich nicht glatt durch die Framerate teilen, weshalb die Frames unregelmäßig verteilt werden. Eine endgültige Framerate von 12 fps würde die Frames gleichmäßig verteilen

Denken Sie immer daran: Sie erhalten nur vorhersehbare Resultate, wenn Timebase und Framerate identisch sind oder sich zumindest glatt teilen lassen.

Weitere Informationen finden Sie unter »Messen der Zeit« in der Online-Hilfe oder in Anhang A im *Adobe Premiere 5.0 Handbuch*.

Zählen mit dem Timecode

Durch den *Timecode* wird festgelegt, wie die Frames gezählt werden und wie die Zeit während eines Projekts angezeigt und angegeben wird. Der Timecode ändert niemals die Timebase oder die Framerate eines Clips oder Projekts, es wird lediglich die Art der Framenumerierung geändert.

Sie geben einen Stil für den Timecode auf der Grundlage der für Ihr Projekt wichtigsten Medien an. Bei der Videobearbeitung für das Fernsehen werden die Frames beispielsweise anders gezählt als bei der Bearbeitung eines Films. Premiere zeigt die Zeit standardmäßig nach dem SMPTE-Standard (Society of Motion Picture and Television Engineers) an: Stunden, Minuten, Sekunden und Frames. Beispielsweise bedeutet die Anzeige 00:06:51:15, daß ein Clip die Länge von 6 Minuten, 51 Sekunden und 15 Frames hat. Sie können jederzeit zu einem anderen Zeitanzeigesystem wechseln, wie z.B. zu Feet und Frames eines 16-mm- oder 35-mm-Films. Professionelle Videorecorder und Camcorder können den Timecode direkt auf das Videoband schreiben und von diesem auch wieder auslesen, wodurch Sie Audio, Video, Bearbeitungen bzw. Offline-Bearbeitungen synchronisieren können (siehe Seite 110).

Wenn Sie an einem Video mit einer 29,97-fps-Timebase für den NTSC-Standard arbeiten, führt der minimale Unterschied zwischen der 29,97-fps-Framerate der 30-fps-Framenumerierung (Timecode) zu einem Unterschied zwischen der angegebenen und der tatsächlichen Dauer des Programms. Dieser Unterschied ist anfänglich zwar nur gering, wird aber mit zunehmender Programmdauer immer größer und führt zu Schwierigkeiten, wenn ein Programm mit einer bestimmten exakten Dauer aufgenommen werden soll. Der *Drop-Frame-Timecode* ist ein SMPTE-Standardformat, mit dem durch die Behebung dieses Fehlers bei einem 29,97-fps-Video die zeitliche Genauigkeit der NTSC-Zeit beibehalten wird. Wenn Sie den Drop-Frame-Timecode das erste Mal verwenden, numeriert Premiere die ersten beiden Frames jeder Minute neu (mit Ausnahme jeder zehnten Minute). Der Frame nach 59:29 heißt beispielsweise 1:00:02. Es gehen keine Frames verloren, da der Drop-Frame-Timecode nur die Framenummern und nicht die eigentlichen Frames ausläßt. In der Zeitanzeige der gesamten Software gibt Premiere den Drop-Frame-Timecode mit einem Semikolon an, in den Zeitanzeigen des Non-Drop-Frame-Timecodes steht ein Doppelpunkt zwischen den Zahlen.

Der Drop-Frame-Timecode wird mit einem Semikolon (links) und der Non-Drop-Frame-Timecode mit einem Doppelpunkt (rechts) angezeigt

Vergleich von Video mit und ohne Zeilensprung-Halbbilder

Ein Bild auf dem Fernsehgerät oder einem Computermonitor setzt sich aus horizontalen Zeilen zusammen. Diese Zeilen lassen sich unterschiedlich anzeigen. Die Anzeige der meisten PCs basiert auf dem *Zeilenfolgeverfahren* (ohne Zeilensprung), wobei alle Zeilen in einem Frame in einem Abtastdurchgang von oben bis unten angezeigt werden, bevor der nächste Frame folgt. Videoprogramme mit NTSC-, PAL- und SECAM-Standard basieren auf dem *Zeilensprungverfahren*. Jeder Frame besteht aus zwei *Halbbildern*, die nach zwei Abtastdurchgängen angezeigt werden. Die einzelnen Frames setzen sich jeweils aus jeder zweiten Zeile des Frames zusammen. Ein Fernsehgerät zeigt zuerst das erste Halbbild an, das aus allen geraden Zeilen des gesamten Bildschirms besteht. Danach wird das zweite Halbbild angezeigt, das die vom ersten Halbbild hinterlassenen Lücken in jeder ungeraden Zeile schließt. Ein NTSC-Video-Frame, der ungefähr jede 1/30stel Sekunde angezeigt wird, wird aus zwei Halbbildern erzeugt, die ungefähr jede 1/60stel Sekunde angezeigt werden. PAL- und SECAM-Video-Frames werden jede 1/25stel Sekunde angezeigt und bestehen aus zwei Halbbildern, die jeweils jede 1/50stel Sekunde angezeigt werden. Das Halbbild, das die oberste Abtastzeile eines Frames enthält, wird als *oberes Halbbild* und das andere Halbbild als *unteres Halbbild* bezeichnet. Stellen Sie beim Abspielen oder Exportieren in Videos mit aus Halbbildern erzeugten Frames sicher, daß die Reihenfolge der Halbbilder, die Sie angeben, zum jeweiligen Empfangssystem paßt. Die Bewegungen könnten sonst abgehackt und Umrisse von Objekten in dem Frame ausgefranst erscheinen.

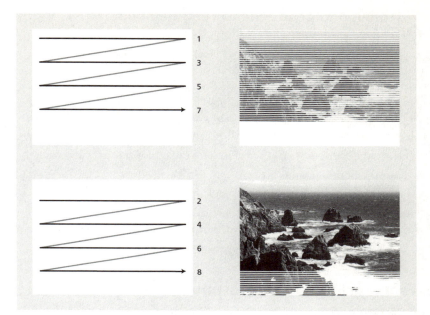

Bei einem Video mit aus zwei Halbbildern erzeugten Frames wird ein Frame durch zwei Abtast-Durchgänge beschrieben: einem Durchgang durch die geraden und einem durch die ungeraden Zeilen

Ein durch Zeilenfolgeverfahren erzeugtes Video beschreibt einen Frame durch einen Durchgang fortlaufend eingelesener Zeilen

Halbbilder zu vollständigen Frames zusammenfügen

Wenn Sie einen Frame oder einen Clip verlangsamen oder anhalten (»einfrieren«) wollen, sollten Sie dem Flimmern und Stocken der Bilder vorbeugen, indem Sie die Halbbilder zu vollständigen Frames zusammenfügen (Deinterlace). Wenn Sie im umgekehrten Fall im Zeilenfolgeverfahren eingelesene Original-Clips (wie beispielsweise Filme oder Computeranimationen) in einem Programm verwenden, das für Halbbild-Medien wie das Fernsehen vorgesehen ist, können Sie durch einen als Rendern von Halbbildern bekannten Vorgang Frames in Halbbilder aufteilen, so daß Bewegung und Effekte einwandfrei aus Halbbildern erzeugt werden.

Aus dem Adobe Premiere 5.0 Handbuch, Anhang A

Weitere Informationen finden Sie unter »Verarbeitung von Video-Halbbildern« in der Online-Hilfe oder in Kapitel 4 im *Adobe Premiere 5.0 Handbuch*.

Messen von Framegröße und Auflösung

Bei der Videobearbeitung auf einem PC sind mehrere Eigenschaften der Framegröße wichtig: die Pixel (Bildpunkte), das Frame-Seitenverhältnis, die Auflösung des Clips, die Framegröße des Projekts und die Bit-Tiefe. Ein *Pixel* ist die kleinste Einheit, die für die Erstellung eines Bilds verwendet werden kann; alles, was kleiner ist, kann nicht mehr genau angezeigt werden.

Seitenverhältnis

Das *Seitenverhältnis* eines Frames gibt das Verhältnis der Breite zur Höhe bei den Framemaßen eines Bildes an. Das Frameseitenverhältnis eines normalen PAL-Videos beträgt beispielsweise 4:3, während einige Filmframegrößen und das aktuelle TV-Breitwandformat über ein längeres Seitenverhältnis von 16:9 verfügen.

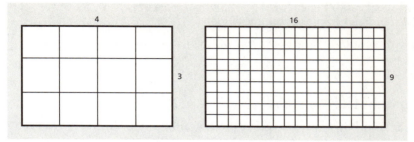

Ein Frame mit einem Seitenverhältnis von 4:3 (links) und ein Frame mit einem breiteren Seitenverhältnis von 16:9 (rechts)

Einige Videoformate geben zwar dasselbe Seitenverhältnis wieder, verwenden aber ein anderes Seitenverhältnis für die Pixel, aus denen sich der Frame zusammensetzt. Wenn Sie ein Video mit nichtquadratischen Pixel auf einem System mit quadratischen Pixeln anzeigen wollen, erscheinen Formen und Bewegung in die Länge gezogen; Kreise werden beispielsweise zu Ellipsen.

Ein Frame mit einem Seitenverhältnis von 4:3 und quadratischen Pixeln (links), ein Seitenverhältnis von 4:3 mit großen horizontalen Pixeln (Mitte) und der mittlere Frame mit einer quadratischen Pixelanzeige (rechts)

Framegröße

In Premiere geben Sie eine *Framegröße* für die Videowiedergabe im Schnittfenster und gegebenenfalls für den Export eines Videos in eine Datei an. Die Framegröße wird durch die horizontalen und vertikalen Maße eines Frames in Pixeln ausgedrückt, beispielsweise 640 x 480 Pixel. Bei der digitalen Videobearbeitung wird die Framegröße auch als *Auflösung* bezeichnet. Im allgemeinen liefert eine höhere Auflösung mehr Bilddetails, allerdings nehmen auch die Anforderungen an den Arbeitsspeicher und den Prozessor zu. Mit der Erhöhung der Maße eines Frames erhöht Sie auch die Pixelanzahl, die Premiere für jeden Frame verarbeiten und speichern muß. Deshalb ist es wichtig zu wissen, welche Auflösung für das fertige Videoformat benötigt wird. Ein Frame mit einer Auflösung von 640 x 480 Pixel (NTSC) enthält beispielsweise 307.200 Pixel, während ein Bild mit einer Auflösung von 720 x 576 Pixel (PAL) aus 349.920 Pixeln zusammengesetzt ist. Wenn Sie eine zu geringe Auflösung festlegen, sieht das Bild grobkörnig und pixelig aus; eine zu hohe Auflösung dagegen benötigt nur unnötig viel Speicher.

Overscan und geschützte Bereiche

Die Framegröße kann zu Mißverständnissen führen, wenn Sie ein Video für das Fernsehen aufbereiten. Die meisten NTSC-Fernsehgeräte vergrößern das Bild, d.h. das Bild wird am äußeren Rand abgeschnitten (*Overscan*). Dieser Overscan-Bereich ist nicht auf allen Fernsehgeräten gleich groß, so daß es sich empfiehlt, Titel innerhalb des Bereichs der *geschützten Titel* und wichtige Aktionen innerhalb des Bereichs der *geschützten Aktionen* anzuordnen. Über die Titelfenster-Optionen können Sie wählen, nur NTSC-geschützte Titel und Aktionen anzuzeigen. Die besten Ergebnisse erhalten Sie, wenn Sie das Video auf einem an Ihren Computer angeschlossenen Fernsehbildschirm abspielen. Berücksichtigen Sie während Ihrer Videoproduktion also immer den Overscan, indem Sie wichtige Aktionen sowie Titel im geschützten, sicheren Bereich anordnen.

*A. Bereiche geschützter Titel **B.** Bereiche geschützter Aktionen*

Hinweis: Die von Premiere angezeigten geschützten Zonen gelten nur für NTSC-Video und stellen für Video-Standards wie PAL oder SECAM nur Richtlinien dar.

Geschützte Zonen werden durch gepunktete Linien im Premiere-Titelfenster angezeigt (siehe »Über Titel« auf Seite 271).

Bit-Tiefe

Die *Bit-Tiefe* gibt die Anzahl der Bits an, die zur Speicherung von Informationen in einem einzelnen Pixel verwendet werden. Je höher die Bit-Tiefe, desto mehr Farben kann ein Bild enthalten, was eine exaktere Reproduktion der Farben und eine höhere Bildqualität ermöglicht. Beispielsweise kann ein Bild, das mit 8 Bit pro Pixel (8-Bit-Farben) gespeichert wird, 256 Farben darstellen, während ein mit 24-Bit-Farben gespeichertes Bild 16,7 Millionen Farben darstellen kann.

Die richtige Bit-Tiefe

Die für qualitativ hochwertige Bilder verwendete Bit-Tiefe ist je nach Farbformat der Videoaufnahmekarte unterschiedlich. Viele Aufnahmekarten verwenden das YUV-Farbformat, das mit 16 Bit pro Pixel qualitativ hochwertige Videos speichern kann. Vor der Videoübertragung auf Ihren Computer konvertieren Videoaufnahmekarten mit YUV das Video in das von Premiere verwendete 24-Bit-RGB-Farbformat. Um eine optimale RGB-Bildqualität zu erzielen, speichern Sie die Original-Clips und Standbilder mit 24-Bit-Farben. Sie können aber auch Clips mit einer geringeren Bit-Tiefe verwenden. Wenn der Clip eine Alpha-Kanal-Maske enthält, speichern Sie ihn mit 32 Bit pro Pixel (auch 24 Bit bei einem 8-Bit-Alpha-Kanal oder Millionen von Farben+ genannt) aus der Quellanwendung. QuickTime-Filme können beispielsweise je nach genau verwendetem Format bis zu 24-Bit-Farben mit einem 8-Bit-Alpha-Kanal enthalten. Innerhalb des Programms verarbeitet Premiere die Clips immer mit 32 Bit pro Pixel, unabhängig von der Original-Tiefe des jeweiligen Clips. Damit wird die Bildqualität beibehalten, wenn Sie Effekte anwenden oder Clips überlagern.

Aus dem Adobe Premiere 5.0 Handbuch, Anhang A

Wenn Sie Videomaterial für den NTSC-Standard aufbereiten, sollten Sie berücksichtigen, daß der NTSC-Farbumfang limitiert ist, obwohl 16-Bit-YUV und 24-Bit-RGB den vollen Farbumfang bereitstellen. NTSC ist nicht in der Lage, gesättigte Farben und feinabgestufte Farverläufe exakt wiederzugeben. Am besten vermeiden Sie Probleme mit NTSC-Farbe, wenn Sie während der Videobearbeitung die Farben auf einem optimal kalibrierten NTSC-Monitor prüfen.

Weitere Informationen finden Sie unter »Anzeigen der Vorschau auf einem anderen Bildschirm« in der Online-Hilfe oder in Kapitel 4 im *Adobe Premiere 5.0 Handbuch.*

Video- und Audio-Komprimierung

Die Arbeit mit digitalen Videos umfaßt das Speichern, Verlagern und Berechnen von Datenmengen, die im Vergleich zu anderen Arten von Computerdaten extrem groß sind. Die Datenrate und Dateigröße eines unkomprimierten digitalen Videos kann viele PCs und Festplatten überfordern. Mit der *Komprimierung* können Sie die Datenrate eines digitalen Videos so verringern, daß sie vom Ihrem Computersystem bewältigt werden kann. Bei der Erstellung Ihres Videoprogramms in Premiere sind die Einstellungen für die Komprimierung bei der Aufnahme der Original-Videos, der Vorschau der Bearbeitungen sowie dem Abspielen und dem Export des Schnittfensters von entscheidender Bedeutung. In vielen Fällen müssen Sie je nach Situation verschiedene Einstellungen angeben. Für die Angabe der richtigen Komprimierungseinstellungen sollten Sie die folgenden Richtlinien beachten:

• Komprimieren Sie das Original-Video bei der Aufnahme, d.h. wenn es auf Ihrem Computer gespeichert wird. Dabei sollte die Datenrate nur so weit verringert werden, daß die Qualität optimal erhalten bleibt und dennoch eine reibungslose Wiedergabe auf dem Computer, auf dem die Datei bearbeitet wird, gewährleistet ist.

• Beim Abspielen des Schnittfensters zur Aufnahme auf ein Videoband bleibt die Qualität am besten erhalten, wenn Sie dieselben Komprimierungseinstellungen wie bei der Originalaufnahme verwenden. Arbeiten Sie dabei nur mit der Datenrate, die der »auf Band zurückspielende« Computer problemlos bewältigen kann – das gilt für Ihren als auch für einen eventuell anderen Ausgabe-Computer.

Die Wahl der optimalen Komprimierungseinstellungen kann schwierig und je nach Projekt unterschiedlich sein. Wenn Sie eine zu geringe Komprimierung anwenden, wird die Datenrate für Ihr System zu hoch – es kommt zu Übertragungsfehlern wie z.B. ausgelassenen Frames. Wenn Sie eine zu hohe Komprimierung anwenden und die Datenrate zu sehr verringern, wird nicht die volle Leistung Ihres Systems genutzt, und die Bildqualität leidet eventuell unnötig. Mit der Funktion zur Analyse der Datenrate können Sie eine Bewertung der einzelnen Videodateien vornehmen.

Informationen über die Analyse der Datenrate finden Sie unter »Analysieren der Clipeigenschaften und Datenrate« in der Online-Hilfe oder in Kapitel 3 im *Adobe Premiere 5.0 Handbuch*.

Wählen der Video-Komprimierungsmethode

Das Ziel der Datenkomprimierung ist die Darstellung des gleichen Inhalts unter Verwendung weniger Daten. Sie können einen Kompressor/Dekompressor bzw. einen *Codec* für die Komprimierung bestimmen. Ein Codec kann durchaus mehrere Verfahren zur Komprimierung einsetzen, da ein Verfahren allein die verschiedenen Situationen nicht abdeckt. In der folgenden Aufstellung finden Sie die am häufigsten von Codecs benutzten Verfahren für das jeweils zu komprimierende Videomaterial:

Räumliche Komprimierung: Durch die räumliche Komprimierung wird die Beschreibung des visuellen Bereichs eines Videoframes komprimiert, indem nach Mustern und Wiederholungen der Pixel gesucht wird. Beispiel: Bei einem Bild mit einem blauen Himmel erkennt die räumliche Komprimierung, daß viele der Pixel, die den Himmel bilden, einen ähnlichen Blauton aufweisen. Anstatt jeden einzelnen der mehreren Tausen Pixel zu beschreiben, zeichnet die räumliche Komprimierung eine viel kürzere Beschreibung auf, wie z.B.: »Alle Pixel in diesem Bereich sind hellblau«. *Run-Length-Encoding* (*Lauflängen-Kodierung*) ist eine von vielen Codecs verwendete Version dieser Technik. Dazu gehören die Codecs *QuickTime Animation* oder *Microsoft RLE*, die sich gut für Videos mit großen Farbflächen eignen (z.B. Zeichentrickfilme).

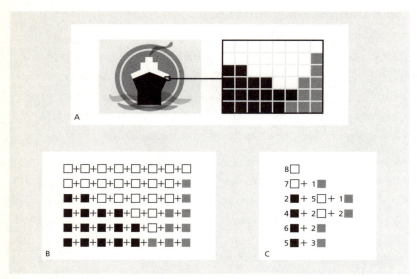

*Digitale Bilder bestehen aus Pixeln (**A**), die ohne Komprimierung viel Speicherplatz benötigen (**B**). Mit der Lauflängen-Kodierung benötigen dieselben Frame-Daten weniger Speicherplatz (**C**).*

Wenn Sie die räumliche Komprimierung erhöhen, verkleinern sich Datenrate und Dateigröße, und das Bild verliert an Schärfe und Definition. Allerdings gibt es auch einige Arten der Lauflängen-Kodierung, bei denen – entsprechend leistungsstarke Prozessoren vorausgesetzt – die Bildqualität vollständig erhalten bleibt.

Zeitliche Komprimierung: Die zeitliche Komprimierung versucht, die Beschreibung der Veränderungen während einer Sequenz von Frames zu komprimieren. Dabei wird nach Mustern und Wiederholungen in einem Zeitabschnitt gesucht. Beispiel: Bei einem Video-Clip mit einem Sprecher vor einem statischen Hintergrund erkennt die zeitliche Komprimierung, daß die einzigen sich von Frame zu Frame ändernden Pixel diejenigen sind, die das Gesicht des Sprechers bilden. Alle anderen Pixel bleiben unverändert (wenn die Kamera nicht bewegt wird). Anstatt jedes Pixel in jedem Frame zu beschreiben, beschreibt die zeitliche Komprimierung im ersten Frame alle Pixel und für jeden folgenden Frame nur die Pixel, die vom vorherigen Frame abweichen. Diese Technik wird *Framedifferenzierung* genannt. Wenn die überwiegende Anzahl von Pixeln in einem Frame vom vorherigen Frame abweicht, sollte der gesamte Frame neu beschrieben werden. Jeder ganze Frame wird *Keyframe* genannt und legt einen neuen Anfangspunkt für die Framedifferenzierung fest. Viele Codecs arbeiten mit der zeitlichen Komprimierung (z.B. Cinepak). Wenn Sie für einen Codec keine Keyframes bestimmen können, gehört dieser Codec wohl nicht dazu. Die zeitliche Komprimierung arbeitet gut, wenn große Bereiche innerhalb des Videos sich nicht verändern, und weniger gut, wenn sich das Bild fortlaufend verändert (z.B. Musikvideo).

In diesem Clip verändert sich nur der Kreis um das Schiff herum

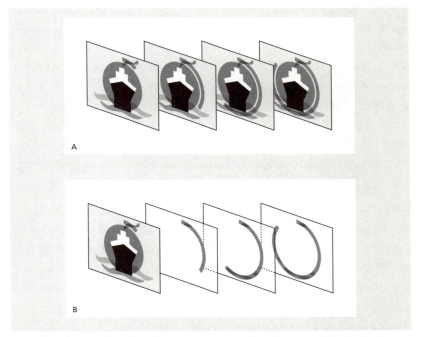

A. *Speichern eines Clips ohne Komprimierung mit allen Frames und Pixeln* **B.** *Zuweisen der zeitlichen Komprimierung erstellt vom ersten Frame einen Keyframe; die folgenden Frames zeichnen nur die Veränderungen auf*

Verlustfreie und verlustreiche Komprimierung: Einige Codecs verwenden eine *verlustfreie* Komprimierung, bei der sichergestellt wird, daß alle Informationen des Original-Clips – und damit auch die Qualität – nach der Komprimierung erhalten bleiben. Aufgrund der vollständigen Erhaltung der Originalqualität bietet sich die verlustfreie Komprimierung für das Bearbeiten des fertigen Schnitts oder das Verlagern von Clips zwischen verschiedenen Systemen an. Durch die Erhaltung der Originalqualität können jedoch die Datenrate und die Dateigröße nur in beschränktem Maße verkleinert werden. Die Datenrate bei einer verlustfreien Komprimierung ist für viele Systeme eventuell zu hoch, um eine einwandfreie Wiedergabe zu gewährleisten. Bei anderen Komprimierungsverfahren geht ein Teil der Originaldaten während der Komprimierung verloren. Man spricht in diesem Fall von einer *verlustreichen Komprimierung*. Beispiel: Wenn die einen Himmel bildenden Pixel in Wirklichkeit 78 verschiedene Blautöne enthalten, zeichnet ein auf beste Qualität eingestellter verlustreicher Codec möglicherweise nur 60 Blautöne auf. Bei der verlustreichen Komprimierung sind die Datenraten und Dateigrößen viel geringer als bei der verlustfreien Komprimierung. Verlustreiche Codecs, wie Cinepak oder Sorenson Video, werden daher häufig verwendet, wenn das fertige Bild auf CD-ROM oder im Internet zur Verfügung gestellt werden soll. Verlustfreie Codecs wie Animation (mit bester Qualitätseinstellung) werden für höchste Qualität während der Bearbeitung oder für Standbilder, bei denen die Datenrate kein Thema ist, eingesetzt.

Asymmetrische und symmetrische Komprimierung: Der von Ihnen gewählte Codec wirkt sich auf den Arbeitsablauf Ihrer Videoproduktion aus. Er beeinflußt nicht nur Dateigröße oder Wiedergabegeschwindigkeit, sondern auch die Zeit, die ein Codec zur Komprimierung einer bestimmten Anzahl von Frames benötigt. Eine schnelle Komprimierung erleichtert die Videoproduktion, und eine schnelle Dekomprimierung vereinfacht die Anzeige. Bei vielen Codecs dauert jedoch die Komprimierung von Frames erheblich länger als die Dekomprimierung von Frames während der Wiedergabe. Aus diesem Grunde kann es einige Minuten dauern, bis die Verarbeitung eines 30 Sekunden langen Programms vor der Wiedergabe abgeschlossen ist. Ein Codec wird als *symmetrisch* betrachtet, wenn er für die Komprimierung eines Clips genausolange braucht wie für die Dekomprimierung. Ein Codec ist *asymmetrisch*, wenn die für die Komprimierung eines Clips benötigte Zeit wesentlich von der für die Dekomprimierung benötigten Zeit abweicht.

Die Komprimierung ist mit dem Packen eines Koffers vergleichbar: Sie können ihn schnell ein- und auspacken, indem Sie die Kleidungstücke einfach nur hineinwerfen. Wenn Sie sich aber mehr Zeit nehmen, die Teile zusammenfalten und den Koffer systematisch packen, können Sie den Platz besser nutzen und mehr Kleidungsstücke unterbringen.

Videoaufname

Bevor Sie Ihr Videoprogramm bearbeiten können, müssen die Clips auf die Festplatte gespielt werden. Sie importieren die Original-Clips vom Videoband in Ihren Computer in diesem Post-Production-Schritt, der auch *Video Capture* genannt wird. Dafür muß Ihre Festplatte groß genug sein, um alle zu bearbeitenden Clips speichern zu können. Um Platz zu sparen, sollten Sie deshalb nur die Clips aufnehmen, die Sie für Ihr Projekt auch tatsächlich benötigen.

Aufnahme von Videos zur Offline- und Online-Bearbeitung

Je nachdem, wie hoch die Qualität sein soll und wie leistungsfähig Ihre Geräte sind, können Sie Premiere entweder zur Online- oder zur Offline-Bearbeitung einsetzen. Von der Entscheidung für eine dieser beiden Bearbeitungsarten hängt es ab, welche Einstellungen Sie für die Aufnahme festlegen müssen.

Über Online- und Offline-Bearbeitung

Unter Online-Bearbeitung versteht man das Verfahren, bei dem die gesamte Bearbeitung (einschließlich Rohschnitt) auf demselben Computer erfolgt, auf dem auch der Endschnitt vorgenommen wird. Früher mußte die Online-Bearbeitung auf teuren High-End-Arbeitsstationen ausgeführt werden, die bei der Bildqualität und den Datenverarbeitungsanforderungen in der Lage waren, sendefähiges Videomaterial zu erstellen. Durch die Entwicklung der PCs ist die Online-Bearbeitung inzwischen für die verschiedensten Arten von Produktionen erschwinglich geworden. Mit High-End-PCs können jetzt auch Fernsehprogramme oder Filmproduktionen online bearbeitet werden. Für die Online-Bearbeitung werden Clips nur einmal, dabei aber mit der höchsten Qualitätsstufe aufgenommen, die Ihr Computer und Ihre Peripheriegeräte verarbeiten können.

Bei der Offline-Bearbeitung bearbeiten Sie ein Video, indem Sie zuerst Kopien der Original-Clips mit niedriger Auflösung verwenden, um anschließend auf einem High-End-System die Endversion herzustellen. Wenn Sie ein Video für die Offline-Bearbeitung digitalisieren, wird bei der Festlegung der entsprechenden Einstellungen mehr Wert auf die Bearbeitungsgeschwindigkeit als auf die Bildqualität gelegt. Bei der Bildqualität ist es meistens ausreichend, das genaue Anfangs- und Endbild der einzelnen Szenen erkennen zu können. Nach Abschluß der Offline-Bearbeitung in Premiere erstellen Sie eine Texttabelle mit Szenensequenzen, die sogenannte Edit Decision List *(EDL). Anschließend wird diese EDL verwendet, um die Original-Clips (diesmal in voller Qualität) auf einem High-End-System entsprechend der in Premiere festgelegten Reihenfolge zusammenzustellen. Bei diesem Verfahren ist die Bearbeitung, die auf einer preiswerteren Arbeitsstation vorgenommen worden ist, die Grundlage für den Endschnitt, der auf einer teureren, qualitativ höherwertigeren Arbeitsstation erfolgt.*

Aus dem Adobe Premiere 5.0 Handbuch, Kapitel 3

Bei der Offline-Bearbeitung müssen alle Clips mit einem framegenauen Timecode aufgenommen werden (siehe »Zählen mit dem Timecode« auf Seite 96). Deshalb müssen Sie für die Aufnahme eine Gerätesteuerung verwenden (siehe »Aufnehmen und Exportieren von Videos mit Gerätesteuerung« auf Seite 113).

Erhalten von Qualität und Leistung während der Videoaufnahme

Die Videoaufnahme stellt relativ hohe Anforderungen an den Computer – sehr viel höhere als beispielsweise an normale Büro- oder Bildverarbeitungsprogramme. Die Qualität der Ergebnisse hängt von der Leistung und der Kapazität aller Komponenten in Ihrem System ab, die bei der Weitergabe der Frames von der Videoaufnahmekarte zum Prozessor und der Festplatte zusammenarbeiten. Die Leistungsfähigkeit Ihres Computers bei Videoaufnahmen ist eine Kombination aus der Leistungsfähigkeit der folgenden Komponenten:

Videoaufnahmekarte: Ihre Video-Hardware – entweder eine Videoaufnahmekarte oder eine äquivalente, standardmäßig im Computer integrierte Video-Digitalisierungs-Hardware – muß schnell genug sein, um Video von einem Videorecorder (oder einer anderen Videoquelle) auf Ihren Computer übertragen zu können. Verwechseln Sie übrigens eine Videoaufnahmekarte nicht mit einer Videokarte für den Computermonitor. Premiere wird häufig im Paket zusammen mit Videoaufnahmekarten angeboten, deren Hersteller auch die benötigten Premiere-Treiber für die jeweilige Karte bereitstellen.

Ihre Video-Hardware muß schnell genug sein, um Video mit der Qualität aufzunehmen, die von Ihrem endgültigen Medium benötigt wird. Bei Vollschirm-/Vollbewegungs-NTSC-Videos muß die Karte 30 Frames (60 Halbbilder) pro Sekunde mit 640 x 480 Pixel, bei PAL und SECAM 25 Frames (50 Halbbilder) pro Sekunde mit 720 x 576 Pixel, aufnehmen können (siehe »Vergleich von Video mit und ohne Zeilensprung-Halbbilder« auf Seite 98). Wenn Sie jedoch ein Projekt mit kleinerer Framegröße oder Framerate als der eben genannten (z.B. Videos für das Internet) aufnehmen wollen, geben Sie die niedrigeren Werte an. Wenn Vollschirm- und Vollbewegungswerte auch dann angegeben werden, wenn sie eigentlich nicht benötigt werden, wird die Datenverarbeitung nur verlangsamt und unnötig Speicherplatz verbraucht.

Festplatte: Die Festplatte muß schnell genug sein, um die aufgenommenen Videoframes so schnell zu speichern, wie sie von der Videoaufnahmekarte weitergegeben werden. Wenn die Festplatte die eintreffenden Frames nicht schnell genug verarbeiten kann, gehen die Frames aus dem aufgenommenen Clip verloren. Für eine Aufnahme nach dem NTSC-Videostandard von 30 Frames pro Sekunde sollte Ihre Festplatte über eine durchschnittliche (nicht minimale) Zugriffszeit von 10 Millisekunden (ms) oder weniger über eine dauerhafte (nicht maximale) Datenübertragungsrate von mindestens 3 Mbyte pro Sekunde, vorzugsweise jedoch etwa 6 Mbyte pro Sekunde, verfügen. (Die *Zugriffszeit* ist die Zeit, die eine Festplatte braucht, um bestimmte Daten an einen beliebigen Ort auf der Festplatte aufzurufen. Die *Datenübertragungsrate* ist das Datenvolumen, das zwischen der Festplatte und anderen Systemkomponenten verlagert wird). In der Regel ist die tatsächliche Datenübertragungsrate bei der Videoaufnahme unter Berücksichtigung aller Faktoren nur ungefähr halb so groß wie die Datenübertragungsrate des Laufwerks. Die besten Ergebnisse erzielen Sie, wenn Sie für die Videoaufnahme z.B. eine eigene AV- (Audio-Video-)zertifizierte Festplattenkonfiguration einsetzen, wie z.B. SCSI-2-, Ultra-SCSI- oder Ultra-DMA-IDE-Festplatten oder Festplattenarrays. Die High-End-Videohardware ändert sich permanent; aktuelle Empfehlungen finden Sie meist in der Dokumentation für Ihre Videoaufnahmekarte.

Prozessor (CPU): Der Prozessor Ihres Computers – wie ein Pentium- oder PowerPC-Chip – muß schnell genug sein, um den hohen Anforderungen bei der Videoaufnahme mit einer bestimmten Framerate gerecht zu werten, vorausgesetzt, die anderen Systemkomponenten sind schnell genug, um mit dem Prozessor Schritt zu halten. Mehrprozessorsysteme auf einem Computer können die Datenverarbeitung beschleunigen, werden aber nicht von allen Betriebssystemen unterstützt. Ein schneller Prozessor zusammen mit langsamen Systemkomponenten ist wie ein Sportwagen im Verkehrsstau.

Codec (Kompressor/Dekompressor): Die meisten Videoaufnahmekarten sind mit einem für die Kompression verantwortlichen Chip ausgestattet, der die Datenrate auf ein Maß beschränkt, das der Computer verarbeiten kann (siehe »Video- und Audio-Komprimierung« auf Seite 104). Falls Ihre Karte keinen dieser Spezialchips enthält, müssen Sie für die Videoaufnahme mit einem schnellen, qualitativ hochwertigen Codec wie Motion JPEG arbeiten. Arbeitet Ihre Videokarte mit einem langsamen oder verlustreichen Codec wie z.B. Cinepak, verlieren Sie Frames oder Qualität.

Von anderer Software benötigte Systemressourcen: Wenn Sie während einer Videoaufnahme mehrere andere Programme ausführen (z.B. virtuellen Arbeitsspeicher, Netzwerkverbindungen, unnötige Systemerweiterungen und Bildschirmschoner), wird der Aufnahmevorgang wahrscheinlich von diesen anderen Programmen mit Anforderungen von Verarbeitungszeit unterbrochen. Das Ergebnis sind ausgelassene Frames. Führen Sie während der Videoaufnahme so wenig Treiber, Erweiterungen und andere Programme wie möglich aus. Deaktivieren Sie AppleTalk auf Macintosh-Systemen.

Datenbus: Der Datenbus ist die Leitung, über die der Computer Daten zwischen den Systemkomponenten überträgt. Seine Geschwindigkeit bestimmt, wie schnell der Computer Frames zwischen der Videoaufnahmekarte, dem Prozessor und der Festplatte übertragen kann. Wenn Sie einen High-End-Computer oder einen speziell für die Videobearbeitung konfigurierten Computer erworben haben, ist der Datenbus wahrscheinlich den anderen Komponenten angepaßt. Wenn Sie Ihren Computer jedoch mit einer Videoaufnahmekarte, einem schnelleren Prozessor oder einer zusätzlichen Festplatte ausgerüstet haben, können diese neuen Komponenten eventuell schneller sein als der Datenbus. Lesen Sie vor der Aufrüstung die Dokumentation des Computer-Herstellers, um festzustellen, ob Ihr Datenbus für die betreffende zusätzliche Komponente genügend leistungsfähig ist.

Aufnehmen und Exportieren von Videos mit Gerätesteuerung

Gerätesteuerung bedeutet, daß Sie bestimmte Videoabspielgeräte beim Aufnehmen von Clips aus Premiere heraus steuern können. Die Gerätesteuerung vereinfacht die Videoaufnahme oder die Überspielung von Projekten auf Videoband erheblich. Für eine derartige Steuerung müssen folgende Voraussetzungen gegeben sein:

• Ein Videogerät, das einzelne Frames darstellen kann und die Steuerung durch externe Geräte unterstützt

• Ein Verbindungskabel für den Anschluß des Abspielgeräts an Ihren Computer

• Ein Premiere-kompatibles Softwaremodul, über das Sie das Abspielgerät direkt in Premiere steuern können (wird normalerweise vom Hersteller des Videogeräts mitgeliefert)

• Ein Original-Videoband mit aufgezeichnetem Timecode (siehe »Zählen mit dem Timecode« auf Seite 96).

Die Gerätesteuerung ist für normale Consumer-Videorecorder (VCRs) nicht verfügbar. Die speziellen, meist über eine serielle Schnittstelle gesteuerten Recorder werden deshalb nur im professionellen Bereich angeboten. Problemlos ist dagegen die Steuerung digitaler Camcorder über die Firewire-Schnittstelle zusammen mit der entsprechenden Aufnahmekarte.

Weitere Informationen finden Sie unter »Aufnahme von Videos mit Gerätesteuerung« in der Online-Hilfe oder in Kapitel 3 im *Adobe Premiere 5.0 Handbuch*.

Transparenz und Überblendung

Durch Transparenz in Videos und Filmen kann erreicht werden, daß ein Clip (oder ein Teil davon) durch einen anderen hindurch sichtbar wird, und es können Zusammenstellungen, Übergänge und Spezialeffekte erzeugt werden. In Premiere können verschiedene Arten von Transparenz erstellt werden:

Masken: Eine Maske ist ein Bild, mit dem transparente oder halbtransparende Bereiche für ein anderes Bild festgelegt werden. Wenn Sie z.B. ein Objekt in einem Clip vor dem Hintergrund eines anderen Clips einblenden wollen, können Sie mit einer Maske den Hintergrund des ersten Clips entfernen. Sie können mit einem Bildverarbeitungsprogramm oder einem Programm für Grafikanimationen ein Standbild oder eine bewegte Maske verwenden, und diese einem Clip in Ihrem Premiere-Projekt zuweisen. Bereiche im überlagerten Clip, die weißen Bereichen des Standbilds entsprechen, bleiben opak; schwarze Bereiche des Standbilds werden im Clip vollständig transparent; zwischen Weiß und Schwarz liegende Bereiche des Bildes werden im Clip zu Bereichen mit unterschiedlicher Transparenz umgesetzt. Mit verschiedenen Grautönen können Sie also weich auslaufende oder entsprechend verlaufende Masken erstellen.

Alpha-Kanal: Farbe in einem RGB-Bild wird in drei Graustufenbildern, den sogenannten *Kanälen*, gespeichert – in einem roten, grünen und blauen Kanal. Außerdem kann ein vierter Kanal eine Maske enthalten, den *Alpha Kanal.* Dadurch, daß Bild und Maske eine Einheit bilden, brauchen Sie nicht mit zwei verschiedenen Dateien zu arbeiten. (Das Speichern einer Maske in einer gesonderten Datei ist dann sinnvoll, wenn z.B. eine bewegte Maske erstellt werden soll. Grund: Die Maske muß im Schnittfenster auf einer gesonderten Spur plaziert werden). Informationen finden Sie unter »Zuweisen des Keys *Bewegte Maske*« auf Seite 321.

32-Bit-Frame, zusammengesetzt aus den 8-Bit-Kanälen: Rot, Grün, Blau und Alpha-Kanal-Maske

Mit Programmen wie Adobe Photoshop und Adobe After Effects können Sie eine Maske zeichnen oder malen und sie dann als Alpha-Kanal zusammen mit dem Bild oder Film speichern. Premiere benutzt anschießend den Alpha-Kanal für das Gesamtbild.

Das Photoshop-Bild (links) enthält einen separaten Alpha-Kanal (Mitte), anhand dessen Premiere ein Gesamtbild aus Bildvordergrund und einem anderen Hintergrund (rechts) erstellt

Keying: Das *Keying* ist ein Verfahren zum Erstellen von Transparenz. Die entsprechend definierten *Keys* arbeiten mit den Bildpixeln, die mit einer bestimmten Farbe oder Helligkeit übereinstimmen, und macht die Pixel transparent oder halbtransparent. Das ist z.B. dann der Fall, wenn eine Person vor einem blauen Hintergrund (Blue Screen) steht und Sie diesen Hintergrund *auskeyen* (ausstanzen), um ihn durch eine Landkarte oder eine Grafik zu ersetzen.

Blendensteuerung: Über die Blendensteuerung wird die Deckkraft des gesamten Clips festgelegt, d.h. Sie können über einen bestimmten Zeitabschnitt den Clip ein- oder ausblenden.

Die oben aufgeführten Transparenzeffekte lassen sich untereinander kombinieren. Sie können z.B. mit einer Maske den Hintergrund in einem Bild auskeyen, den Clip einem anderen überlagern und dann mit Hilfe der Blendensteuerung den sichtbaren Bereich des ersten Clips einblenden.

Verwenden von Audio in Video

Audio ist in den meisten Videos wichtig für die Übermittlung der jeweiligen Story. In Premiere können Sie Audiospuren mischen (mixen). Sie könnten z.B. die Clips mit den Dialogen der Darsteller mit Hintergrundgeräuschen und/oder Musik unterlegen. Das Mischen in Premiere kann aus einer Kombination der folgenden Möglichkeiten bestehen:

• Ein-/Aus- und Überblenden, d.h. Verändern der Lautstärke in einem Audio-Clip

• Tonschwenk, d.h. beliebiges räumliches Plazieren des Tons zwischen dem rechten und linken Stereokanal

• Filtern, d.h. Entfernen von Geräuschen, Anpassen des Frequenzganges und Hinzufügen anderer Toneffekte

Wenn Sie einen Original-Clip mit Audio importieren, wird die Audiospur standardmäßig mit der dazugehörigen Videospur *verknüpft* – beide Spuren werden also immer zusammen bewegt. Bei der Bearbeitung einer überlagernden Videospur müssen Sie deshalb die Auswirkungen auf die Audiospuren berücksichtigen.

Über digitale Audioinformationen

Sie hören Ton, da Ihr Ohr entsprechende Druckunterschiede wahrnehmen kann. *Analoge Audioinformationen* reproduzieren Tonvariationen, indem diese in ein elektrisches Signal umgewandelt oder als solches »gelesen« werden. *Digitale Audioinformationen* reproduzieren Ton durch Umwandeln (Sampling) des Schalldrucks oder der Signalstärke mit einer bestimmten Rate. Diese Rate wird dann in eine lesbare binäre Zahl umgewandelt.

Die Qualität von digitalen Audioinformationen ist abhängig von der *Sample-Rate* und der *Bit-Tiefe*. Die Sample-Rate bestimmt, wie oft eine Audioinformation digitalisiert wird. Eine Sample-Rate von 44,1 kHz entspricht der Qualität einer Audio-CD, während für CD-ROMs oder Internet-Audio häufig eine Sample-Rate von 22 kHz oder weniger verwendet wird. Die *Bit-Tiefe* definiert ein Audio-Sample mit Hilfe von Zahlen; 16 Bit entspricht der Audio-CD-Qualität. Niedrigere Bit-Tiefen und Sample-Rates eignen sich nicht für HiFi-Qualität, können aber für Sprache verwendet werden. Höhere Bit-Tiefen und Sample-Rates bieten also eine bessere Audioqualität, nehmen aber auch mehr Festplattenspeicher und Verarbeitungszeit in Anspruch.

Synchronisieren von Audio und Video

Berücksichtigen Sie den Zusammenhang zwischen der Audio-Sample-Rate und der Timebase und Framerate innerhalb eines Projekts. Der häufigste Fehler entsteht, wenn ein 30-fps-Film mit einer Audio-Rate von 44,1 kHz erstellt und dann mit 29,97 fps (bei NTSC-Video) wiedergegeben wird. Das Video wird dann etwas langsamer, während der Audioteil (abhängig von Ihrer Hardware) mit der korrekten Rate abgespielt wird – der Ton läuft dem Bild weg. Der Unterschied zwischen 30 und 29,97 ergibt einen Synchronisationsfehler von 1 Frame pro 1000 Frames bzw. 1 Frame pro 33,3 Sekunden (etwa 2 Frames pro Minute). Wenn Sie feststellen, daß Audio und Video um etwa diese Rate auseinanderlaufen, prüfen Sie, ob die Projekt-Framerate mit der Timebase übereineinstimmt. Da die beste Lösung für eine NTSC-Produktion darin besteht, alle Videos und Animationen mit 29,97 fps zu erstellen, müssen Sie die Audio-Sample-Rate von 44,1 kHz auf 44,056 kHz verändern (die Audio-Wiedergabe verlangsamt sich um 0,1%) oder den Original-Audio-Clip mit 44,144 kHz bei 30 fps aufnehmen (der Original-Audio-Clip wird um 0,1% schneller).

Ein ähnliches Problem kann entstehen, wenn ein Kinofilm nach der Videoaufnahme bearbeitet wird. Kinoton wird häufig mit einem DAT-Recorder (DAT = Digital Audio Tape) mit 48 kHz aufgezeichnet und mit der Filmkamera (24 fps) synchronisiert. Wird dann dieser Film mit 30 fps als Video aufgenommen, eilt auf Grund der unterschiedlichen Frameraten der Ton dem Video voraus, es sei denn, Sie verlangsamen bei der Überspielung auf den Computer die DAT-Wiedergabe um 0,1%. Es hilft wenig, wenn Sie erst nach der Aufnahme des Originals die Sample-Rate per Computer ändern wollen; die beste Lösung besteht darin, schon bei der Filmproduktion das Audiomaterial mit einem DAT-Recorder aufzuzeichnen, dessen Geschwindigkeit um 0,1% (48.048 kHz) für die Synchronisation mit der Filmkamera erhöht wurde.

Ältere CD-ROM-Titel sind häufig mit einer Audio-Sample-Rate von 22,254 kHz aufgenommen worden; die heute gebräuchliche Rate beträgt 22,250 kHz. Wenn Ihnen der Ton in Ihrer Videoproduktion wegdriftet (1 Frame pro 3,3 Sekunden), könnte das daran liegen, daß Sie mit neuen und alten Audio-Clips abgemischt haben, die mit diesen unterschiedlichen Sample-Rates aufgenommen wurden.

Produktion des fertigen Videos

Premiere bietet verschiedene Möglichkeiten für die Erstellung eines fertigen, endgültigen Videos. Wenn Sie ein Videoband oder einen Kinofilm aus einem Premiere-Projekt heraus erstellen wollen, müssen Sie entweder über die passende Hardware für die Video- oder Filmübertragung verfügen oder mit einem entsprechenden Dienstleistungsunternehmen zusammenarbeiten.

Exportieren einer Videodatei: Sie können eine Videodatei für die Wiedergabe von einer Festplatte, Wechselfestplatte oder CD-Rom bzw. für die Wiedergabe im World Wide Web exportieren. Mit Hilfe entsprechender Zusatzmodule (Plug-ins) kann Premiere auch in Fremdformaten exportieren. Außerdem liefern einige Hersteller von Videoaufnahmekarten Zusatzmodule, mit denen entsprechende Formate in Premiere eingebunden werden. Soll eine Videodatei zur Wiedergabe von einer Fest- oder Wechselfestplatte exportiert werden, können Sie mit Einstellungen für eine hohe Qualität arbeiten. Beim Export auf Medien wie CD-ROM oder das World Wide Web mit einer geringen Bandbreite (Übertragungsrate) sollten Sie Framegröße und Bildqualität erheblich reduzieren, um eine niedrige Übertragungsrate zu erzielen.

Aufzeichnung auf Videokassette: Sie können die erstellten Programme direkt von Ihrem Computer aus auf Videokassette aufzeichnen. Der Einsatz der Gerätesteuerung vereinfacht diesen Vorgang. Siehe »Aufnehmen und Exportieren von Videos mit Gerätesteuerung« auf Seite 113. Für die Aufzeichnung bestimmen Sie die höchste Qualität (Framegröße und Bild), die Ihr System verarbeiten kann.

Exportieren einer Edit Decision List (EDL): Premiere kann eine EDL generieren, wenn die eigentliche Bearbeitung in einem Post-Production-Studio mit einer Qualität vorgenommen werden soll, über die Sie nicht verfügen. Eine EDL ist eine Textdatei, in der alle Bearbeitungen aufgeführt sind. Die Liste arbeitet dabei mit dem Timecode, der mit den Original-Clips synchronisiert ist. So können alle Bearbeitungen präzise für den (externen) Endschnitt unter Verwendung professioneller Edit-Controller nachvollzogen werden. Da die Edit-Controller mit anderen Möglichkeiten als Premiere arbeiten, lassen sich einige Effekte und Überblendungen nicht in eine EDL übertragen.

[?] Im Verlauf dieses Buchs werden Sie in vielen Lektion mehr über das Exportieren erfahren. Informationen für die weiteren Ausgabemöglichkeiten finden Sie unter »Produktion des fertigen Videos« in der Online-Hilfe oder in Kapitel 11 im *Adobe Premiere 5.0 Handbuch.*

Fragen

1 Worin unterscheiden sich Timebase und Framerate eines Projekts?

2 Warum ist der Non-Drop-Frame-Timecode so wichtig für ein NTSC-Video?

3 Worin unterscheiden sich Halbbild- und Vollbilddarstellung?

4 Warum ist die Datenkomprimierung so wichtig?

5 Worin unterscheiden sich das Zuweisen einer Maske und die Deckkrafteinstellung?

6 Was ist eine EDL, und wozu wird Sie benötigt?

Antworten

1 Die Timebase bestimmt die Zeitunterteilung innerhalb eines Projekts. Die Projekt-Framerate bestimmt die endgültige Anzahl von Frames pro Sekunde, die vom Projekt generiert werden. Filme mit unterschiedlichen Frameraten lassen sich mit Hilfe der Timebase des Original-Clips generieren; Sie können z.B. ausgehend von einer Timebase von 30 die Filme mit 30, 15 und 10 Frames pro Sekunde exportieren.

2 Das Zählen von NTSC-Frames unter Verwendung eines 30-fps-Timecodes verursacht eine immer größer werdende Zeitabweichung auf Grund des Unterschieds zwischen 30 fps und der NTSC-Framerate von 29,97 fps. Der Drop-Frame-Timecode stellt sicher, daß die Länge eines NTSC-Videos präzise gemessen wird.

3 Beim Vollbildverfahren werden die Zeilen eines Frames in einem Durchgang und beim Halbbildverfahren in zwei aufeinanderfolgenden Durchgängen dargestellt.

4 Ohne eine Datenkomprimierung wäre die Datenrate von digitalem Video und Audio häufig so groß, daß sie auf vielen Computersystem nicht mehr »ruckelfrei« verarbeitet werden könnte.

5 Eine Maske ist ein separater Kanal oder eine gesonderte Datei, in denen die transparenten oder halbtransparenten Bereiche innerhalb eines Frames festgelegt werden. In Premiere bestimmt die Deckkraft die Transparenz eines kompletten Frames.

6 Eine EDL ist eine Schnittliste in Form einer Textdatei, in der alle Bearbeitungen nach Timecode aufgelistet sind. Die EDL ist nützlich, wenn der Endschnitt einer Videoproduktion auf einem externen Edit-Controller vorgenommen wird, da sich die in Premiere vorgenommenen Bearbeitungen mit Hilfe des Timecodes der Original-Clips nachvollziehen lassen.

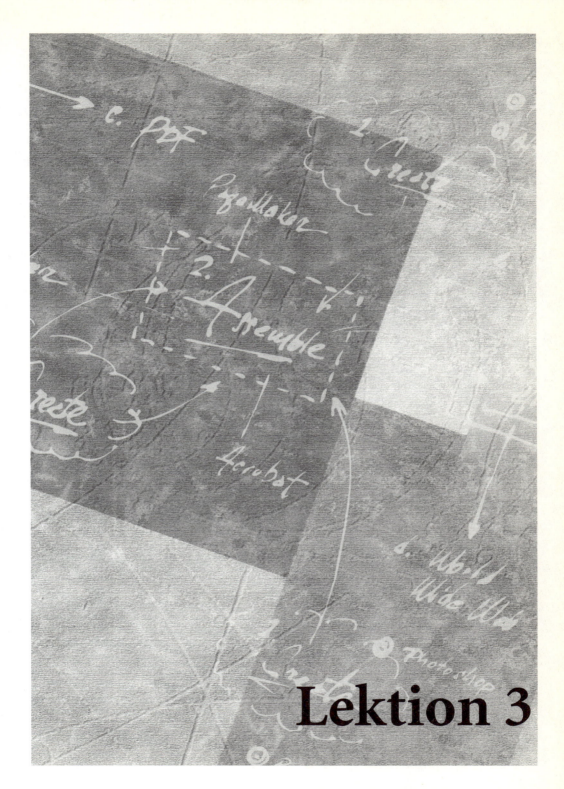

Lektion 3

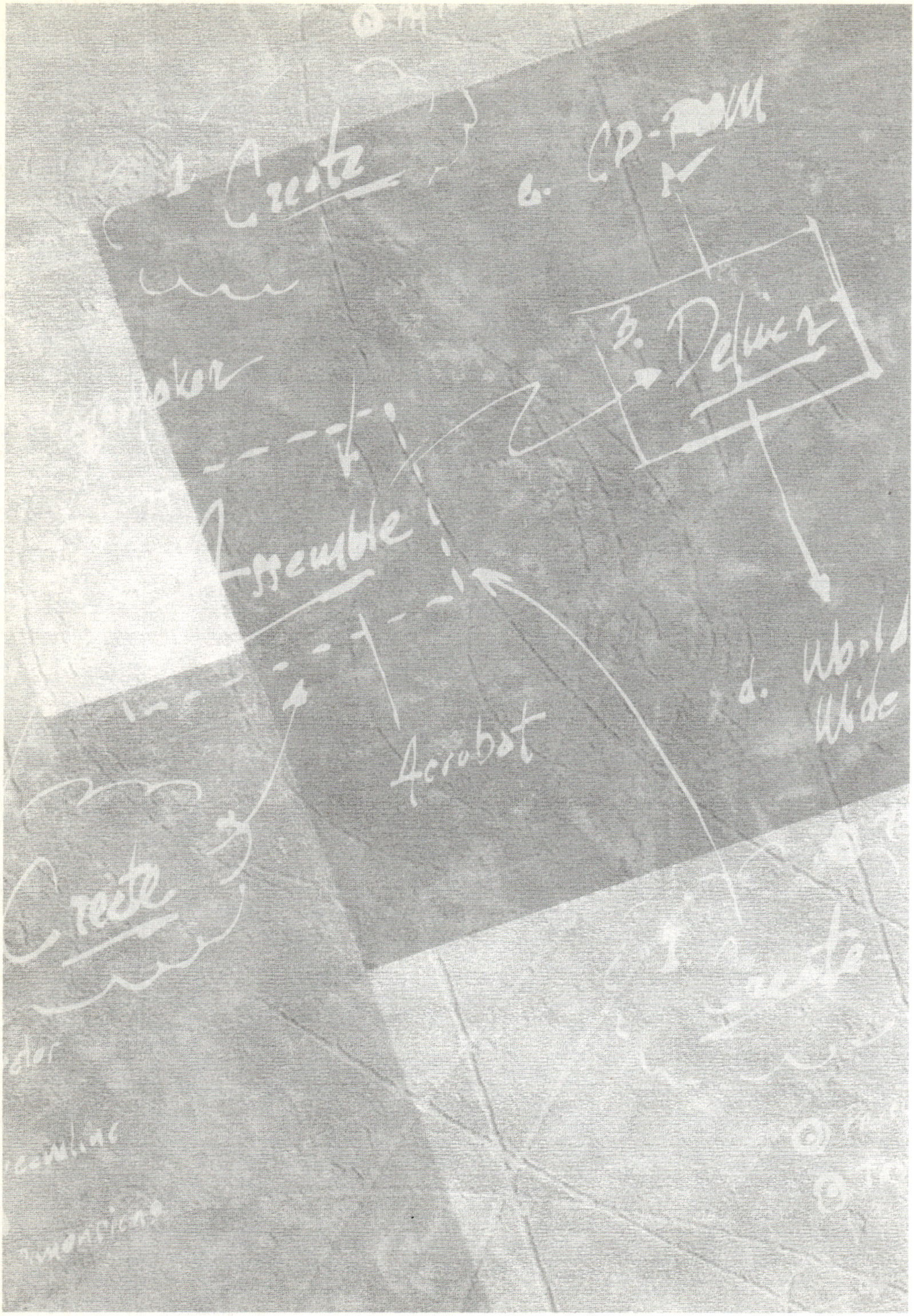
1. Create
3. Deliver
Assemble
Acrobat
Create

Grundlegende Bearbeitungstechniken

Das Eiditieren eines Videoprogramms ist die Grundlage für das Arbeiten in Adobe Premiere. Adobe Premiere macht das Trimmen von Video-Clips und anderen Originaldateien zu einer einfachen Angelegenheit. Anschließend können Sie die überarbeiteten Clips zur Wiedergabe auf den verschiedensten Medien aus Premiere heraus ausgeben.

Sie erstellen in dieser Lektion ein 20 Sekunden langes Videoprogramm über Trainings-techniken bei der Pferdedressur. Dabei werden Sie die folgenden grundlegenden Bear-beitungstechniken kennenlernen:

- Zusammenfügen von Clip im Schnittfenster
- Verwenden des Monitorfensters für das Trimmen und Einfügen von Clips
- Vorschau des Videoprogramms
- Setzen von In- und Out-Points
- Anwenden der Bearbeitungsverfahren »Löschen & Lücke schließen« und »Rollen«
- Erstellen eines QuickTime-Films

Beginnen mit dem Projekt

Sie erstellen für diese Lektion ein neues Projekt und importieren anschließend die Video-Clips. Prüfen Sie, wo sich die für diese Lektion benötigten Dateien befinden. Eventuell müssen Sie auf die Buch-CD-ROM zugreifen. Entsprechende Hinweise finden Sie unter »Verwenden der Classroom-in-a-Book-Dateien« auf Seite 17.

Um sicherzustellen, daß Sie mit den standardmäßigen Premiere-Programmeinstellun-gen arbeiten, beenden Sie Premiere, um die Vorgabedatei zu löschen. Entsprechende Hinweise finden Sie unter »Wiederherstellen der Standardeinstellungen« auf Seite 18.

1 Starten Sie Premiere.

2 Wählen Sie im Dialogfeld »Neue Projekteinstellungen« als »Bearbeitungsmodus« die Einstellung »QuickTime« und unter »Timebase« den Wert »30«.

Die Timebase legt die Anzahl an Frames (pro Sekunde) für Ihr Projekt fest. Premiere verwendet diesen Wert, um die Genauigkeit Ihrer Bearbeitung zu berechnen. Da die Beispiele in diesem Buch auf dem NTSC-Standard aufbauen, belassen wir es bei diesem Wert. Für den PAL-Standard würden Sie für die Timebase den Wert »25« wählen.

Sie stellen jetzt noch weitere Optionen ein, die Premiere benötigt, wenn Sie den fertigen Film am Ende dieser Lektion exportieren.

3 Klicken Sie auf die Schaltfläche »Nächste«, um die »Videoeinstellungen« anzuzeigen.

4 Wählen Sie unter »Kompressor« die Option »Video« (Windows) bzw. »None« (Mac OS).

5 Geben Sie unter »Framegröße« in das ersten Feld den Wert **240** ein. Premiere fügt in das zweite Feld automatisch den Wert **180** ein.

6 Wählen Sie unter »Framerate« den Wert »15« (Für PAL würden Sie den Wert »12,5« wählen).

7 Klicken Sie auf OK, um das Dialogfeld »Neue Projekteinstellungen« zu schließen.

Danach erscheinen die drei Hauptfenster von Premiere: das Projektfenster, das Monitorfenster und das Schnittfenster.

8 Falls erforderlich, ordnen Sie die Fenster und Paletten so an, daß sie nicht gegenseitig überlappen.

Bevor Sie Dateien importieren, werden Sie den Arbeitsbereich übersichtlicher gestalten, indem Sie einige nicht benötigte Paletten schließen.

9 Klicken Sie auf das Schließfeld der Überblendungen-/Befehlepalette und der Navigator-/Informationenpalette.

Ansehen des fertigen Films

Sie können sich den Film, den Sie anschließend erstellen werden, erst einmal als fertige Version ansehen.

1 Wählen Sie **Datei: Öffnen**, und doppelklicken Sie auf die Datei *03Final.mov* im Ordner *Final* innerhalb des Ordners *03Lektion*.

Das Videoprogramm wird in der Originalansicht des Monitorfensters geöffnet.

2 Klicken Sie auf die Abspielen-Schaltfläche (▶), um das Videoprogramm anzusehen.

Importieren der Clips

Sie importieren jetzt Dateien in das Projektfenster.

1 Für das Importieren von Dateien gibt je nach Plattform verschiedene Möglichkeiten:

- Wählen Sie in Windows **Datei: Importieren: Datei**, und öffnen Sie dann den Ordner *03Lektion*. Wählen Sie alle Dateien aus (ausgenommen den Ordner *Final*), indem Sie die erste Datei markieren, die Umschalttaste gedrückt halten und dann die letzte Datei wählen. Klicken Sie nun auf »Öffnen«.

- Wählen Sie auf dem Macintosh **Datei: Importieren: Mehrere**, öffnen Sie den Ordner *03Lektion*, markieren Sie die Datei *Field.mov*, und klicken Sie dann auf »Importieren«. Wählen Sie auf diese Weise auch die restlichen Dateien, ausgenommen den Ordner *Final*. Beenden Sie den Import, indem Sie auf »Fertig« klicken.

Die Videodateien werden dem Projektfenster hinzugefügt.

Um die Clips im Schnittfenster besser sehen zu können, ändern Sie jetzt die Ansicht des Schnittfensters.

2 Klicken Sie auf die Titelleiste des Schnittfensters, um es zu aktivieren. Wählen Sie dann **Fenster: Schnittfenster-Optionen**. Wählen Sie auf der linken Seite die mittlere Symbolgröße, und klicken Sie auf OK.

3 Klicken Sie auf den Pfeil neben der Videospur 1A, um sie zusammenzufalten bzw. zu reduzieren.

Jetzt sichern Sie das Projekt unter einem Namen.

4 Wählen Sie **Datei: Speichern**, geben Sie den Namen **Dressur.ppj** ein, und wählen Sie den Ordner *04Lektion*. Klicken Sie auf »Speichern«.

In Windows ist .ppj die standardmäßige Dateinamenerweiterung für Premiere-Projekte. Sie wird automatisch an Ihren Dateinamen angehängt. Auf dem Macintosh müssen Sie die Erweiterung als Bestandteil des Dateinamens miteingeben.

Hinweis: Jeder Schritt in dieser Lektion, an dem Sie eine Bearbeitung vornehmen, enthält den genauen Timecode des fertigen Films. Wir empfehlen Ihnen, den jeweiligen Schritt erst »grob« auszuführen und dann den Bearbeitungspunkt anhand des vorgegebenen Timecodes genau festzulegen. Durch die Verwendung des Timecodes können Sie überprüfen, ob Ihre Ergebnisse mit den Werten in den Abbildungen übereineinstimmen.

Arbeitsmethoden in Premiere

Premiere erlaubt zwei grundlegende Methoden für das Zusammenstellen und Trimmen (Schneiden) von Clips: das Ziehen von Clips direkt in das Schnittfenster und deren dortiges Trimmen und das Trimmen von Clips im Monitorfenster und das anschließende Hinzufügen dieser Clips in das Schnittfenster. Die von Ihnen bevorzugte Methode hängt von der speziellen Situation und Aufgabe ab. Sie arbeiten in dieser Lektion in der Originalansicht des Monitorfensters. Im weiteren Verlauf dieses Buchs werden Sie mit beiden Methoden arbeiten.

Ziehen von Clips in das Schnittfenster

Wenn Sie schnell mehrere Clips ohne oder nur mit wenigen Schnitten zusammenstellen wollen (*Rohschnitt*), ziehen Sie die entsprechenden Clips einfach aus dem Projektfenster direkt in das Schnittfenster. Mit dieser Methode arbeiten Sie in diesem Projekt, um drei Clips als Test für das Opening (Eröffnungsszene) zu testen. In einer späteren Übung werden Sie diese Clips trimmen, d.h. Teile davon entfernen.

1 Setzen Sie im Projektfenster den Zeiger auf das Symbol von *Logo.mov*, und ziehen Sie den Clip in das Schnittfenster an den Anfang der Videospur 1. Um Dateien aus dem Projektfenster zu ziehen, müssen Sie das Dateisymbol und nicht den Dateinamen ziehen.

2 Ziehen Sie auf die gleiche Weise *Field.mov* aus dem Projektfenster so in das Schnittfenster, daß der Clip am Ende von *Logo.mov* einrastet.

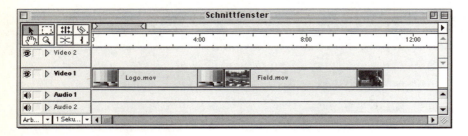

Jetzt ziehen Sie einen Clip in das Schnittfenster und fügen ihn zwischen den beiden
bereits vorhandenen Clips ein.

3 Ziehen Sie den Clip *Trot.mov* in das Schnittfenster, und plazieren Sie ihn so zwischen
Logo.mov und *Field.mov*, daß zwischen beiden Clips ein Balken-Symbol erscheint.

Sobald Sie die Maustaste loslassen, wird der Clip *Trot.mov* zwischen den beiden anderen
Clips eingefügt. Mit dieser Methode können Sie auch einen Clip am Anfang des Schnittfenster vor allen bereits vorhandenen Clips einfügen.

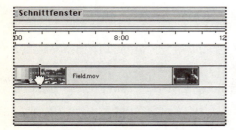
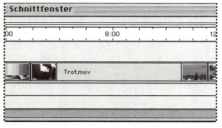

4 Wählen Sie **Datei: Speichern**, um das Projekt zu sichern.

Sie haben gerade einen kurzen Rohschnitt zusammengestellt. Jetzt werden Sie herausfinden, wie Sie eine Vorschau des Schnitts erhalten.

💡 *Ein Clip im Schnittfenster kann den Clip-Namen enthalten; wenn der Clip zu kurz ist
oder Sie ein Spurformat ohne Namensangabe gewählt haben, wird dieser Name eventuell
nicht angezeigt. Um den Namen eines Clips im Schnittfenster herauszufinden, aktivieren
Sie das Schnittfenster und setzen einfach den Zeiger auf den Clip.*

Vorschau

Die Bearbeitung eines Videoprogramms erfordert viele Vorschauen. Sie müssen wissen, wie das Programm in der aktuellen Version aussieht, um eventuell erforderliche Änderungen vornehmen zu können. Oder Sie ändern Ihr Programm, sehen sich eine Vorschau an, um dann die Entscheidung zu treffen, die Änderung zu widerrufen (weil die vorherige Version besser war).

Premiere ermöglicht Ihnen mehrere Vorschaumöglichkeiten für Ihr Videoprogramm. Im Augenblick werden Sie sich das, was Sie bis zu diesem Punkt zusammengestellt haben, ansehen, indem Sie die Schnittlinie ziehen und die Abspielen-Schaltfläche im Monitorfenster benutzen.

Scrubben in der Zeitleiste im Schnittfenster

Für eine schnelle Vorschau können Sie die Schnittlinie im Schnittfenster ziehen. Die Vorschau per Ziehen wird *Scrubben* genannt, da die Methode der Vor-und-Zurück-Bewegung benutzt wird. Da beim Scrubben Ihr Videoprogramm mit der Geschwindigkeit Ihrer Mausbewegung abgespielt wird, können Sie Ihre Änderungen einfacher überprüfen; das Scrubben ist jedoch kein Ersatz für die Vorschau auf eine Bearbeitung in der vorgegebenen Geschwindigkeit.

1 Setzen Sie den Zeiger in die Zeitleiste des Schnittfensters auf den Punkt, an dem die Vorschau beginnen soll; beginnen Sie zu ziehen bzw. mit dem Scrubben.

Die Schnittlinie springt an die Stelle des Zeigers, sobald Sie in der Zeitleiste im Schnittfenster klicken.

2 Scrubben Sie durch die Clips im Schnittfenster.

Während des Scrubbens werden die Clips in der Programmansicht des Monitorfensters angezeigt.

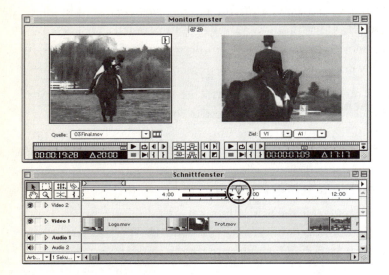

Verwenden der Abspielen-Schaltfläche

Die Steuerungselemente unter der Programmansicht entsprechen denen der Original-ansicht des Monitorfensters. Der einzige Unterschied ist nur, daß Sie die Originalan-sicht für die Arbeit mit einzelnen Clips verwenden. Im Programmfenster arbeiten Sie dann, wenn Sie Clips im Schnittfenster zusammenfügen. Deshalb bewirkt das Klicken auf die Abspielen-Schaltfläche des Programmfensters die Wiedergabe der Clips im Schnittfenster.

1 Um eine Vorschau vom Projektanfang aus zu starten, ziehen Sie die Schnittlinie ganz nach links, damit sie sich am Anfang des Schnittfensters befindet.

2 Klicken Sie unter der Programmansicht auf die Abspielen-Schaltfläche (▶).

Ihr Videoprogramm wird in der Programmansicht im Monitorfenster abgespielt.

Trimmen zusammengefügter Clips

Nachdem Sie die Clips im Schnittfenster zusammengestellt haben, können Sie sie mit Hilfe zweier unterschiedlicher Methoden trimmen: Trimmen im Schnittfenster oder Trimmen in der Originalansicht des Monitorfensters. Um Clips schnell zu trimmen, arbeiten Sie im Schnittfenste. Um bei kritischen Bearbeitungen besser Einfluß nehmen zu können, sollten Sie die Clips in der Originalansicht trimmen.

Trimmen von Clips im Schnittfenster

Nachdem Sie einige Clips im Schnittfenster zusammengestellt haben, werden Sie einen dieser Clips dort trimmen. Sie werden das Ende des Clips *Field.mov* im Schnittfenster trimmen, um eine zusätzliche Aufnahme in diesem Clip zu entfernen.

1 Scrubben Sie in der Zeitleiste des Schnittfensters, um die Schnittlinie durch die zweite Hälfte des Clips *Field.mov* zu bewegen. Suchen Sie die Nahaufnahme einer einzelnen Reiterin. Verschieben Sie die Schnittlinie so, daß die Programmansicht den letzten Frame der Totalen mit den drei Reiterinnen zeigt. Um genauer zu arbeiten, können Sie durch Klicken auf die Frame-vorwärts-Schaltfläche (▶) und Frame-rückwärts-Schaltfläche (◀) unter der Programmansicht den Clip frameweise abspielen.

A. »*Frame vorwärts*«*-Schaltfläche*
B. »*Frame rückwärts*«*-Schaltfläche*

Die Schnittlinie markiert den letzten Frame des Clips *Field.mov*, den Sie in Ihrem Projekt verwenden wollen. Bis zu dieser Stelle werden Sie jetzt trimmen.

2 Wählen Sie im Schnittfenster das Auswahlwerkzeug (▸), und setzen Sie den Zeiger auf die rechte Kante von *Field.mov*; das Werkzeug wird zum Trimmwerkzeug (◂▸). Ziehen Sie die Kante so weit nach links, bis das Trimmwerkzeug an der Schnittlinie einrastet.

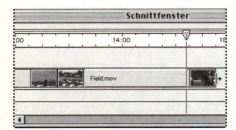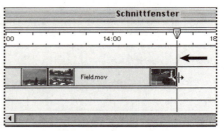

Sie haben jetzt den Clip *Field.mov* an der Schnittlinie getrimmt.

Die Steuerelemente des Monitorfensters

Im Monitorfenster finden Sie für die Original- und die Programmansicht jeweils ähnliche Steuerelemente (Anzeigen, Schaltflächen usw.). Mit Hilfe dieser Steuerelemente, die meist wie die Bandtransporttasten an einem Videorecorder funktionieren, können Sie Frames in einem Clip oder Videoprogramm suchen und anzeigen lassen

• Mit den Steuerelementen der Originalansicht können Sie die Frames eines Original-Clips abspielen und ansehen sowie den Ursprungs-In- und -Out-Point des Clips bestimmen und somit festlegen, welcher Abschnitt des Clips in das Programm aufgenommen werden soll. (Der erste Frame, der dem Programm hinzugefügt wird, ist der Urspungs-In-Point, und der letzte Frame ist der Ursprungs-Out-Point.)

• Mit den Steuerelementen der Programmansicht können Sie das Videoprogramm im Schnittfenster abspielen und sich ansehen sowie den Programm-In- und -Out-Point des Clips bestimmen und somit festlegen, wo sich der Ursprungs-In- und -Out-Point im Schnittfenster befinden soll.

Bevor Sie einen dieser Controller verwenden, müssen Sie dafür sorgen, daß die richtigen Steuerelemente aktiv sind. Die aktiven Steuerelemente sind diejenigen, deren Timecode-Anzeige grün leuchtet. Außerdem lassen sich die aktiven Steuerelemente auch daran erkennen, daß die entsprechende Anzeige in der für Ihren Computer festgelegten Farbe für aktive Fenster dargestellt wird. Die Zahl in der unteren rechten Ecke, der ein Delta-Symbol (Δ) vorangestellt ist, gibt die Zeitdifferenz zwischen dem In-Point und dem Out-Point des gegenwärtig angezeigten Original-Clips bzw. Videoprogramms an.

Aus dem Adobe Premiere 5.0 Handbuch, Kapitel 4

Trimmen in der Originalansicht

Wie Sie soeben festgestellt haben, können Sie ein einfaches Trimmen im Schnittfenster ausführen. Für komplexe Bearbeitungen unter Verwendung zusätzlicher Werkzeuge ist jedoch die Originalansicht des Monitorfensters die bessere Wahl. Sie werden nun mit Hilfe der Originalansicht und den hier vorhandenen Steuerelementen den bereits im Schnittfenster palzierten Clip *Logo.mov* trimmen. Anschließen trimmen Sie zwei weitere Clips und fügen sie zusammen.

1 Kopieren Sie den Clip *Logo.mov* in die Originalansicht, indem Sie auf den Clip im Schnittfenster doppelklicken.

Der Clip *Logo.mov* ist eine Animation, die in Adobe After Effects unter Verwendung von Dateien aus Adobe Illustrator und Adobe Photoshop erzeugt wurde. Der Clip enthält Farbbalken am Anfang und Ende. Da diese Farbbalken nicht in Ihrem Videoprogramm erscheinen sollen, müssen Sie sie entfernen (trimmen).

2 Ziehen Sie den Shuttle-Regler unter der Originalansicht so weit, bis der erste Frame des Clip-Bereichs mit dem aktuellen Logo angezeigt wird. Benutzen Sie die Frame-vorwärts- (▶) oder Frame-rückwärts-Schaltfläche (◀), um diesen Frame anzuzeigen.

Der Shuttle-Regler unter der Originalansicht

3 Setzen Sie in der Originalansicht den In-Point, indem Sie auf die Schalfläche »In-Point setzen« (⬗) klicken.

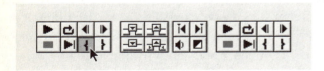

Danach wird das In-Point-Symbol sowohl an der aktuellen Position des Shuttle-Reglers als auch in der oberen linken Ecke des Frames in der Originalansicht angezeigt.

4 Ziehen Sie den Shuttle-Regler zum letzten Frame des Logo-Bereichs im Clip.

5 Klicken Sie auf die Schaltfläche »Out-Point setzen« (⬗) für einen Out-Point.

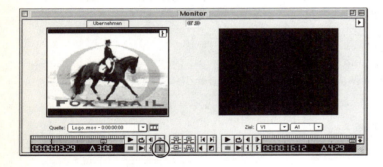

Beachten Sie, daß jetzt die Übernehmen-Schaltfläche oben im Originalfenster angezeigt wird. Diese Schaltfläche wird angezeigt, nachdem Sie einen Clip bearbeitet haben, der sich bereits im Schnittfenster befindet. Durch einfaches Klicken weisen Sie die durchgeführten Änderungen zu bzw. übernehmen sie.

6 Klicken Sie auf die Übernehmen-Schaltfläche oben in der Originalansicht.

Der Clip *Logo.mov* im Schnittfenster ist jetzt entsprechend den in der Originalansicht gesetzten In- und Out-Points getrimmt. Das Trimmen hat jedoch eine Lücke zwischen *Logo.mov* und *Trot.mov* hinterlassen. Sie arbeiten deshalb mit dem Werkzeug *Spurauswahl* (⬚), mit dem Sie in einer Spur alle Clips rechts von einem anderen Clip markieren können. Sie wählen nun die Clips rechts von *Logo.mov*, um sie zu verschieben und damit die Lücke zu schließen.

7 Wählen Sie im Schnittfenster das Spurauswahl-Werkzeug, indem Sie den Zeiger auf das Auswahlwerkzeug setzen (⠿), die Maustaste gedrückt halten und nach rechts auf das Spurauswahl-Symbol ziehen.

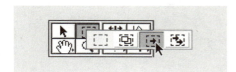

8 Setzten Sie den Zeiger auf den Clip *Trot.mov*; der Zeiger ändert sich in den Spurauswahl-Zeiger.

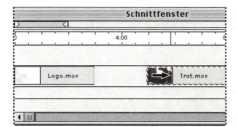 

Sobald Sie die Maustaste loslassen, werden alle Clips rechts vom ausgewählten Clip nach links verschoben. Alle drei Clips im Schnittfenster reihen sich jetzt wieder lückenlos aneinander. Die Clips sind weiterhin ausgewählt. Sie sollten sich angewöhnen, immer dann, wenn Sie eine Aufgabe abgeschlossen haben, die Clips abzuwählen, damit sie von der nächsten Aktion nicht beeinflußt werden.

9 Wählen Sie das Auswahlwerkzeug (▸) im Schnittfenster, um die gerade bewegten Clips wieder abzuwählen.

10 Wählen Sie **Datei: Speichern**, um das Projekt zu sichern.

Trimmen und Zusammenstellen der Originalansicht

Sie haben zu Beginn dieser Lektion einem Projekt Clips hinzugefügt, indem Sie diese direkt in das Schnittfenster gezogen haben. Sie können Clips aber auch einem Projekt hinzufügen, indem Sie zuerst einen oder mehrere Clips in die Originalansicht ziehen und dort mit Hilfe der Steuerelemente des Monitorfensters trimmen. Anschließend können Sie diese Clips Ihrem Videoprogramm hinzufügen.

Ziehen von Clips in die Originalansicht

Zuerst werden Sie zwei Clips in die Originalansicht ziehen.

1 Wählen Sie im Projektfenster den Clip *Ride.mov*, halten Sie die Strg-Taste (Windows) bzw. Umschalttaste (Mac OS) gedrückt, und klicken Sie zusätzlich auf den Clip *Finish.mov*. Ziehen Sie beide Clips in die Originalansicht. Denken Sie daran, das Dateisymbol und nicht den Dateinamen zu ziehen.

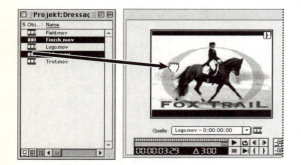

Beide Clips sind nun im Einblendmenü der Originalansicht enthalten, wobei der zuletzt im Projektfenster gewählte Clip *Ride.mov* in der Originalansicht angezeigt wird.

Trimmen, Einsetzen und Überlagern

Bevor Sie mit dem Trimmen der Clips in der Originalansicht beginnen, sollten Sie sich die Steuerelemente ansehen, mit denen Sie dem Projekt getrimmte Clips hinzufügen können. Wenn Sie in der Originalansicht arbeiten, können Sie Clips auf zweierlei Weise hinzufügen: durch Einsetzen bzw. Einfügen und durch Überlagern. Die entsprechenden Schaltflächen finden Sie unten im Monitorfenster.

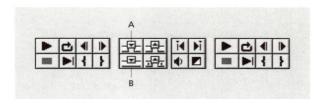

A. Schaltfläche »Einsetzen« (Einfügen) B. Überlagern-Schaltfläche

Die »Einsetzen«-Schaltfläche fügt den Clip an der Schnittlinie ein, indem vorhandenes Material geteilt wird; vorhandes Material wird also nicht ersetzt. Dagegen plaziert die Überlagern-Schaltfläche einen Clip an der Schnittlinie und entfernt vorhandenes Material entsprechend der Dauer des plazierten Clips.

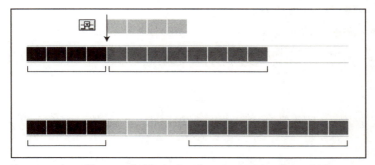

Einsetzen eines Clips unterbricht vorhandenes Material und verschiebt es

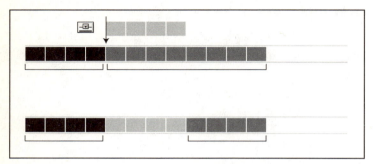

Überlagern eines Clips ersetzt vorhandenes Material über die Dauer des eingefügten Clips

Nachdem Sie den Unterschied zwischen Einsetzen und Überlagern kennen, werden Sie jeden der in die Originalansicht gezogenen Clips trimmen und dem Projekt hinzufügen. Sehen Sie sich nun die Clips an, die getrimmt werden sollen.

💡 *Um einzelne Frames in der Originalansicht oder in der Programmansicht zu bewegen und anzusehen, klicken Sie auf die Frame-vorwärts- (▶) und Frame-rückwärts-Schaltfläche (◀).*

1 Spielen Sie den Clip *Ride.mov* ab, indem Sie auf die Abspielen-Schaltfläche (▶) unten in der Originalansicht klicken.

Sie werden *Ride.mov* am Anfang des Projekts einsetzen, ihn vorher jedoch noch trimmen, um die Überlänge am Ende des Clips zu entfernen.

2 Ziehen Sie den Shuttle-Regler in der Originalansicht an die Stelle in der zweiten Hälfte von **Ride.mov**, an der sich die Szene in eine Totale der Dressurbahn mit einem von links hereinkommenden Pferd ändert. Zeigen Sie den letzten Frame der ersten Einstellung in diesem Clip (bei 04:12) mit Hilfe der Frame-vorwärts- (▶) und Frame-rückwärts-Schaltfläche (◀) an.

3 Um diesen Frame als Out-Point zu markieren, klicken Sie auf die Schaltfläche »Out-Point setzen« (⊦) in der Originalansicht.

Nachdem Sie den neuen Out-Point für den Clip gesetzt haben, werden Sie den Clip am Anfang des Projekts einsetzen. Das ist eine ganz normale Entscheidung während einer Videobearbeitung – meist nachdem Sie festgestellt haben, daß zusätzliches Material am Anfang das Videoprogramm besser macht. Zuerst bestimmen Sie den Einfügepunkt mit Hilfe der Programmansicht.

4 Zeigen Sie den ersten Frame des Clips *Logo.mov* in der Programmansicht an, indem Sie den Shuttle-Regler ganz nach links ziehen.

Durch Ziehen des Shuttle-Reglers in der Programmansicht plazieren Sie die Schnittlinie an den Anfang des Schnittfensters.

5 Klicken Sie auf die Einsetzen-Schaltfläche (马), um den getrimmten Clip in die Videospur 1 im Schnittfenster an der Schnittlinie einzufügen.

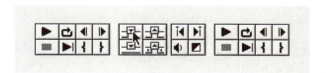

Der getrimmte Clip *Ride.mov* befindet sich jetzt am Anfang des Projekts. Sie haben die Einsetzen-Schaltfläche benutzt, da bereits vorhandenes Material nicht ersetzt werden sollte. Ein Klicken auf die Überlagern-Schaltfläche hätte einen Teil des Clips *Logo.mov* entfernt.

6 Schauen Sie sich die ersten Clips an, indem Sie die Schnittlinie an den Anfang des Schnittfensters ziehen und auf die Abspielen-Schaltfläche in der Programmansicht des Monitorfensters klicken. Klicken Sie auf die Stop-Schaltfläche (■), bzw. drücken Sie die Leertaste, um die Vorschau zu beenden.

Jetzt werden Sie einen Teil des Clips *Field.mov* am Ende des Projekts durch den Clip *Finish.mov* ersetzen.

7 Wählen Sie im Einblendmenü der Originalansicht den Clip *Finish.mov* aus.

Der Clip *Finish.mov* erscheint in der Originalansicht. Bevor Sie diesen Clip per Überlagern einsetzen können, müssen Sie ihn am Anfang um etwa zwei Sekunden trimmen. Außerdem werden Sie sich mit einer neuen Methode an eine bestimmte Position innerhalb des Projekts bewegen.

8 Klicken Sie in der Originalansicht, um sie zu aktivieren. Klicken Sie kurz in der Timecode-Anzeige (das linke Zahlenfeld für die Position des Clips in der Originalansicht), um alle Zahlen hervorzuheben, und geben Sie den Wert **128** ein. Drücken Sie anschließend die Eingabetaste. Premiere interpretiert den Wert 128 als 01:28 (1 Sekunde und 28 Frames).

00:00:01:28 △5:18

Sie sehen jetzt den an dieser Zeitposition befindlichen Frame in der Originalansicht. An dieser Stellen setzen Sie nun einen neuen In-Point.

9 Klicken Sie auf die Schaltfläche »In-Point setzen« (┇).

Nun werden Sie den Punkt in *Field.mov* festlegen, an dem der Clip *Finish.mov* per Überlagern eingesetzt werden soll.

10 Ziehen Sie den Shuttle-Regler in der Programmansicht, um die Stelle in *Field.mov* herauszufinden, an der die einzelne sich nach links bewegende Reiterin mit den beiden entgegenkommenden Reiterinnen zusammentrifft (bei 17:00).

11 Klicken Sie auf die Überlagern-Schaltfläche (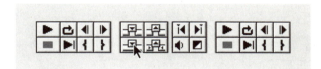), um den getrimmten Clip auf der Videospur 1 im Schnittfenster zu plazieren.

Das Ende des Clips *Field.mov* ist durch den Clip *Finish.mov* ersetzt worden.

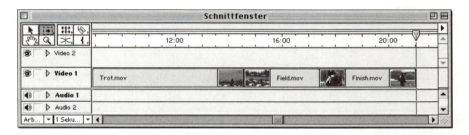

12 Sie können sich nun diese Clips als Vorschau ansehen, indem Sie die Schnittlinie an den Anfang von *Field.mov* ziehen und auf die Abspielen-Schaltfläche in der Programmansicht des Monitorfensters klicken.

13 Speichern Sie das Projekt.

Feineinstellungen im Schnittfenster

Häufig müssen Sie noch In- und Out-Points nach dem Plazieren von Clips im Schnittfenster verschieben. Änderungen an einem Clip, der Teil einer Clipfolge (Sequenz) ist, beeinflussen das gesamte Videoprogramm. Mit Hilfe spezieller Werkzeuge im Schnittfenster können Sie festlegen, welchen Einfluß entsprechende Einstellungen auf die anderen Clips haben.

Das Bearbeitungsverfahren *Löschen & Lücke schließen*

Sie werden in diesem Abschnitt mit einem Bearbeitungsverfahren arbeiten, das *Löschen & Lücke schließen* (*Ripple*-Bearbeitung) genannt wird. Dieses Verfahren justiert den In- oder Out-Point eines Clips und verschiebt andere Clips entsprechend. Dadurch wird die Gesamtlänge Ihres Videoprogramms verändert, nicht jedoch die Dauer der anderen Clips.

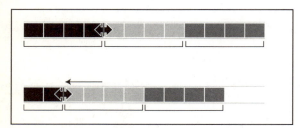

Beim Bearbeitungsverfahen »Löschen & Lücke schließen«
verschieben sich alle Clips entsprechend der Änderung

Sie erinnern sich noch daran, daß Ihr Projekt 20 Sekunden lang sein soll. Die aktuelle Programmdauer ist dagegen etwas länger. Um das Projekt auf 20 Sekunden zu bringen, werden Sie den Clip *Trot.mov* trimmen – einen Clip, in dem In-Point, Out-Point und das Timing unkritisch sind.

Die Länge des Projekts wird als Timecode für die Dauer (die rechte grüne Zahlenanzeige mit dem Delta-Symbol (Δ) in der Programmansicht) angezeigt. Wenn Sie genau mit den bei den vorangegangenen Schritten angegebenen Timecodes gearbeitet haben, sollte die Gesamtlänge des Projekts an diesem Punkt 20:20 betragen, d.h. Ihr Projekt ist 20 Frames zu lang. Um die Länge des Projekts präzise einzustellen, müssen Sie den Clip *Trot.mov* am Ende um 20 Frames trimmen.

Hinweis: Wenn Ihr Projekt nicht exakt 20 Frames zu lang ist, arbeiten Sie mit den vorhandenen Zahlenwerten anstelle des 20-Frame-Werts und der bisher in dieser Übung verwendeten Zahlen.

1 Verwenden Sie die Steuerelemente in der Programmansicht, um die Schnittlinie zum ersten Frame von *Field.mov* (bei 14:01) zu verschieben. Die Schnittlinie ist jetzt der Schnitt zwischen *Trot.mov* und *Field.mov*.

Der Timecode für die Position (die linke grüne Zahlenanzeige) unter der Programmansicht zeigt die Zeit am Anfang von *Field.mov* (14:01). Sie werden jetzt festlegen, wo Sie einen neuen Out-Point für *Trot.mov* einsetzen, indem Sie 20 Frames von seinem aktuellen Out-Point abziehen.

2 Subtrahieren Sie 20 Frames von 14:01.

Als einfache Möglichkeit bietet sich an, den Wert 14:01 so zu konvertieren, daß Sie 20 Frames subtrahieren können. Die Timebase für dieses Projekt beträgt 30 fps, also 1 Sekunde = 30 Frames. Leihen Sie sich 1 Sekunde von 14 Sekunden, und addieren Sie sie (als 30 Frames) zu den Frames des vorhandenen Timecodes (:01 + :30 = :31). Das ergibt einen Timecode von 13:31, was 14:01 entspricht. Subtrahieren Sie nun 20 Frames (:20) von 13:31. Das Ergebnis 13:11 entspricht der Stelle, an der Sie den neuen Out-Point für *Trot.mov* einsetzen werden.

3 Klicken Sie in der Programmansicht und dann auf den Timecode für die Position, um ihn hervorzuheben. Geben Sie anschließend der Wert **1311** ein, und drücken Sie die Eingabetaste.

Die Schnittlinie springt auf 13:11 im Schnittfenster.

Wählen Sie im Schnittfenster das Werkzeug »Löschen & Lücke schließen«, indem Sie den Zeiger auf das Symbol für das Rollen-Werkzeug (⭥) setzen, die Maustaste gedrückt halten und dann nach rechts auf das Werkzeug »Löschen & Lücke schließen« ziehen.

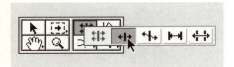

4 Setzen Sie im Schnittfenster den Zeiger auf die rechte Kante des Schnitts zwischen *Trot.mov* und *Field.mov*. Der Zeiger ändert sich in den »Löschen & Lücke schließen«-Zeiger. Achten Sie darauf, daß sich der Zeiger über *Trot.mov* und nicht über *Field.mov* befindet. Ziehen Sie nach links, bis das Ende von *Trot.mov* an der Schnittlinie einrastet.

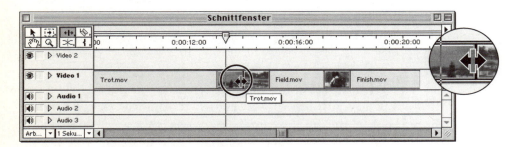

Sobald Sie die Maustaste loslassen, verschieben sich alle anderen Clips nach links und folgen damit dem Trimm, den Sie gerade am Clip *Trot.mov* durchgeführt haben. Nach einer Bearbeitung mit »Löschen & Lücke schließen« verändert sich die Gesamtlänge Ihres Projekts – es ist jetzt genau 20:00 lang.

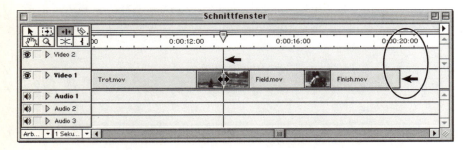

5 Sie können sich jetzt Ihre Änderung ansehen, indem Sie auf die Abspielen-Schaltfläche (▶) in der Programmansicht im Monitorfenster klicken.

6 Speichern Sie das Projekt.

Bearbeitungsverfahren *Rollen*

Ein anderes Bearbeitungsverfahren für eine Clip-Sequenz ist das *Rollen*. Ein Rollen justiert den In- oder Out-Point für einen der Clips und zusätzlich die Dauer des angrenzenden Clips, wobei die Länge beider Clips unverändert beibehalten wird. Sobald Sie einen Clip kürzen, wird der angrenzende Clip entsprechend verlängert, um die ursprüngliche Gesamtlänge der beiden Clips beizubehalten. Sie können allerdings einen Clip erst dann verlängern, wenn dieser zuvor getrimmt wurde. Mit anderen Worten: Ein Clip kann nicht länger werden als er ist – Sie können nur die Frames wiederherstellen, die vorher getrimmt wurden.

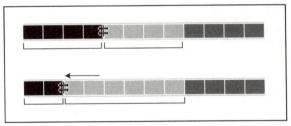

Beim Bearbeitungsverfahren »Rollen« verändern sich beide Clips gleichzeitig, um die Gesamtlänge des Projekts beizubehalten

Um die letzten beiden Clips zu justieren, werden Sie jetzt mit dem Bearbeitungsverfahren »Rollen« arbeiten. Da das Videoprogramm bereits auf genau 20 Sekunden Länge gebracht wurde, werden Sie das Bearbeitungsverfahren »Löschen & Lücke schließen« nicht anwenden.

Um die neuen Bearbeitungspunkte zu setzen, müssen Sie nach einem visuellen Anhaltspunkt im Clip suchen. In der Mitte von *Finish.mov* gibt die Reiterin Ihrem Pferd einen Klaps. Sie werden die Position der Hand als Anhalt für das Setzen des Bearbeitungspunkts verwenden.

1 Ziehen Sie im Schnittfenster die Zeitleiste über den Clip *Finish.mov*. Dort, wo in der Programmansicht die linke Hand der Reiterin den höchsten Punkt erreicht (bei 17:14), beenden Sie das Ziehen und belassen die Schnittlinie an diesem Punkt.

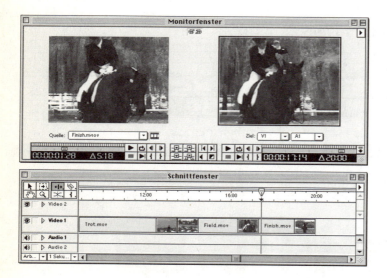

2 Wählen Sie im Schnittfenster das Rollen-Werkzeug, indem Sie den Zeiger auf das Werkzeug »Löschen & Lücke schließen« (+⊩+) setzen, die Maustaste gedrückt halten und dann nach rechts auf das Symbol für das Rollen-Werkzeug ziehen.

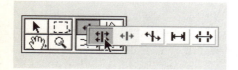

3 Setzten Sie den Zeiger auf den Bearbeitungspunkt zwischen *Field.mov* und *Finish.mov*. Der Zeiger ändert sich in das Rollen-Werkzeug. Ziehen Sie den Zeiger so weit nach rechts, bis er an der Schnittlinie einrastet, und lassen Sie dann die Maustaste los.

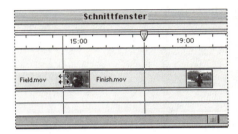 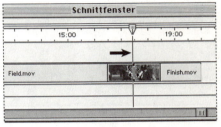

Das Bearbeitungsverfahren »Rollen« haben Sie damit auf beide Clips angewandt, und Sie haben gleichzeitig die Gesamtlänge Ihres Projekts unverändert beibehalten.

4 Speichern Sie das Projekt.

Exportieren des Films

1 Klicken Sie im Schnittfenster, um es zu aktivieren.

2 Wählen Sie **Datei: Exportieren: Film**.

3 Klicken Sie im Dialogfeld »Einstellungen für Filmexport« auf die Schaltfläche »Einstellungen«.

4 Achten Sie darauf, daß der Dateityp »QuickTime« und für den Bereich die Option »Gesamtes Projekt« gewählt sind.

5 Achten Sie außerdem darauf, daß die Option »Video exportieren« aktiviert und die Option »Audio exportieren« deaktiviert ist. Übernehmen Sie für dieses Projekt die an-

deren, vorgegebenen Einstellungen – die für die Kompression (None = Keine) eingeschlossen.

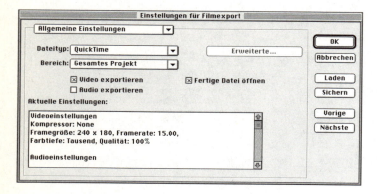

6 Klicken Sie auf OK, um das Dialogfeld »Einstellungen für Filmexport« zu schließen.

7 Geben Sie in das Dialogfeld »Exportieren: Film« für Ihr Videoprogramm den Namen
Dressur.mov ein. Klicken Sie auf »Speichern« (Windows) bzw. OK (Mac OS).

Premiere beginnt mit der Generierung Ihres Videoprogramms und zeigt dabei in einer
Statusleiste die ungefähre für diesen Vorgang benötigte Zeit an.

8 Sobald das Videoprogramm generiert ist, wird es in einem Clip-Fenster geöffnet.

Klicken Sie auf die Abspielen-Schaltfläche, um sich das von Ihnen erstellte Programm
anzusehen.

Glückwunsch! Sie beherrschen die grundlegenden Arbeitsschritte für das Bearbeiten
von Videoprogrammen.

Selber ausprobieren

Sie können nun mit dem Projekt, das Sie gerade erstellt haben, experimentieren. Dazu einige Vorschläge:

• Ändern Sie über die Schaltflächen unten im Projektfenster die Ansicht Ihrer Clips.

• Arbeiten Sie mit dem Rollen-Werkzeug, um die Bearbeitungen zwischen *Logo.mov* und *Trot.mov* sowie zwischen *Field.mov* und *Finish.mov* zu verändern. Die Änderungen können Sie anschließend mit dem Befehl **Bearbeiten: Widerrufen** rückgängig machen.

• Verwenden Sie die Tastatur-Kurzbefehle, die in der Premiere-Schnellreferenzkarte und in der Premiere-Hilfe aufgelistet sind, um Schnittlinie und Arbeitsbereichsleiste zu positionieren.

• Öffnen Sie das Dialogfeld »Schnittfenster-Optionen«, indem Sie auf den Pfeil oben rechts im Schnittfenster klicken. Experimentieren Sie mit unterschiedlichen Symbolgrößen und Spurformaten.

Fragen

1 Mit welchen beiden Möglichkeiten werden Clips in das Schnittfenster eingefügt?

2 Mit welcher Methode lassen sich Clips am besten für einen Rohschnitt zusammenstellen?

3 Was sind die beiden Möglichkeiten, um sich Clips innerhalb eines Projekts anzusehen?

4 Worin unterscheidet sich die Einsetzen- von der Überlagern-Funktion?

5 Die Bearbeitungsverfahren »Löschen & Lücke schließen« und »Rollen« beeinflussen eine Clip-Sequenz. Welches Verfahren kann nicht auf ungetrimmte Clips angewandt werden und warum?

Antworten

1 Durch Ziehen von Clips aus dem Projektfenster in das Schnittfenster, Öffnen und Trimmen der Clips in der Originalansicht und anschließendes Einsetzen oder Überlagern dieser Clips im Schnittfenster.

2 Durch Ziehen von Clips aus dem Projektfenster in das Schnittfenster. Mit dieser Methode können Sie Clips schnell zusammenstellen, und die Bearbeitung ist in diesem Stadium normalerweise unkritisch.

3 Durch Scrubben in der Zeitleiste des Schnittfensters und durch Drücken der Abspielen-Schaltfläche (▶).

4 Das Einsetzen beeinflußt die Dauer eines Projekts, das Material wird jedoch nicht getrimmt. Dagegen wird durch Überlagern das Material getrimmt und gleichzeitig die Projektdauer beibehalten.

5 Das Bearbeitungsverfahren »Rollen« kann auf ungetrimmte Clips nicht angewandt werden, weil der angrenzende Clip erweitert wird. Das kann nur geschehen, wenn der Clip zuvor getrimmt und damit verkürzt worden ist.

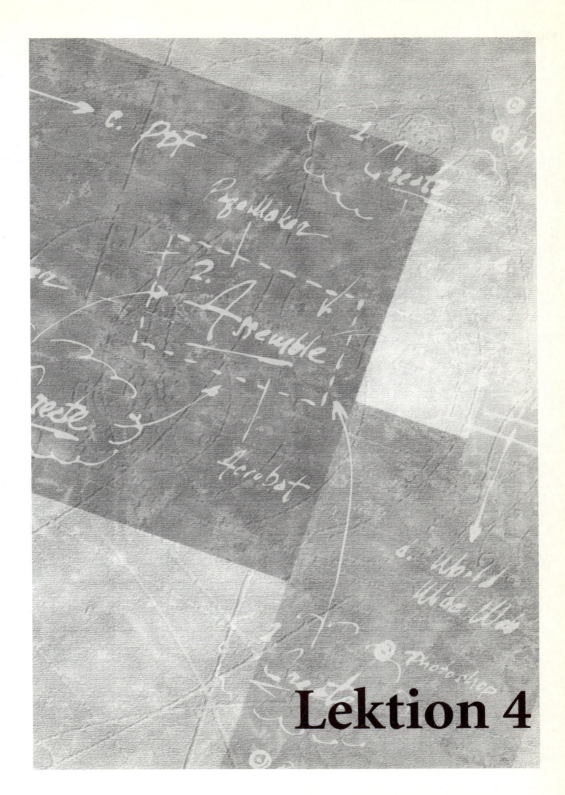

Lektion 4

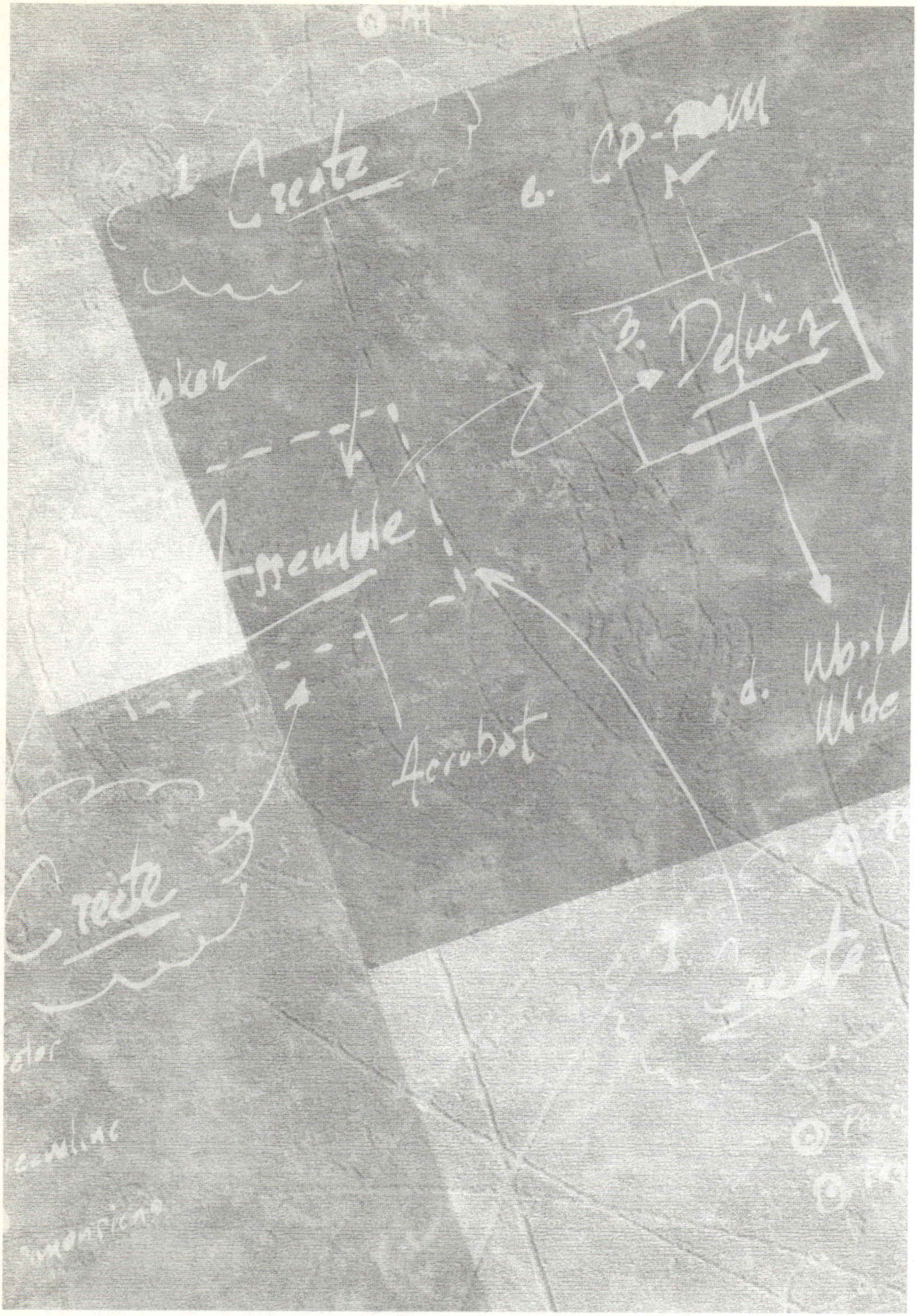

Hinzufügen von Überblendungen

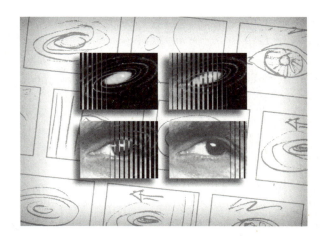

Obwohl der direkte Wechsel von einem Clip zu einen anderen die häufigste und einfachste Art für das Kombinieren von Video-Clips ist, bietet Premiere eine Reihe anderer Möglichkeiten für diese Übergänge, die als Überblendungen bezeichnet werden und einem Übergang viele Nuancen, Strukturen oder Spezialeffekte verleihen.

Sie werden in dieser Lektion einen kurzen Vorspann für ein Fernsehprogramm über Träume erstellen. Dazu verwenden Sie *Überblendungen* als Übergänge zwischen den einzelnen Clips. Da bereits das Thema »Träume« von sich aus zum Einsatz von Überblendungen ruft, werden Sie in dieser Lektion auf interessante Art und Weise verschiedene Überblendungen benutzen. Dabei werden Sie sich besonders die folgenden Kenntnisse aneignen:

- Plazieren einer Überblendung mit Hilfe der Überblendungenpalette
- Vorschau auf Überblendungen
- Ändern der Überblendungseinstellungen
- Trimmen einer Überblendung

Überblendungen

Sie haben in der vorangegangenen Lektion eine Clip-Sequenz zusammengestellt und dabei die einfachste Überblendungsart benutzt: den Schnitt. Ein Schnitt ist ein plötzlicher Übergang zu einem anderen Clip. Der Schnitt ist die am häufigsten in Film und Video verwendete Überblendungsart und in den meisten Fällen auch am effektivsten. Es gibt jedoch bestimmte Projekte, wie das vorliegende, die speziellere Überblendungen benötigen, wie Blenden, Wischer oder Zooms. Premiere bietet eine Vielzahl von Überblendungen für die unterschiedlichsten kreativen Effekte.

Beginnen mit dem Projekt

Sie erstellen für diese Lektion ein neues Projekt und importieren anschließend die Video-Clips. Prüfen Sie, wo sich die für diese Lektion benötigten Dateien befinden. Eventuell müssen Sie auf die Buch-CD-ROM zugreifen. Entsprechende Hinweise finden Sie unter »Verwenden der Classroom-in-a-Book-Dateien« auf Seite 17.

Um sicherzustellen, daß Sie mit den standardmäßigen Premiere-Programmeinstellungen arbeiten, beenden Sie Premiere, um die Vorgabedatei zu löschen. Entsprechende Hinweise finden Sie unter »Wiederherstellen der Standardeinstellungen« auf Seite 18.

1 Starten Sie Premiere.

2 Wählen Sie im Dialogfeld »Neue Projekteinstellungen« als »Bearbeitungsmodus« die Einstellung »QuickTime« und unter »Timebase« den Wert »30«.

Sie stellen jetzt noch weitere Optionen ein, die Premiere benötigt, wenn Sie den fertigen Film am Ende dieser Lektion exportieren.

3 Klicken Sie auf die Schalfläche »Nächste«, um die »Videoeinstellungen« anzuzeigen.

4 Wählen Sie unter »Kompressor« die Option »Video« (Windows) bzw. »None« (Mac OS).

5 Geben Sie unter »Framegröße« in das ersten Feld den Wert **240** ein. Premiere fügt in das zweite Feld automatisch den Wert **180** ein.

6 Wählen Sie unter »Framerate« den Wert »15«.

7 Klicken Sie auf OK, um den Dialog »Neue Projekteinstellungen« zu schließen.

Ansehen des fertigen Films

Sie können sich den Film, den Sie anschließend erstellen werden, erst einmal als fertige Version ansehen.

1 Wählen Sie **Datei: Öffnen**, und doppelklicken Sie auf die Datei *04Final.mov* im Ordner *Final* innerhalb des Ordners *04Lektion*.

Das Videoprogramm wird in der Originalansicht des Monitorfensters geöffnet.

2 Klicken Sie auf die Abspielen-Schaltfläche (▶), um das Videoprogramm anzusehen.

Importieren der Clips

Sie importieren nun Dateien in das Projektfenster.

1 Für das Importieren von Dateien gibt je nach Plattform verschiedene Möglichkeiten:

• Wählen Sie in Windows **Datei: Importieren: Datei**, und öffnen Sie dann den Ordner *04Lektion*. Wählen Sie alle Dateien aus (ausgenommen den Ordner *Final*), indem Sie die erste Datei markieren, die Umschalttaste gedrückt halten und dann die letzte Datei wählen. Klicken Sie auf »Öffnen«.

• Wählen Sie auf dem Macintosh **Datei: Importieren: Mehrere**, öffnen Sie den Ordner *04Lektion*, markieren Sie die Datei *Earth.mov*, und klicken Sie dann auf »Importieren«. Wählen Sie auf diese Weise auch die restlichen Dateien *Eye.mov*, *Solar1.mov* und *Solar2.mov* aus. Beenden Sie den Import, indem Sie auf »Fertig« klicken.

Die Videodateien werden dem Projektfenster hinzugefügt.

💡 *Um schnell das Dialogfeld »Importieren« zu öffnen, doppelklicken Sie in einem leeren Bereich des Projektfensters.*

Um die Clips im Schnittfenster besser sehen zu können, ändern Sie jetzt die Ansicht des Schnittfensters.

2 Wählen Sie **Fenster: Projektfenster-Optionen**, aktivieren Sie im oberen Einblendmenü die Option »Thumbnail«, und klicken Sie dann auf OK.

Sichern Sie das Projekt unter einem Namen.

3 Wählen Sie **Datei: Speichern**, geben Sie den Namen **Traum.ppj** ein, und klicken Sie auf »Speichern«.

In Windows ist .ppj die standardmäßige Dateinamenerweiterung für Premiere-Projekte. Sie wird automatisch an Ihren Dateinamen angehängt. Auf dem Macintosh müssen Sie die Erweiterung als Bestandteil des Dateinamens eingeben.

Überlappen von Clips

Um eine Überblendung zwischen zwei Clips zu erstellen, müssen sich die Clips in den Videospuren 1A und 1B im Schnittfenster überlappen. Nur der Überlappungsbereich – vom Ende des einen bis zum Anfang des nächsten Clips – wird für die Überblendung benutzt. Normalerweise überlappen Sie die Bereiche von Clips, die für das Videoprogramm weniger wichtig sind, da sie vom jeweiligen Überblendungseffekt verfremdet werden.

1 Achten Sie im Schnittfenster darauf, daß die Videospur 1 vergrößert ist, so daß die Spuren Video1A, Überblendung und Video1B sichtbar sind. Sollte die Spur reduziert sein, klicken Sie auf den Pfeil links neben der Spur Video1.

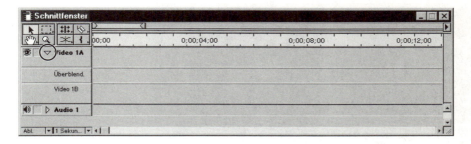

Um die Clips besser im Schnittfenster sehen zu können, werden Sie die Ansicht ändern.

2 Klicken Sie auf die Titelleiste des Schnittfensters, um es zu aktivieren. Wählen Sie **Fenster: Schnittfenster-Optionen**. Wählen Sie nun die mittlere Symbolgröße, und klicken Sie auf OK.

3 Wählen Sie in der unteren linken Ecke des Schnittfensters aus dem Einblendmenü für die Zeiteinheiten die Option »1/2 Sekunde«.

4 Ziehen Sie den Clip *Solar1.mov* aus dem Projektfenster auf die Videospur 1A im Schnittfenster, und setzen Sie den In-Point ganz an den Anfang des Schnittfensters.

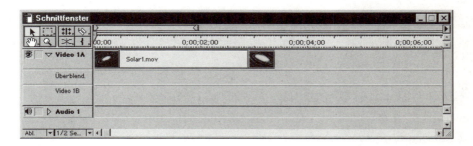

Sie werden den Anfang des Clips *Earth.mov* mit dem Ende des Clips *Solar1.mov* überlappen.

5 Ziehen Sie den Shuttle-Regler in der Programmansicht des Monitorfensters, bis der Timecode für die Programmposition (die links befindlichen grünen Zahlen) bei 02:04 steht.

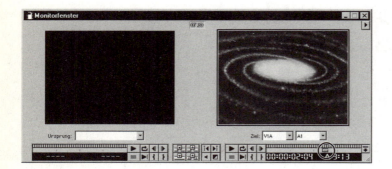

6 Ziehen Sie *Earth.mov* auf die Videospur 1B, so daß der In-Point an der Schnittlinie einrastet.

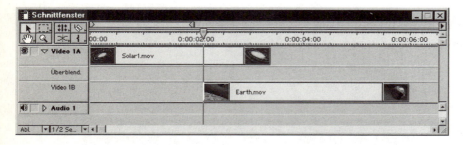

7 Wählen Sie **Datei: Speichern**.

Hinzufügen der Überblendung *Weiche Blende*

1 Falls die Überblendungenpalette noch nicht geöffnet ist, wählen Sie **Fenster: Anzeigen Überblendungen**.

Jede Überblendung ist neben dem Namen zusätzlich mit einem Symbol dargestellt.

2 Klicken Sie in der oberen rechten Ecke der Überblendungenpalette auf den Pfeil, und wählen Sie im Menü die Option »Beschreibungen ausblenden«.

Die Symbole in der Palette werden jetzt größer dargestellt.

3 Öffnen Sie erneut das Menü der Überblendungenpalette, und wählen Sie die Option »Animieren«.

Sie einzelnen Symbole sind jetzt animiert und zeigen relativ genau die Funktionsweise der jeweiligen Überblendung.

4 Rollen Sie bis zur Überblendung *Weiche Blende*, und ziehen Sie sie auf die Überblendungsspur im Schnittfenster in den Überlappungsbereich der beiden Clips.

Premiere paßt die Dauer der Überblendung automatisch an die Größe des Überlappungsbereichs an, der etwa eine Sekunde lang ist.

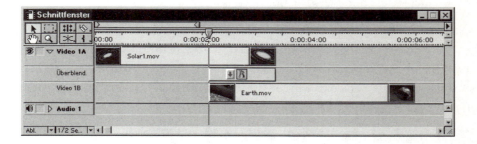

Die Pfeil-Schaltfläche (↓) bzw. der *Spurwähler* im Überblendungssymbol legt fest, mit welchem Clip oder welcher Spur die Überblendung beginnen soll (von Video 1A zu Video 1B oder von Video 1B zu Video 1A).

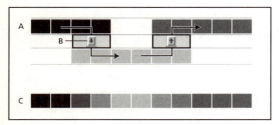

*Überblendungen werden von einer Spur zu einer anderen (**A**) ausgeführt, und zwar in der im Spurwähler (**B**) festgelegten Richtung. Das Resultat ist ein spezifischer Effekt im exportierten Videoprogramm (**C**).*

In den meisten Fällen stellt Premiere die Richtung der Überblendung automatisch ein, und Sie müssen sich nicht darum kümmern. Später in dieser Lektion werden Sie mit dem Spurwähler und anderen Steuerungsmöglichkeiten Ihre Überblendungen modifizieren.

Um eine Vorschau auf Überblendungen (und andere Effekte) durch Scrubben (Ziehen) in der Zeitleiste zu erhalten, müssen Sie zusätzlich eine Taste drücken. Sonst würde Premiere nur die Video-Clips ohne Überblendungen oder Effekte anzeigen.

5 Halten Sie die Alt-Taste (Windows) bzw. Wahltaste (Mac OS) gedrückt, und scrubben Sie in der Zeitleiste, um die Schnittlinie über die Überblendung zu bewegen. Der Zeiger hat sich in einen Pfeil verändert, der darauf hinweist, daß Sie sich eine Vorschau von Effekten ansehen. Die Vorschau wird in der Programmansicht des Monitorfensters abgespielt.

6 Speichern Sie das Projekt.

Verwenden der Überblendungenpalette

Premiere umfaßt 75Überblendungen, die Sie über die Überblendungenpalette auswählen können. In der Palette wird die Funktionsweise der jeweiligen Überblendungen mit Hilfe eines Symbols dargestellt, wobei A der erste Clip und B der zweite ist. Um sich die Auswahl zu erleichtern, können Sie diese Symbole animieren und eine kurze Beschreibung dazu anzeigen.

• Um Symbole zu animieren, aktivieren Sie »Animieren« im Menü der Überblendungenpalette.

• Um eine Symbolanimation zu beenden, deaktivieren Sie »Animieren« im Menü der Überblendungenpalette, indem Sie die Option erneut auswählen.

• Um große Symbole mit dazugehörigen Kurzbeschreibungen anzuzeigen, wählen Sie »Beschreibungen ausblenden« im Menü der Überblendungenpalette, um diese Option zu deaktivieren.

• Um ausgewählte Überblendungen auszublenden, müssen Sie eine oder mehrere Überblendungen in der Überblendungenpalette auswählen und »Auswahl ausblenden« im Menü der Überblendungenpalette wählen.

• Um ausgeblendete Überblendungen wieder anzuzeigen, wählen Sie »Überblendungen wiederherstellen« im Menü der Überblendungenpalette. Wählen Sie diejenigen Überblendungen aus, die Sie anzeigen wollen, und klicken Sie dann auf »Anzeigen«.

• Um eine Überblendung in der Palette anders anzuordnen, ziehen Sie die Überblendung zu einer neuen Stelle in der Liste nach oben oder nach unten.

• Um die Überblendungen in der Tabelle nach Namen zu sortieren, wählen Sie den Eintrag »Nach Namen sortieren« aus dem Palettenmenü.

Aus dem Adobe Premiere 5.0 Handbuch, Kapitel 5

Vorschau der Überblendung mit eingestellter Framerate

Bis jetzt haben Sie zwei Vorschaumethoden angewendet: Klicken auf die Abspielen-Schaltfläche in der Programmansicht und Scrubben in der Zeitleiste (siehe »Vorschau« auf Seite 129). Die Abspielen-Schaltfläche ist jedoch nur für die Vorschau auf Video-Clips angelegt; Überblendungen (und andere Effekte) werden deshalb nicht dargestellt, weil die Verarbeitung zu lange dauern würde.

Durch Drücken der zusätzlichen Taste während des Scrubbens in der Zeitleiste wird zwar die Überblendung gezeigt, allerdings nicht in der genauen Geschwindigkeit. Um eine Vorschau auf Überblendungen (und andere Effekte) in der voreingestellten Framerate zu erhalten, müssen Sie mit einer weiteren Methode arbeiten, mit der eine Vorschaudatei auf Ihrer Festplatte erzeugt wird. Anschließend spielt Premiere diese Datei in der Programmansicht des Monitorfensters ab.

Bevor Sie eine derartige Vorschau erzeugen, müssen Sie noch die Arbeitsbereichsleiste einstellen. Mit dieser Leiste wird der Teil Ihres Projekts ausgewählt, von dem Sie eine Vorschau erzeugen oder den Sie als Filmdatei exportieren wollen.

1 Ziehen Sie den Pfeil am rechten Ende der Arbeitsbereichsleiste, um den Bereich der Clips *Solar1.mov* und *Earth.mov* abzudecken.

💡 *Soll die Arbeitsbereichsleiste über eine Serie aufeinanderfolgender Clips reichen, halten Sie die Alt-Taste (Windows) bzw. Wahltaste (Mac OS) gedrückt und klicken auf die Arbeitsbereichsleiste.*

2 Wählen Sie **Projekt: Vorschau,** oder drücken Sie die Eingabetaste.

Premiere erzeugt jetzt die Vorschau und zeigt den Status in der Statusleiste an. Anschließend werden die beiden Clips und die Überblendung in der Programmansicht abgespielt.

Hinzufügen der Überblendung *Einzoomen & Auszoomen*

Sie fügen nun einen dritten Clip (*Eye.mov*) hinzu und verwenden die Überblendung *Einzoomen & Auszoomen*, mit der in den einen Clip ein- und in den anderen ausgezoomt wird. Im vorliegenden Projekt zoomt diese Überblendung in das Ende des Clips *Earth.mov* ein und am Anfang von *Eye.mov* aus.

1 Wählen Sie im Schnittfenster im Einblendmenü für die Zeiteinheiten die Option »1 Sekunde«.

2 Ziehen Sie in der Programmansicht des Monitorfensters den Shuttle-Regler, bis der Timecode 05:04 anzeigt.

3 Ziehen Sie aus dem Projektfenster den Clip *Eye.mov* auf die Videospur 1A , so daß der In-Point an der Schnittlinie einrastet.

Die Clips *Earth.mov* und *Eye.mov* überlappen jetzt mit 1 Sekunde.

4 Ziehen Sie aus der Überblendungenpalette die Überblendung *Einzoomen & Auszoomen* auf die Überblendungsspur in den Bereich, in dem die Clips *Earth.mov* und *Eye.mov* überlappen.

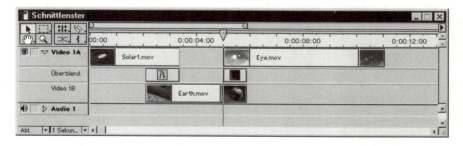

Diesmal werden Sie die Überblendung etwas modifizieren.

5 Doppelklicken Sie im Schnittfenster auf die gerade plazierte Überblendung, um den Dialog »Einzoomen & Auszoomen einstellen« zu öffnen.

6 Wählen Sie die Option »Originalclips zeigen«.

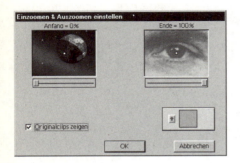

7 Lassen Sie die Einstellungen für »Anfang« und »Ende« unverändert, und achten Sie darauf, daß der Spurwähler noch oben zeigt (↑).

Der nach oben gerichtete Pfeil zeigt an, daß die Überblendung mit dem Einzoomen in den Clip auf Videospur 1B (*Earth.mov*) beginnt und anschließend mit dem Auge endend aus dem Clip auf Videospur 1A (*Eye.mov*) auszoomt.

Bei dieser Überblendung können Sie außerdem die Stelle im Clips festlegen, an der das Zoomen beginnt. Das werden Sie jetzt tun.

8 Ziehen Sie in der Ansicht »Ende« das kleine weiße Rechteck vom Bildzentrum in die Reflexion oben rechts im Auge.

Das Rechteck legt fest, wo das Zoomen endet.

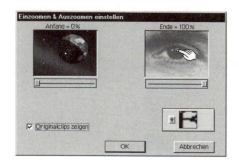

9 Ziehen Sie in der Ansicht »Start« das weiße Rechteck etwa an die gleiche Stelle wie in der Ansicht »Ende«.

10 Klicken Sie auf OK.

11 Schauen Sie sich die Überblendung an, indem Sie mit gedrückter Alt-Taste (Windows) bzw. Wahltaste (Mac OS) in der Zeitleiste scrubben.

Sie könnten jetzt noch eine Vorschau mit der präzisen Framerate generieren lassen, indem Sie die Arbeitsbereichsleiste über die neue Überblendung schieben und die Eingabetaste drücken.

Hinzufügen mehrfacher Überblendungen

Um andere Effekte zu erzielen, können Sie zwei oder mehr Überblendungen zusammen plazieren. Das werden Sie jetzt tun, um den letzten Clip in der Sequenz mit einer traumähnlichen Anmutung zu versehen.

1 Ziehen Sie die Schnittlinie an das Ende des Clips *Eye.mov*.

2 Ziehen Sie aus dem Projektfenster den Clip *Solar2.mov* auf die Videospur 1B, so daß der Out-Point an der Schnittlinie einrastet.

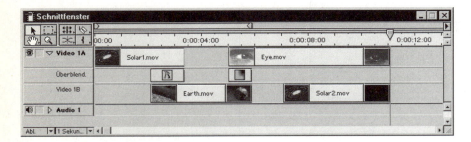

Bevor Sie die Überblendung plazieren, schauen Sie sich beide Clips erst einzeln an.

3 Doppelklicken Sie im Schnittfenster auf den Clip *Eye.mov*, so daß er in der Originalansicht angezeigt wird. Klicken Sie dann auf die Abspielen-Schaltfläche in der Originalansicht.

4 Verfahren Sie genauso mit dem Clip *Solar2.mov*.

5 Ziehen Sie aus der Überblendungenpalette die Überblendung *Überschieben (Bänder)* auf die Überblendungsspur zwischen die Clips *Eye.mov* und *Solar2.mov*, so daß die Überblendung am Anfang des Clips *Solar2.mov* einrastet.

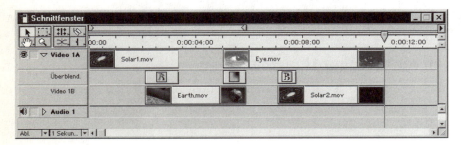

Sie kürzen nun diese Überblendung, damit Sie noch weitere Überblendungen in denselben Überlappungsbereich einfügen können. Doch vorher ändern Sie die Ansicht des Überblendungsbereichs.

6 Wählen Sie im Schnittfenster aus dem Einblendmenü für die Zeiteinheiten die Option »8 Frames«, um die Größe der gerade plazierten Überblendung präziser einstellen zu können.

7 Sollte die Informationen-Palette nicht angezeigt sein, wählen Sie **Fenster: Anzeigen Informationen**.

8 Wählen Sie das Auswahlwerkzeug ( ), und setzen Sie es auf die rechte Kante der Überblendung *Überschieben (Bänder)*; das Werkzeug ändert sich in den Trimmzeiger ( ). Ziehen Sie die Kante, bis in der Informationenpalette für »Zeiger« die Position 7:20 angezeigt wird.

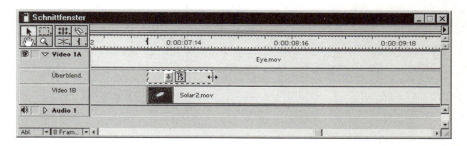

9 Wählen Sie im Schnittfenster aus dem Einblendmenü für die Zeiteinheiten die Option »4 Frames«. Ziehen Sie nun im Schnittfenster den Rollbalken, bis Sie wieder die Überblendung *Überschieben (Bänder)* sehen.

10 Achten Sie darauf, daß der Spurwähler im Überblendungssymbol nach unten zeigt( ) – wenn nicht, klicken Sie entsprechend.

Die Überblendung beginnt mit dem Clip *Eye.mov* und endet mit dem Clip *Solar2.mov*. Das sollten Sie sich nun ansehen.

11 Halten Sie die Alt-Taste (Windows) bzw. Wahltaste (Mac OS) gedrückt, und scrubben Sie in der Zeitleiste über die Überblendung *Überschieben (Bänder)*.

Kopieren von Überblendungen

Sie kopieren jetzt drei weitere Versionen der Überblendung *Überschieben (Bänder)*, um einen längeren und abwechslungsreicheren Effekt zu erzielen.

1 Wählen Sie im Schnittfenster die Überblendung *Überschieben (Bänder)* und anschließend **Bearbeiten: Kopieren**.

2 Klicken Sie in der Überblendungsspur direkt hinter der Überblendung *Überschieben (Bänder)*, um den leeren Bereich auszuwählen.

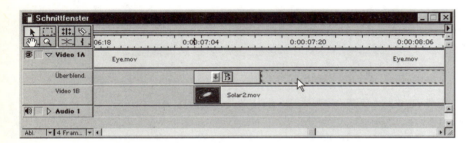

3 Wählen Sie **Bearbeiten: Einfügen**.

Hinter der bereits vorhandenen Überblendung befindet sich jetzt eine identische Kopie dieser Überblendung.

4 Klicken Sie in der Kopie auf den Spurwähler, damit der Pfeil nach oben zeigt (⬆). Die Überblendung bewegt sich jetzt von der Videospur 1B zur Videospur 1A.

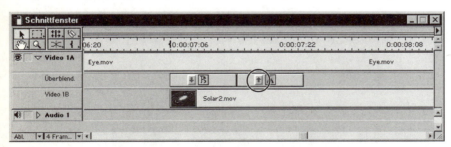

Schauen Sie sich nun das Resultat an.

5 Scrubben Sie im Schnittfenster mit gedrückter Alt- bzw. Wahltaste in der Zeitleiste über die beiden Kopien der Überblendung *Überschieben (Bänder)*.

Die erste Überblendung beginnt mit dem Clip *Eye.mov* und endet mit dem Clip
Solar2.mov. Die zweite Überblendung beginnt mit dem Clip *Solar2.mov* und endet mit
dem Clip *Eye.mov*. Wie im Schnittfenster zu erkennen ist, folgt die Überblendung der
mit den Spurwählern angegebenen Richtung.

Umkehren der Bänder

Sie erstellen jetzt zwei weitere Kopien der Überblendung, diesmal werden Sie jedoch die
Bewegung der Bänder umkehren, so daß sie sich von rechts nach links verschieben.

1 Klicken Sie in den Bereich der Überblendungsspur direkt hinter der zweiten Überblendung *Überschieben (Bänder)*.

Der leere Bereich ist jetzt ausgewählt.

2 Wählen Sie **Bearbeiten: Einfügen**.

Die zuvor kopierte Überblendung wird in die Spur eingefügt.

3 Doppelklicken Sie auf diese Kopie, um das Dialogfeld »Überschieben (Bänder) einstellen« zu öffnen.

4 Wählen Sie die Option »Originalclips zeigen«.

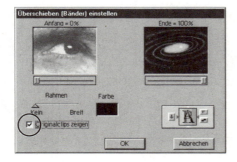

Da die vorherige Überblendung *Überschieben (Bänder)* mit dem Clip *Eye.mov* endet,
soll die jetzige Überblendung mit dem Clip *Solar2.mov* enden.

5 Achten Sie darauf, daß der Spurwähler links neben dem Thumbnail bzw. animierten Symbol nach unten zeigt (↓).

6 Um die Bewegungsrichtung der sich in das Bild schiebenden Bänder umzukehren (diese also vorwärts oder rückwärts (umgekehrt) abzuspielen), klicken Sie auf die Schaltfläche zum Vorwärts-/Rückwärtslauf (ꜰ) oben rechts neben dem Thumbnail.

Das »V« (Vorwärts) ändert sich in ein »U« (Umgekehrt), und der Thumbnail zeigt, daß sich die Bänder nun in die entgegengesetzte bzw. umgekehrte Richtung bewegen.

Sie erkennen in der Nähe des Thumbnail noch weitere Kontrollmöglichkeiten. Der Thumbnail ist von vier kleinen Dreiecken umgehen, den *Kantenauswahlwerkzeugen;* zwei der Dreiecke sind rot, die anderen weiß. Das Klicken auf die kleinen Dreiecke bewirkt, daß die Ausrichtung bzw. Bewegung der Überblendung verändert wird. Die roten Kantenauswahlwerkzeuge links und rechts neben dem Thumbnail bestimmen, daß sich die Bänder horizontal bewegen; entsprechend läßt sich mit den anderen Dreiecken eine vertikale Ausrichtung einstellen. Die roten Dreiecke für die horizontale Ausrichtung sind aktiviert.

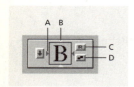

A. Horizontale Bewegung
B. Vertikale Bewegung
C. Vorwärts oder Umgekehrt (rückwärts)
D. Glätten stark, schwach oder ausgeschaltet

In der unteren rechten Ecke des Thumbnail finden Sie eine weitere Schaltfläche, mit der festgelegt wird, ob für die Überblendung ein Glättungseffekt verwendet werden soll. Beim Glätten werden die Kanten oder Ränder der Überblendung weniger scharf angezeigt, so daß die Überblendung weniger abrupt erscheint. Das Glätten ist ausgeschaltet, wenn das (↝)-Symbol angezeigt wird; das (↝)-Symbol weist auf eine schwache und das (↝)-Symbol auf eine starke Glättung hin. Lassen Sie den Glättungseffekt ausgeschaltet.

Die einzelnen Steuerungsmöglichkeiten im Thumbnail sind je nach gewählter Überblendungsart verschieden.

7 Klicken Sie im Dialogfeld »Überschieben (Bänder) einstellen« auf OK.

Sie werden abschließend die Überblendung *Überschieben (Bänder)* noch einmal kopieren und einfügen, um die beiden ersten Überblendungen zu spiegeln.

8 Die dritte Version der Überblendung (diejenige, die Sie gerade modifiziert haben) ist noch ausgewählt. Wählen Sie nun **Bearbeiten: Kopieren**.

9 Wählen Sie in der Überblendungsspur den leeren Bereich hinter der dritten Überblendung und dann **Bearbeiten: Einfügen**.

Eine weitere Kopie der Überblendung erscheint in der Überblendungsspur.

10 Klicken Sie im Schnittfenster in der Kopie auf den Spurwähler, so daß der Pfeil nach oben weist.

Sie haben bis jetzt vier Kopien derselben Überblendung erstellt, deren Richtung verändert (nach unten, oben, unten und oben) und dann für die beiden letzten Kopien die Bewegungsrichtung verändert. Das sollten Sie sich jetzt in der genauen Framerate ansehen.

11 Wählen Sie im Schnittfenster im Einblendmenü für die Zeiteinheiten die Option »1 Sekunde«, um die Arbeitsbereichsleiste einfacher lokalisieren zu können.

12 Ziehen Sie die Enden der Arbeitsbereichsleiste so, daß die Leiste über die gesamte Länge der Clips *Solar2.mov* und *Eye.mov* reicht. Drücken Sie die Eingabetaste.

Premiere generiert die Vorschau und spielt sie dann in der Programmansicht ab.

13 Drücken Sie die Eingabetaste, um sich die Vorschau nochmals anzusehen.

Da Premiere nicht erneut generieren muß, wird die Vorschau jetzt sofort in der Programmansicht abgespielt.

14 Speichern Sie das Projekt.

Hinzufügen der Überblendung *Zoom*

Um das Projekt zu vervollständigen, fügen Sie die Überblendung *Zoom* hinzu, die sich ein wenig von der Überblendung *Einzoomen & Auszoomen* unterscheidet. Während *Einzoomen & Auszoomen* auf ein Element innerhalb eines Clips wirkt, wird mit der Überblendung *Zoom* ein kompletter Clip in einen zweiten Clip ein- oder ausgezoomt, wobei beide Clips gleichzeitig abgespielt werden. Sie werden mit Hilfe der Überblendung *Zoom* ein zentriertes *Inset* (Einfügung) des Auges (*Eye.mov* auf Videospur 1A) innerhalb der Sterne (*Solar2.mov* auf Videospur 1B) erstellen.

1 Wählen Sie im Schnittfenster aus dem Einblendmenü für die Zeiteinheiten die Option »8 Frames«. Das vereinfacht die Arbeit mit der Überblendung, die Sie jetzt hinzufügen werden.

2 Ziehen Sie aus der Überblendungenpalette die Überblendung *Zoom* in den Überlappungsbereich zwischen den Clips *Eye.mov* und *Solar2.mov*.

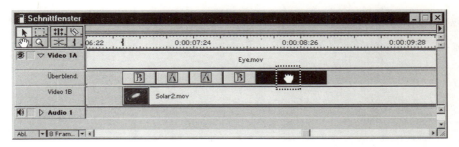

3 Ziehen Sie mit dem Auswahlwerkzeug (▶) die rechte Kante der Überblendung *Zoom*, so daß etwa 2/3 des Überlappungsbereichs zwischen *Eye.mov* und *Solar2.mov* eingenommen wird.

4 Doppelklicken Sie im Schnittfenster auf die Überblendung *Zoom*.

5 Aktivieren Sie im Dialogfeld »Zoom einstellen« die Option »Originalclips zeigen«.

6 Um den Clip *Eye.mov* im Format zu verkleinern und ihn auf dem Clip *Solar2.mov* abzuspielen, achten Sie darauf, daß der Spurwähler nach unten weist (↓). Klicken Sie auf die Schaltfläche zum Vorwärts-/Rückwärtslauf (⸢) oben rechts neben dem Thumbnail.

7 Um den Clip *Eye.mov* zu verkleinern, ziehen Sie den Regler unter der Ansicht »Ende« auf 68%.

Der Clip *Eye.mov* wird auf 68% der ursprünglichen Größe verkleinert und innerhalb von *Solar2.mov* zentriert.

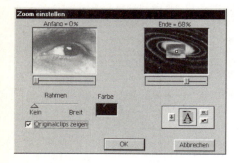

8 Klicken Sie auf OK.

Sie sollten sich das Ergebnis jetzt ansehen.

9 Halten Sie die Alt- bzw. Wahltaste gedrückt, und ziehen Sie in der Zeitleiste über die Überblendung *Zoom*.

Das aktuelle Projekt endet an der Stelle, an der das Auge 68% erreicht hat. Um das Projekt abzuschließen, lassen wird am Ende des Zooms das Auge als Inset innerhalb der Sterne stehen. Dafür müssen Sie eine weitere Version der Überblendung *Zoom* erstellen, bei der die Prozentwerte für Anfang und Ende gleich groß sind.

10 Ziehen Sie aus der Überblendungenpalette die Überblendung *Zoom* in den Überlappungsbereich zwischen den Clips *Eye.mov* und *Solar2.mov*.

11 Wenn die rechte Kante der zweiten Überblendung *Zoom* nicht genau mit den Out-Points von *Eye.mov* und *Solar2.mov* übereinstimmt, ziehen Sie die Überblendung entsprechend nach links oder rechts.

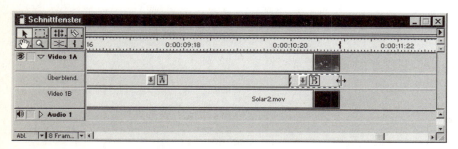

12 Doppelklicken Sie auf die zweite Überblendung *Zoom*, um das Dialogfeld »Zoom einstellen« zu öffnen.

13 Sie können die Optionen »Originalclips zeigen« aktivieren.

14 Achten Sie darauf, daß der Spurwähler nach unten weist, und klicken Sie auf die Schaltfläche zum Vorwärts-/Rückwärtslauf (**ᴇ**), um die Option »Umgekehrt (U)« bzw. »Rückwärts« zu wählen.

15 Ziehen Sie den Regler unter der Ansicht »Anfang« auf 68%.

Durch den Anfangswert von 68% wird das Inset (die Einfügung) aus der vorangehenden Überblendung *Zoom* unverändert übernommen.

16 Ziehen Sie den Regler unter der Ansicht »Ende« auf 68%.

Durch den Endwert von 68% behält der Clip *Eye.mov* seine aktuelle Inset-Größe, wobei dieser und der Clip *Solar2.mov* für eine weitere Sekunde abgespielt werden. Alle anderen Einstellungen im Dialogfeld entsprechen der ersten Überblendung *Zoom*.

💡 *Um einen übereinstimmenden Anfangs- und Endwert im Dialogfeld »Zoom einstellen« festzulegen, halten Sie beim Ziehen eines der Regler die Leertaste gedrückt.*

17 Klicken Sie auf OK.

18 Um eine Vorschau für den Schluß des Projekts zu erhalten, halten Sie die Alt- bzw. Wahltaste gedrückt und scrubben in der Zeitleiste über diesen letzten Teil.

Das Scrubben in der Zeitleiste mit Alt/Wahl ermöglich eine schnelle Vorschau auf die Arbeit, allerdings nicht zeitgenau. Um einen tatsächlichen, zeitgenauen Eindruck von der bisherigen Arbeit zu bekommen, werden Sie nun eine Vorschau des kompletten Projekts generieren.

19 Erweitern Sie die Arbeitsbereichsleiste, so daß sie über die Gesamtdauer des Projekts reicht, und drücken Sie die Eingabetaste.

Exportieren des Films

1 Klicken Sie irgendwo im Schnittfenster, um es zu aktivieren. Dadurch wird sicherge-stellt, daß Premiere das Projekt vollständig exportiert. Wenn das Monitorfenster und die Originalansicht statt des Schnittfensters gewählt sind, exportiert Premiere nur den in der Originalansicht angezeigten Clip.

2 Wählen Sie **Datei: Exportieren: Film**.

3 Klicken Sie im Dialogfeld auf die Schaltfläche »Einstellungen«.

4 Vergewissern Sie sich, daß »QuickTime« als Dateityp und »Gesamtes Projekt« für den Bereich gewählt sind.

5 Achten Sie auch darauf, daß die Option »Video exportieren« aktiviert und die Option »Audio exportieren« deaktiviert ist. Übernehmen Sie die anderen, voreingestellten Ein-stellungen für dieses Projekt, die Einstellungen für die Komprimierung eingeschlossen.

6 Klicken Sie auf OK, um das Dialogfeld »Einstellungen für den Filmexport« zu schließen.

7 Geben Sie in das Dialogfeld für den Filmexport den Namen **Traum.mov** für das Videoprogramm ein. Klicken Sie auf »Speichern« (Windows) bzw. OK (Mac OS).

Premiere beginnt mit der Filmerstellung und zeigt eine Statusleiste an, in der die ge-schätzte Zeitdauer für die Generierung angezeigt wird. Sobald der Film fertig ist, wird er in der Originalansicht des Monitorfensters geöffnet.

8 Klicken Sie auf die Abspielen-Schaltfläche, und sehen Sie sich in Ruhe den gerade von Ihnen erstellten Film an. Sie werden eventuell feststellen, daß bei der Wiedergabe einige Frames ausgelassen werden. Das kann mit der Leistungsfähigkeit des von Ihnen einge-setzten Computersystems und der für den Export eingestellten Framerate zusammen-hängen.

Glückwunsche! Sie haben diese Lektion abgeschlossen und beherrschen den Umgang mit Überblendungen.

Selber ausprobieren

Sie können jetzt mit dem Projekt, das Sie gerade erstellt haben, experimentieren. Dazu einige Vorschläge:

• Versuchen Sie die Richtung der Überblendungen zu ändern (klicken Sie auf den Spurwähler), und schauen Sie sich die Resultate an.

• Öffnen Sie für eine der Überblendungen das Dialogfeld mit den Einstellungen (durch Doppelklicken auf die Überblendung), und beobachten Sie, welche Änderungen die Überblendung beeinflussen.

• Prüfen Sie die Änderungen bei den Überblendungen-Thumbnails, sobald die deren Größe im Dialog »Schnittfenster-Optionen« verändern (aktivieren Sie das Schnittfenster, und wählen Sie **Fenster: Schnittfenster Optionen**).

• Verwenden Sie die Tastatur-Kurzbefehle, die in der Premiere-Schnellreferenzkarte und in der Premiere-Hilfe aufgelistet sind, um eine Vorschau aus dem Monitorfenster und dem Schnittfenster heraus zu erhalten.

Fragen

1 Mit welchen beiden Möglichkeiten erhält man eine Vorschau auf Überblendungen?

2 Welche Funktion hat der Spurwähler in einer Überblendung?

3 Wozu dient die Glätten-Funkion, die in einer Anzahl von Überblendungen verfügbar ist?

4 Was bewirkt die Schaltfläche zum Vorwärts-/Rückwärtslauf (**F**) in einer Überblendung?

5 Über welche beiden Wege erhält man innerhalb der Überblendungenpalette mehr Informationen über die Funktion einer bestimmten Überblendung?

Antworten

1 Durch Scrubben in der Zeitleiste mit gedrückter Alt-Taste (Windows) bzw. Wahltaste (Mac OS) oder durch Generieren einer Vorschau per Drücken der Eingabetaste.

2 Mit dem Spurwähler wird die Richtung einer Überblendung festgelegt, beispielsweise von Videospur 1A zur Videospur 1B.

3 Beim Glätten werden die Kanten oder Ränder einer Überblendung weniger scharf angezeigt, so daß die Überblendung weniger abrupt erscheint.

4 Die Schaltfläche zum Vorwärts-/Rückwärtslauf bestimmt die Richtung eines Effekts innerhalb einer Überblendung. Beispielsweise wird bei der Überblendung *Zoom* mit »V« ein- und mit »U« ausgezoomt.

5 Deaktivieren Sie im Menü der Überblendungenpalette die Option »Beschreibungen ausblenden«, oder aktivieren Sie in dem Menü die Option »Animieren«.

Lektion 5

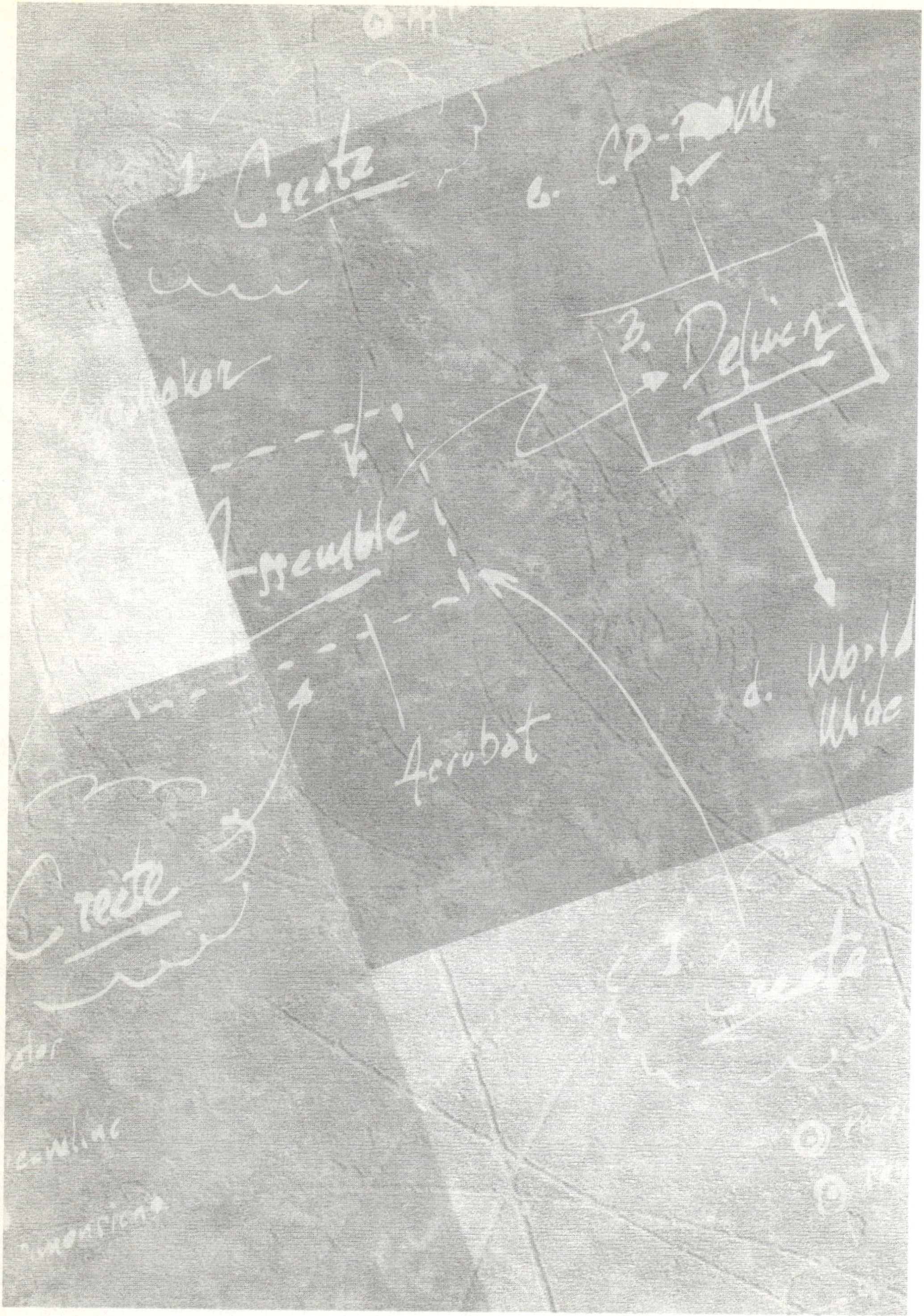
1. Create
c. CD-ROM
3. Deliver
Assemble
Acrobat
d. World Wide
Create

Hinzufügen von Audio

Passende Musik oder Sound-Effekte lassen Ihr Videoprogramm besonders gut zur Geltung kommen. Adobe Premiere macht es Ihnen einfach, zusätzliches Tonmaterial einzufügen, von einem Tonereignis zum anderen zu überblenden und die richtige Lautstärke einzustellen.

In dieser Lektion lernen Sie den Umgang mit Ton in Premiere kennen. Sie werden einen kurzen Werbespot für ein Filmfestival erstellen und dabei mit unterschiedlichen grundlegenden Tontechniken arbeiten. Insbesondere werden Sie die folgenden Techniken kennenlernen:

• Plazieren von Audio-Clips

• Ton ein- und ausblenden sowie Einstellen der Gesamtlautstärke

• Aufheben von Verknüpfungen zwischen Audio- und Video-Clips

• Synchronisieren von Audio- und Videospuren

Beginnen mit dem Projekt

Da Sie sich in dieser Lektion Audio-Clips anhören werden, vergewissern Sie sich, ob die an Ihren Computer angeschlossenen Lautsprecher, Kopfhörer oder externe Verstärker in der richtigen Lautstärke wiedergeben. Prüfen Sie außerdem, wo sich die für diese Lektion benötigten Dateien befinden. Eventuell müssen Sie auf die Buch-CD-ROM zugreifen. Entsprechende Hinweise finden Sie unter »Verwenden der Classroom-in-a-Book-Dateien« auf Seite 17.

Um sicherzustellen, daß Sie mit den standardmäßigen Premiere-Programmeinstellungen arbeiten, beenden Sie Premiere, um die Vorgabedatei zu löschen. Entsprechende Hinweise finden Sie unter »Wiederherstellen der Standardeinstellungen« auf Seite 18.

1 Starten Sie Premiere.

2 Wählen Sie im Dialogfeld »Neue Projekteinstellungen« als »Bearbeitungsmodus« die Einstellung » QuickTime« und unter »Timebase« den Wert »30« (für PAL 25).

Sie stellen jetzt noch weitere Optionen ein, die Premiere benötigt, wenn Sie den fertigen Film am Ende dieser Lektion exportieren.

3 Klicken Sie auf die Schaltfläche »Nächste«, um die »Videoeinstellungen« anzuzeigen.

4 Wählen Sie unter »Kompressor« die Option »Video« (Windows) bzw. »None« (Mac OS).

5 Geben Sie unter »Framegröße« in das erste Feld den Wert **240** ein. Premiere fügt in das zweite Feld automatisch den Wert **180** ein.

6 Wählen Sie unter »Framerate« den Wert »15« (für PAL würden Sie den Wert »12,5« wählen).

7 Klicken Sie auf die Schaltfläche »Nächste«, um die Audioeinstellungen anzuzeigen.

8 Wählen Sie für Rate die Option »11 KHz« und für das Format die Option »8-Bit-Mono«.

9 Klicken Sie auf OK, um das Dialogfeld »Neue Projekteinstellungen« zu schließen.

Ansehen des fertigen Films

Sie können sich den Film, den Sie anschließend erstellen werden, erst einmal als fertige Version ansehen. Da Sie in einigen Teilen dieser Lektion eigene Entscheidungen für das Bearbeiten treffen werden, kann sich Ihr Videoprogramm von der fertigen Buch-Version geringfügig unterscheiden.

1 Wählen Sie **Datei: Öffnen**, und doppelklicken Sie auf die Datei *05Final.mov* im Ordner *Final* innerhalb des Ordners *05Lektion*.

Das Videoprogramm wird in der Originalansicht des Monitorfensters geöffnet.

2 Klicken Sie auf die Abspielen-Schaltfläche (▶), um das Videoprogramm anzusehen.

Importieren und Ordnen der Clips

Sie können jetzt die Originaldateien importieren. Um dabei den Überblick zu behalten, werden Sie eine Ablage für Audiodateien einrichten und darin die importierten Audiodateien aufbewahren.

1 Das Importieren von Dateien ist systembedingt:

• Wählen Sie auf dem Macintosh **Datei: Importieren: Mehrere**, öffnen Sie den Ordner *05Lektion*, markieren Sie die Datei *Danger.aif*, und klicken Sie dann auf »Importieren«. Wählen Sie so auch die restlichen Dateien (ausgenommen den Ordner *Final*) aus.

• Wählen Sie unter Windows **Datei: Importieren: Datei**, und öffnen Sie den Ordner *05Lektion*. Wählen Sie alle Dateien aus (ausgenommen den Ordner *Final*), indem Sie die erste Datei markieren, die Umschalttaste gedrückt halten und dann die letzte Datei wählen. Klicken Sie auf »Öffnen«.

Die Video- und Audiodateien werden dem Projektfenster hinzugefügt.

Arbeitsablagen sind Ordner, die Sie für das Speichern und Ordnen von Clipdateien ein-richten. Sie werden jetzt eine Ablage für die Tondateien erstellen.

2 Klicken Sie im Projektfenster, um es zu aktivieren. Wählen Sie dann **Projekt: Erstel-len: Arbeitsablage**, geben Sie die Bezeichnung **Sounds** ein, und klicken Sie auf OK.

3 Klicken Sie im Projektfenster, um das Symbol der Arbeitsablage *Sounds* abzuwählen (die Markierung wird aufgehoben). Halten Sie dann die Strg-Taste (Windows) bzw. Um-schalttaste (Mac OS) gedrückt, und klicken Sie nacheinander auf die Symbole der Dateien *Danger.aif*, *Horror.aif*, *Shadow.aif* und *Suspense.aif*. Ziehen Sie die so markierten Symbole auf das Symbol der Arbeitsablage *Sounds*.

Um die Clips einfacher im Projektfenster identifizieren zu können, ändern Sie die Ansicht des Fensters.

4 Wählen Sie **Fenster: Projektfenster-Optionen** und im oberen Einblendmenü die Option »Thumbnail«. Klicken Sie auf OK.

Sichern und benennen Sie das Projekt.

5 Wählen Sie **Datei: Speichern**, und geben Sie als Namen **Mystery.ppj** ein. Klicken Sie auf »Speichern«.

In Windows ist »ppj« die vorgegebene Dateinamenerweiterung für Premiere-Projekte; sie wird automatisch an den Dateinamen angehängt. Auf dem Macintosh müssen Sie die Erweiterung gesondert eingeben.

Ausführen eines L-Schnitts

Für Video und Film wird häufig eine Technik verwendet, die unter dem Oberbegriff
Split Edit (Teilung) bekannt ist, mit der Audioüberblendungen zwischen Szenen erzeugt
werden – der Audioteil eines Clips geht in die beiden angrenzenden Clips über. Der Ton
einer stillen Waldszene könnte z.B. einer Szene mit einer lautstarken Menschenan-
sammlung unterlegt werden. Ein *L-Cut* (L-Schnitt) ist eine spezielle Art des Split Edit
und zieht den Ton nur in den folgenden Clip hinein.

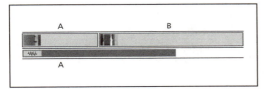

*Ein L-Cut bewirkt, daß der Ton von einem Clip (**A**) bis
in den nächsten Clip (**B**) reicht*

Lösen von verbundenem Audio und Video

Wenn Sie eine Szene mit Ihrem Camcorder aufnehmen, zeichnen Sie normalerweise
Video und Audio gleichzeitig auf. Wird dieses Material anschließend digitalisiert, sind
Video und Audio in einer Datei verbunden. In Premiere wird diese Verknüpfung auch
als *Hard Link* bezeichnet. Sie können die Verknüpfung lösen, um Video und Audio unabhängig voneinander zu ersetzen oder zu bearbeiten. In einer späteren Lektion werden
Sie verbundene Clip zeitweise überschreiben statt den Link (die Verbindung) zu lösen
(siehe »Erstellen einer Teilung« auf Seite 227).

Sie beginnen mit dem Zusammenstellen der beiden ersten Videoclips für das Projekt.

1 Klicken Sie auf die Titelleiste des Schnittfensters, um es zu aktivieren. Wählen Sie
Fenster: Schnittfenster-Optionen und dann die mittlere Symbolgröße, und klicken Sie
auf OK.

2 Achten Sie darauf, daß im Schnittfenster die Videospur 1 vergrößert angezeigt wird,
damit auch die Spuren Video 1A, Überblendungen und Videospur 1B zu sehen sind. Ist
die Spur noch reduziert, klicken Sie auf den Pfeil links neben der Videospur 1.

3 Ziehen Sie *Door.mov* aus dem Projektfenster in die Videospur 1B direkt an den Anfang der Zeitleiste. Sie haben den Clip in die Videospur 1B gezogen, da Sie später andere Clips in der Spur Video 1A überlagern wollen.

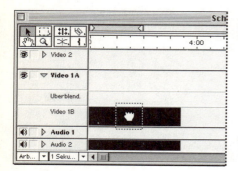 

Wenn Sie einen Clip in die Videospur 1B ziehen, wird der Audioteil des Clips automatisch auf der Audiospur 2 plaziert. Wenn Sie Clips mit Audio in die Videospur 1A ziehen, erscheint der Ton in der Audiospur 1. Sobald Sie den Clip in der Zeitleiste verschieben, wird dessen Audioteil mitbewegt.

4 Ziehen Sie *Hall1.mov* aus dem Projektfenster in die Videospur 1B, und zwar so, daß der Clip am Ende von *Door.mov* einrastet.

Schauen Sie sich an, was Sie bis jetzt zusammengestellt haben.

5 Achten Sie darauf, daß die Arbeitsbereichsleiste über alle Clips reicht, indem Sie mit gedrückter Alt- (Windows) bzw. Wahltaste (Mac OS) auf die Arbeitsbereichsleiste klicken. Drücken Sie anschließend die Eingabetaste.

Ton und Bild werden zusammen wiedergegeben. Da der Ton in *Hall1.mov* weiter von der Tür entfernt ist, als der Ton in *Door.mov* aufgenommen wurde, ist das Geräusch des Türöffnens kaum zu hören. Deshalb werden Sie den Audioteil von *Hall1.mov* löschen und statt dessen den Ton von *Door.mov* in diesen Clip »hineinziehen«.

6 Klicken Sie auf den Audioteil von *Hall1.mov*, um ihn auszuwählen.

7 Drücken Sie die Entfernen- bzw. Löschtaste, um den Ton zu entfernen.

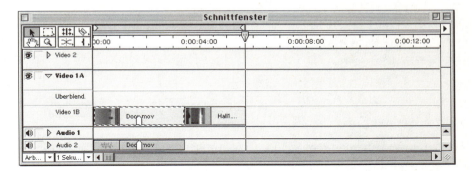

Im Clip *Door.mov* sind Audio und Video miteinander verbunden. Sie werden in dieser Lektion diese Verbindung aufheben und Audio und Video separat bearbeiten.

8 Wählen Sie entweder den Video- oder den Audioteil von *Door.mov* aus.

9 Wählen Sie **Bearbeiten: Verbindung aufheben**.

Video und Audio des Clips sind jetzt nicht mehr verbunden; sie können unabhängig voneinander bewegt und getrimmt werden.

Trimmen des Videos

Sie trimmen den ersten Clip, so daß die Aktion mit der im folgenden Clip *Hall1.mov* übereinstimmt. Dadurch erhalten Sie auch die Möglichkeit, den Ton von *Door.mov* in diesen zweiten Clip einfließen zu lassen.

1 Ziehen Sie den Shuttle-Regler unter der Programmansicht für den Frame in *Door.mov*, wo der Mantel des Mannes beginnt, den Türknopf zu verdecken (bei 2:03).

2 Wählen Sie im Schnittfenster das Werkzeug »Löschen & Lücke schließen«.

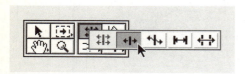

3 Setzen Sie im Schnittfenster den Zeiger an das Ende des Video-Clips *Door.mov*. Der Zeiger wird zum Werkzeug »Löschen & Lücke schließen«.

4 Trimmen Sie den Videoteil, indem Sie ihn so weit nach links ziehen, bis er an der Schnittlinie einrastet.

Sie haben gerade einen L-Cut (Teilung) ausgeführt, durch den der Ton eines Clips im folgenden Clip abgespielt wird.

5 Wählen Sie das Auswahlwerkzeug ( ), um das Werkzeug »Löschen & Lücke schließen« abzuwählen.

Sie fügen nun einen weiteren Clip hinzu.

6 Ziehen Sie den Clip *Feet1.mov* an die rechte Kante des Clips *Hall1.mov* in der Video-spur 1B.

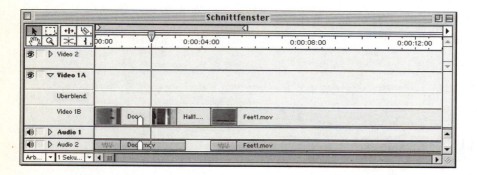

7 Erweitern Sie die Arbeitsbereichsleiste um den gerade hinzugefügten Clip, und drük-ken Sie die Eingabetaste für eine Vorschau.

8 Wählen Sie **Datei: Speichern**, um das Projekt zu sichern.

Verwenden von Marken

Mittels Marken können Sie bestimmte wichtige Punkte kennzeichnen. Marken helfen Ihnen, Clips zu positionieren und anzuordnen. Das Schnittfenster und jeder einzelne Clip können jeweils bis zu 10 Marken (numeriert von 0 bis 9) enthalten. Außerdem können das Schnittfenster und jeder Clip bis zu 999 nicht numerierte Marken enthalten. Der Umgang mit Marken ähnelt dem Umgang mit In- und Out-Points, wobei jedoch zu beachten ist, daß Marken nur als Bezugspunkte fungieren und das Videoprogramm, im Gegensatz zu den In- und Out-Points, nicht verändern. Im allgemeinen dienen Marken in einem Clip dazu, wichtige Punkte innerhalb dieses Clips zu kennzeichnen, während mit Marken im Schnittfenster wichtige Punkte markiert werden, die sich auf mehrere Clips auswirken, z.B. um Video- und Audioinformationen in verschiedenen Clips miteinander zu synchronisieren.

Wenn Sie in der Originalansicht oder im Clipfenster eine Marke für einen Clip festlegen, wird diese zusammen mit allen anderen bereits vorhandenen Marken im Master-Clip in den Clip aufgenommen, wenn Sie diesen dem Schnittfenster hinzufügen oder eine Clipkopie anlegen. Öffnen Sie einen Clip jedoch durch Doppelklicken im Projektfenster und fügen Sie ihm dann eine Marke hinzu, erscheint diese nicht in den Clipkopien bzw. -instanzen, die sich vor dem Hinzufügen der Marke bereits im Schnittfenster befanden.

Wenn Sie im Schnittfenster bzw. in der Programmansicht eine Marke einfügen, erscheint diese sowohl im Schnittfenster als auch in der Programmansicht, nicht aber in den Master-Clips. Eine Marke, die Sie für einen Clip im Schnittfenster festlegen, wird mit dem Clip angezeigt, und eine Marke, die Sie dem Schnittfenster selbst hinzufügen, wird auf dessen Zeitleiste angezeigt.

Aus dem Adobe Premiere 5.0 Handbuch, Kapitel 4

Festlegen von Marken zum Synchronisieren von Clips

Wenn Sie mit Audio-Clips arbeiten, die nicht mit einem Videoteil verbunden sind, kommen Sie gelegentlich in Situationen, in denen der Ton mit dem Videoteil synchronisiert werden muß. Sie werden in diesem Lektionsabschnitt zwei Clips eines Mannes, der aus unterschiedlichen Aufnahmestandpunkten gefilmt wurde, zusammenschneiden. Da der erste Clip keinen Ton enthält, müssen Sie den Clip so plazieren, daß die im Clip gezeigten Fußschritte synchron zu den Schritten im zweiten Clip sind. Die direkteste Methode zum Synchronisieren dieser Clips ist das Einfügen von Marken bei in beiden Clips übereinstimmenden *Events* (Ereignissen).

Sie beginnen mit dem Markieren eines Schrittes in dem Clip, der überlagert wird.

1 Doppelklicken Sie auf den Clip *Feet2.mov* im Projektfenster, um ihn in der Originalansicht anzuzeigen.

2 Schauen Sie sich den Clip an, indem Sie auf die Abspielen-Schaltfläche (▶) klicken.

3 Ziehen Sie den Shuttle-Regler unter der Originalansicht, um den ersten Schritt des rechten Fußes aufzufinden. Suchen Sie dann den ersten Frame, in dem der Absatz den Boden berührt.

Diese Position werden Sie markieren. In Premiere können Sie numerierte und nicht numerierte Marken setzen. Numerierte Marken sind bequem, da Sie schnell von einer zu einer anderen Marke springen können, indem Sie die Strg- (Windows) bzw. Wahltaste (Mac OS) drücken und dann eine Zahl eingeben. Jeder Clip kann bis zu 10 numerierte Marken enthalten.

4 Markieren Sie die Position im Clip, indem Sie **Clip: Marke setzen: 0** wählen. Die Marke wird oben im Bild in der Originalansicht angezeigt.

Sie fügen nun eine Marke in die Zeitleiste ein, indem Sie die Programmansicht des Clips *Feet1.mov* als Anhaltspunkt benutzen.

💡 *Um schnell bestimmte Tonereignisse in einem Audio-Clip zu lokalisieren oder zu synchronisieren, schauen Sie sich den Clip als Audio-Wellenform an. Klicken Sie einfach auf das Dreieck links neben dem Namen der Audiospur. Durch die Ausschläge in der Wellenform werden Sounds bzw. Tonereignisse quasi sichtbar gemacht.*

5 Ziehen Sie den Shuttle-Regler unter der Programmansicht bis an die Stelle, an der Original- und Programmansicht die gleiche Aktion anzeigen (bei 14:11 unter der Programmansicht). Klicken Sie in der Programmansicht auf die »Frame-Vorwärts«- (▶) und »Frame-Rückwärts«-Schaltflächen (◀), um den Frame zu finden, in dem der rechte Absatz erstmalig den Boden berührt. (Sie können dazu auch die linke oder rechte Pfeiltaste auf Ihrer Tastatur benutzen.)

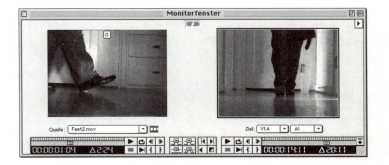

6 Markieren Sie diese Stelle in der Zeitleiste, indem Sie **Clip: Marke setzen: 0** wählen.

Eine Marke erscheint in der Zeitleiste an der Schnittlinie und im Clip in der Programmansicht. Dabei ist es unerheblich, welche Zahl Sie im Menü »Marke einblenden« wählen – die Zahl darf nur nicht bereits in demselben Clip vorkommen. Das Wählen einer bereits im Clip verwendeten Markierungsnummer verschiebt diese Marke an den aktuellen Frame.

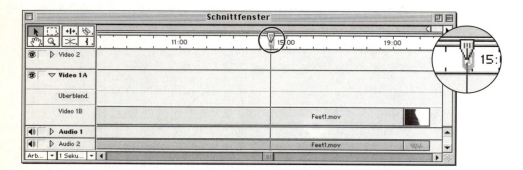

Nun können Sie die beiden Clips synchronisieren, indem Sie die Marken übereinanderbringen. Dazu plazieren Sie den Clip *Feet2.mov* auf die Videospur 1A. Jedes Video in dieser oberen Spur überlagert (verdeckt) Videos in den unteren Spuren, ausgenommen die oberen Spuren wurden mit einer entsprechenden Deckkrafteinstellung versehen. Sie werden nun einen Clip in der Videospur 1A plazieren, um einen Teil des Videos in der Videospur 1B zu überlagern. (Da der Clip in der Videospur 1A keinen Ton haben wird, wird die darunterliegende Audiospur nicht beeinflußt.) Das Resultat ähnelt dem, was unter Verwendung der Überlagern-Schaltfläche (siehe »Trimmen, Einsetzen und Überlagern« auf Seite 137) erzielt werden kann. Ein Vorteil der jetzt verwendeten Methode ist, daß man damit überlagernde Clips einfacher auffinden und plazieren kann.

7 Wählen Sie im Schnittfenster aus dem Einblendmenü für die Zeiteinheiten die Option »1/2 Sekunde«.

8 Ziehen Sie den Clip *Feet2.mov* aus der Originalansicht in die Videospur 1A.

9 Setzen Sie den Zeiger auf die Marke im Clip *Feet2.mov*, und ziehen Sie den Clip, bis dessen Marke an der Schnittlinie (sie kennzeichnet die andere Marke in der Zeitleiste) einrastet.

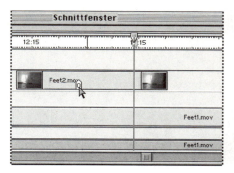 

10 Ziehen Sie die Arbeitsbereichsleiste, so daß sie die Überlagerung abdeckt, und drücken Sie die Eingabetaste für eine Vorschau.

Die Schritte im Clip *Feet2.mov* sollten jetzt synchron zum Ton im Clip *Feet1.mov* sein. Sollten Sie die Marken falsch gesetzt haben, könnten Video und Audio leicht versetzt, d.h. asynchron, abgespielt werden. Das läßt sich jedoch einfach korrigieren.

11 Wenn der Ton der Schritte denen im Bild vor- oder nacheilt, verschieben Sie den Clip *Feet2.mov* entsprechend; prüfen Sie das Ergebnis mit einer Vorschau.

💡 *Um einen Clip frameweise in der Zeitleiste zu verschieben, wählen Sie den Clip aus und drücken die linke oder rechte Pfeiltaste auf der Tastatur, um den Clip in die gewünschte Richtung zu verschieben. Mit jedem Drücken einer Pfeiltaste bewegt sich der Clip um einen Frame.*

12 Wenn Bild und Ton im Clip übereinstimmen, speichern Sie Ihr Projekt.

💡 *Um zu einer numerierten Marke zu springen, halten Sie die Strg- (Windows) bzw. Befehlstaste (Mac OS) gedrückt und geben die entsprechende Zahl über die Tastatur ein.*

Überlagern von Video mit Ton

Sie haben den zweiten Clip mit Schritten plaziert und mit dem Ton synchronisiert. Jetzt können Sie weitere Clips überlagern, die nicht synchronisiert werden müssen und die auch keinen verbundenen Audioteil haben. Sie werden diese Video-Clips in der Video-spur 1A plazieren. Der Ton von *Feet1.mov* wird mit diesen Clips zusammen wiederge-geben (er ist unterlegt).

1 Halten Sie im Projektfenster die Strg- (Windows) bzw. Umschalttaste (Mac OS) gedrückt, und klicken Sie auf *Hall2.mov*, *Man.mov*, *Woman1.mov* und *Woman2.mov*, um die Clips auszuwählen. Ziehen Sie anschließend die Clips in die Originalansicht des Monitorfensters.

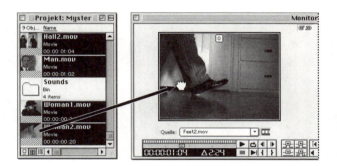

Hinweis: Ein Clip im Schnittfenster kann einen Namen enthalten, der jedoch nicht angezeigt wird, wenn der Clip zu kurz ist oder wenn ein Spurformat gewählt wurde, das keine Namen enthält. Um im Schnittfenster den Namen eines Clips zu sehen, klicken Sie auf die Titelleiste des Schnittfensters, um es zu aktivieren. Falls erforderlich, setzen Sie dann einfach den Zeiger auf den Clip.

2 Wählen Sie aus dem Einblendmenü unter der Originalansicht den Clip *Woman1.mov* aus.

Der Clip erscheint in der Originalansicht.

3 Klicken Sie auf die Abspielen-Schaltfläche (▶), um den Clip anzusehen.

4 Ziehen Sie die Rollbox des Schnittfensters, um die Mitte des Clips *Feet2.mov* anzuzeigen.

5 Ziehen Sie den Clip *Woman1.mov* aus der Originalansicht in die Videospur 1A, so daß er am Anfang des Clips *Feet2.mov* aufhört.

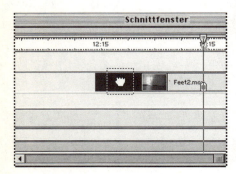 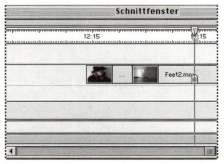

6 Wählen Sie aus dem Einblendmenü unter der Originalansicht den Clip *Woman2.mov* aus, und klicken Sie auf die Abspielen-Schaltfläche, um den Clip anzusehen.

7 Ziehen Sie den Clip *Woman2.mov* aus der Originalansicht in die Videospur 1A, und zwar an das Ende des Clips *Feet2.mov*.

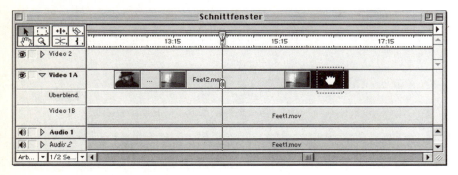

Sie haben nun drei Clips, die Teile von *Feet1.mov* überdecken. Damit einiges von *Feet1.mov* »durchscheint«, wird der nächste Clip so plaziert, daß er einige Sekunden nach dem Ende von *Woman2.mov* beginnt.

8 Wählen Sie im Schnittfenster im Einblendmenü für die Zeiteinheiten die Option »1 Sekunde«.

9 Wählen Sie aus dem Einblendmenü unter der Originalansicht den Clip *Hall2.mov* aus, und klicken Sie auf die Abspielen-Schaltfläche.

10 Ziehen Sie im Schnittfenster die Schnittlinie auf 19:00.

11 Ziehen Sie den Clip *Hall2.mov* in die Videospur 1A, und lassen Sie den Anfang an der Schnittlinie einrasten.

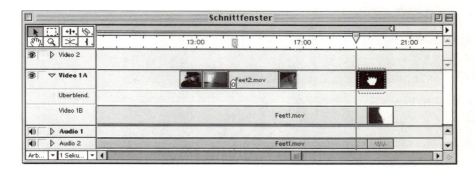

Sie können jetzt den letzten Clip des Videoprogramms einfügen.

12 Wählen Sie aus dem Einblendmenü unter der Originalansicht den Clip *Man.mov*, und klicken Sie auf die Abspielen-Schaltfläche.

13 Ziehen Sie den Clip *Man.mov* in die Videospur 1A an das Ende von *Hall2.mov*.

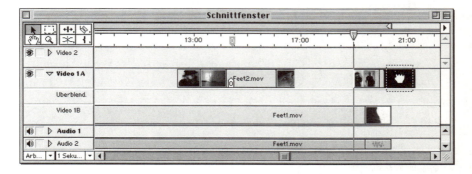

Sie werden sich nun die Vorschau des Gesamtprojekts ansehen.

14 Erweitern Sie die Arbeitsbereichsleiste, so daß sie über das gesamte Projekt reicht, und drücken Sie die Eingabetaste.

15 Um das Schnittfenster aufzuräumen, klicken Sie auf den Pfeil neben der Video-spur 1A, um sie zu reduzieren.

Die Clips in der Videospur sehen so aus, als seien sie allesamt in einer einzelnen Spur plaziert. Sie können jederzeit wieder auf den Pfeil klicken, wenn Sie mit den Clips in den Spuren Video 1A und Video 1B arbeiten wollen.

16 Speichern Sie das Projekt.

Hinzufügen von Audio-Clips

Über den mit der Videoaufnahme mitaufgezeichneten synchronen Ton hinaus können Sie auch separate Audiodateien importieren und hinzufügen. Diese Dateien können Geräusche, Musikstücke oder Effekte enthalten, die Sie selber aufgenommen oder ge-kauft haben. Sie werden in diesem Teil der Lektion einige Audio-Clips mit Musik und Effekten hinzufügen. Die von Ihnen verwendeten Audio-Clips befinden sich in der Arbeitsablage *Sounds* im Projektfenster.

Sie haben bereits früher in dieser Lektion festgestellt, daß ein Hinzufügen von Clips in die Videospur 1A die in der Videospur 1B vorhandenen Clips verdeckt. Wenn Sie jedoch Tonteile auf anderen Spuren hinzufügen, gibt es andere Auswirkungen. Statt die darun-terliegende Audiospur zu verdecken, werden die Tonteile in diesen Spuren gemischt, so daß alle Audiospuren gleichzeitig wiedergegeben werden.

Der erste Sound, den Sie hinzufügen werden, ist ein Effekt, um dem Spot eine be-stimmte Stimmung zu verleihen.

1 Doppelklicken Sie im Projektfenster auf das Symbol der Arbeitsablage *Sounds*.

Die Arbeitsablage wird oben im Projektfenster geöffnet.

2 Doppelklicken Sie auf *Shadow.aif*.

Der Clip wird in der Originalansicht des Monitorfensters geöffnet, dargestellt durch ein Symbol.

3 Klicken Sie auf die Abspielen-Schaltfläche (▶), um den Clip anzuhören.

4 Gehen Sie an den Anfang der Zeitleiste, aktivieren Sie das Schnittfenster, und drücken Sie die Pfeil-nach-oben-Taste der Tastatur.

5 Ziehen Sie die Datei *Shadow.aif* aus der Arbeitsablage *Sounds* in die Audiospur 1, und plazieren Sie den Clip am Anfangspunkt in der Zeitleiste.

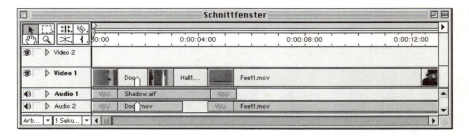

6 Stellen Sie die Arbeitsbereichsleiste so ein, daß Sie über die Dauer der Audio-Clips *Shadow.aif* reicht, und drücken Sie die Eingabetaste.

Der Tonteil des ersten Video-Clips wird zusammen mit dem soeben eingesetzten Audio-Clip wiedergegeben.

Der nächste von Ihnen hinzugefügt Audio-Clip enthält einen Geräuscheffekt. Sie werden diesen Effekt kurz vor der Position einsetzen, an der sich der Mann umdreht, so als würde dies eine Reaktion auf das Geräusch sein.

7 Ziehen Sie die Schnittlinie in der Zeitleiste einige Frames vor die Stelle im Clip *Feet1.mov*, an welcher der Mann beginnt, sich nach rechts zu drehen (ungefähr bei 10:20).

8 Ziehen Sie *Danger.aif* aus der *Sounds*-Ablage in die Audiospur 1, so daß die Schnittlinie ungefähr durch die Mitte dieses Clips geht.

Da das Zeitintervall zwischen dem Effekt und dem sich drehenden Mann kritisch ist (die Reaktion des Mannes muß natürlich wirken), müssen Sie die Position des Sounds genau justieren.

9 Klicken Sie auf den Pfeil neben der Audiospur 1, um sie aufzuklappen bzw. zu vergrößern. Der Sound wird jetzt als Wellenform angezeigt.

10 Ziehen Sie im oberen Bereich von *Danger.aif*, damit die lauteste Passage des Geräuschs (dargestellt mit einem großen Ausschlag in der Wellenform) vor die Schnittlinie kommt, kurz bevor sich der Mann umdreht.

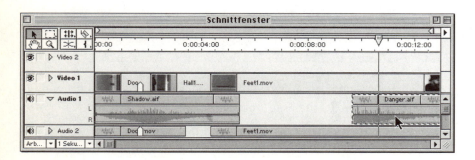

11 Um sich die Arbeit anzusehen, ziehen Sie die Arbeitsbereichsleiste, so daß Sie vom Anfang der Zeitleiste bis über das Ende des gerade eingefügten Audio-Clips hinausreicht, und drücken die Eingabetaste.

Wenn sich der Mann zu früh oder zu spät nach dem Eintreffen des Geräusches umdreht, müssen Sie die Position des Audio-Clips leicht verändern.

12 Um das Schnittfenster übersichtlicher zu machen, klicken Sie auf den Pfeil neben der Audiospur 1, um sie zusammenzuklappen.

Sie werden nun die beiden letzten Toneffekte hinzufügen, indem Sie sie in der Audiospur 3 plazieren. Sie könnten sogar noch mehr Audiospuren hinzufügen (bis zu 99), doch für dieses Projekt ist das nicht erforderlich.

13 Ziehen Sie die Schnittlinie in der Zeitleiste, so daß Sie am Anfang des Clips *Feet1.mov* beginnt.

14 Ziehen Sie *Suspense.aif* aus der *Sounds*-Ablage in die Audiospur 3, und plazieren Sie den Anfang an der Schnittlinie.

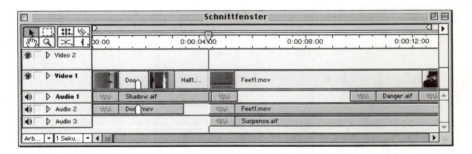

15 Ziehen Sie jetzt *Horror.aif* auf die Audiospur 3, und zwar an das Ende des Clips *Suspense.aif*.

Da alle Tonteile zusammen mit dem letzten Video-Clip aufhören sollen, müssen Sie den Audio-Clip *Horror.aif* trimmen.

16 Setzen Sie den Zeiger auf das Ende des Clips *Horror.aif.* Ziehen Sie anschließend, um den Clip so weit zu trimmen, daß er am Ende des letzten Video-Clips einrastet.

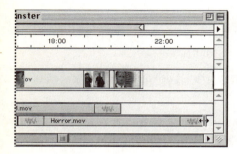 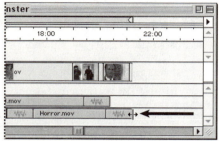

17 Speichern Sie das Projekt.

Ein- und Ausblenden von Audio

In Premiere können Sie Audio ein- und ausblenden, um einen flüssigeren Übergang zwischen Clips zu erzielen. Zuerst werden Sie den Schluß der Audiospur ausblenden, die mit dem Video-Clip *Feet1.mov* verbunden ist.

1 Wählen Sie im Schnittfenster im Einblendmenü für die Zeiteinheiten die Option »1/2 Sekunde«.

2 Klicken Sie im Schnittfenster auf den Pfeil links neben der Audiospur 2, um sie zu vergrößern.

In der Darstellung der Wellenform erkennen Sie eine rote Linie, die *Blendensteuerung*, machmal auch als *Gummiband* bezeichnet. Die rote Linie zur Blendensteuerung erlaubt Ihnen eine präzise Anpassung der Lautstärke an jeder beliebigen Stelle des Clips. Standardmäßig ist die rote Linie eine Gerade, d.h. die Lautstärke ist im gesamten Clip konstant. Ein Griffpunkt markiert Anfang und Ende einer Blende, und durch Ziehen des Griffpunktes nach oben oder nach unten können Sie die Ein- und Ausblendstufe festlegen.

Hinweis: Die blaue Linie, die durch die Wellenform läuft, ist die Tonschwenksteuerung. *Mit ihr können Sie bei einem monophonen Audio-Clip den Ton zwischen dem rechten und linken Stereokanal* schwenken. *Sie werden in dieser Lektion die Tonschwenksteuerung nicht ändern.*

3 Klicken Sie in der Audiospur des Clips *Feet1.mov* auf die Blendensteuerung an dem Punkt, der in der Mitte des Video-Clips *Hall2.mov* liegt.

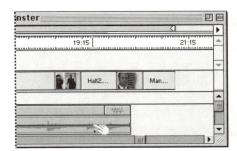 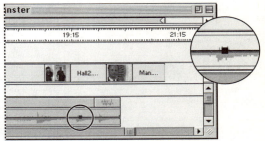

Durch das Klicken wird ein kleines rotes Quadrat – ein *Griffpunkt* – erzeugt. Ein Griffpunkt teilt die Blendensteuerung in sparate Segmente, so daß Sie nur bestimmte Teile einer Tonspur mit einer Blende versehen können. Die Blendensteuerung hat immer an beiden Enden einen Griffpunkt – diesen müssen Sie also nicht extra erstellen.

4 Ziehen Sie am Ende des Audio-Clips den Griffpunkt ganz nach unten.

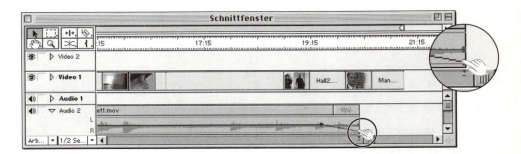

Das Ziehen bewirkt eine Lautstärkeabsenkung ausgehend vom links davor befindlichen Griffpunkt – der Ton wird ausgeblendet. Da Sie den Griffpunkt bis zum unteren Rand gezogen haben, ist an dieser Stelle der Ton überhaupt nicht mehr zu hören.

Der Ton setzt im Clip *Horror.aif* zu abrupt ein, am Ende dagegen soll der Ton etwas aufgeblendet werden, um Spannung zu erzeugen. Für diese Änderungen werden Sie im Tonteil zwei separate Griffpunkte bestimmen.

5 Klicken Sie auf den Pfeil neben der Audiospur 3, um die Spuransicht zu vergrößern.

6 Klicken Sie im Audio-Clip *Horror.aif* etwa 1/2 Sekunde hinter dem In-Point auf die Blendenkontrolle. Ziehen Sie den Griffpunkt beim In-Point ganz nach unten.

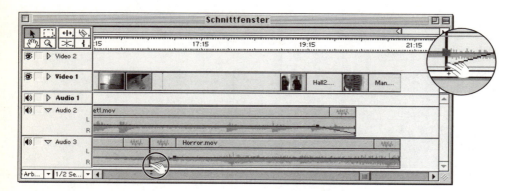

Der Ton wird entsprechend der Kurve eingeblendet. Jetzt werden Sie die Lautstärke langsam anheben.

7 Klicken Sie in der Blendenkontrolle in *Horror.aif* auf die Stelle, die zeitlich mit dem soeben erstellten Griffpunkt in der Audiospur 2 übereinstimmt. Sie erstellen einen weiteren Griffpunkt.

8 Ziehen Sie den Griffpunkt am rechten Ende der Blendensteuerung ganz nach oben, um die Lautstärke am Ende des Clips zu erhöhen.

Die Lautstärke in diesem Audio-Clip wird nun weit aufgeblendet, bleibt zwei Sekunden auf diesem Level und steigt dann bis zum Ende des Clips nochmals an.

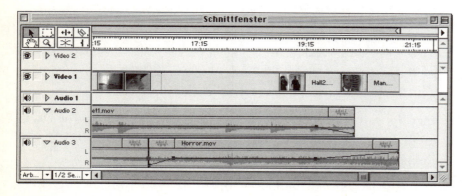

Schauen Sie sich eine Vorschau an.

9 Achten Sie darauf, daß die Arbeitsbereichsleiste über das gesamte Videoprogramm reicht, und drücken Sie die Eingabetaste.

Sie haben bestimmt bemerkt, daß ungefähr in der Mitte des Stücks der Mann einen Namen ruft, die Lautstärke aber zu gering ist, als daß man den Namen klar hören könnte. Sie müssen diesen Teil des Audio-Clips noch etwas verstärken.

10 Ziehen Sie die Schnittlinie durch die Mitte des Videoprogramms, um den Ausruf »Marilyn« im Tonteil des Clips *Feet1.mov* aufzufinden.

11 Klicken Sie auf die Blendensteuerung auf beiden Seiten des Wellenform-Impulses, der das Wort »Marilyn« formt (bei 11:12 und 12:03).

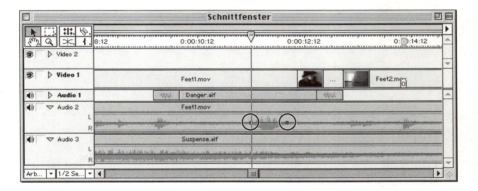

12 Klicken Sie direkt rechts neben dem ersten Griffpunkt, und ziehen Sie nach oben, um einen Griffpunkt in einem Schritt zu erstellen und zu bewegen.

13 Setzen Sie den Zeiger links neben den Griffpunkt am Ende des Impulses. Klicken und ziehen Sie nach oben, um einen Griffpunkt zu erstellen und zu bewegen.

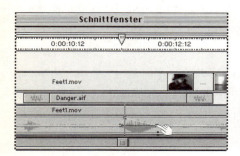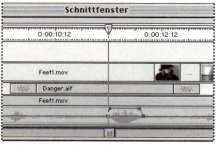

Prüfen Sie die Lautstärke, indem Sie diesen Teil des Projekts abspielen.

14 Achten Sie darauf, daß die Arbeitsbereichsleiste über den gerade geänderten Bereich geht, und drücken Sie die Eingabetaste.

Der Toneffekt, den Sie an der Stelle eingefügt haben, bevor sich der Mann umdreht, ist ein wenig zu laut. Sie werden mit einer neuen Technik die Lautstärke des Clips ändern.

15 Klicken Sie auf den Pfeil neben der Audiospur 1, um sie zu vergrößern.

16 Gehen Sie zu *Danger.aif* in der Audiospur 1. Setzen Sie den Zeiger auf die Blendensteuerung irgendwo zwischen die beiden Griffpunkte. Halten Sie die Umschalttaste gedrückt, und ziehen Sie das Segment so weit nach unten, bis für die Lautstärkeanzeige der Wert –5 db angezeigt wird. Sie können auch außerhalb der Spur ziehen, um die Lautstärke ganz präzise einzustellen.

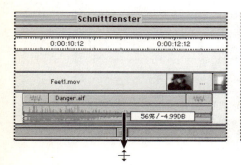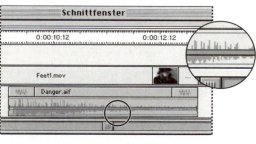

Das gesamte Segment wurde für die Lautstärkeeinstellung verschoben.

17 Achten Sie darauf, daß die Arbeitsbereichsleiste über alle Clips reicht. Drücken Sie die Eingabetaste, um eine Vorschau des gesamten Videoprogramms zu erhalten.

18 Speichern Sie das Projekt.

Exportieren des Films

Sie haben zwar die Bearbeitung abgeschlossen, aber Ihr Videoprogramm besteht noch immer aus verschiedenen Video- und Audiodateien sowie einer Premiere-Projektdatei. Um das Videoprogramm als einzelne Datei weiterverwenden zu können, müssen Sie es als Filmdatei exportieren.

1 Klicken Sie auf **Datei: Exportieren: Film**.

2 Klicken Sie im Dialogfeld auf »Einstellungen«.

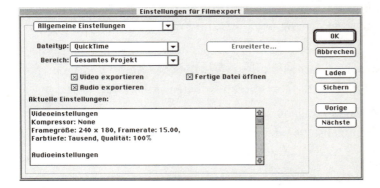

3 Vergewissern Sie sich, das »QuickTime« als Dateityp und »Gesamtes Projekt« für den Bereich gewählt sind.

4 Achten Sie auch darauf, daß die Optionen »Video exportieren« und »Audio exportieren« aktiviert sind. Übernehmen Sie die anderen Einstellungen, die Sie bereits zu Beginn des Projekts festgelegt hatten.

5 Klicken Sie auf OK, um das Dialogfeld »Einstellungen für den Filmexport« zu schließen.

6 Wählen Sie im Dialogfeld für den Filmexport den Ordner *05Lektion*, und geben Sie den Namen **Mystery.mov** für das Videoprogramm ein. Klicken Sie auf »Speichern« (Windows) bzw. OK (Mac OS).

Premiere beginnt mit der Filmerstellung und zeigt eine Statusleiste an, in der die geschätzte Zeitdauer für die Generierung angezeigt wird.

7 Sobald der Film fertig ist, wird er in einem eigenen Fenster geöffnet.

8 Klicken Sie auf die Abspielen-Schaltfläche (▶), und sehen Sie sich den Film an.

Selber ausprobieren

Sie können jetzt mit dem Projekt, das Sie gerade erstellt haben, experimentieren. Dazu einige Vorschläge:

• Versuchen Sie, innerhalb des Projekts numerierte Marken einzufügen. Springen Sie dann zu den Marken, indem Sie bei gedrückter Strg- (Windows) bzw. Befehlstaste (Mac OS) die Nummer der Marke eingeben.

• Wählen Sie im Dialogfeld »Projektfenster-Optionen« unterschiedliche Darstellungen bzw. Ansichten, und schauen Sie sich die Ergebnisse im Projektfenster an.

• Lösen Sie im Clip *Feet1.mov* die Verbindung zwischen dem Audio- und dem Videoteil, trimmen Sie den Videoteil an beiden Enden, versuchen Sie, Audio und Video neu zu synchronisieren, und verbinden Sie abschließend wieder Audio und Video.

• Verwenden Sie die Tastatur-Kurzbefehle, die in der Premiere-Schnellreferenzkarte und in der Premiere-Hilfe aufgelistet sind, um Clips in der Zeitleiste zu verschieben.

Fragen

1 Welchen wichtigsten Vorteil hat eine numeriert Marke gegenüber einer nicht numerierten Marke?

2 Was ist eine Blendenkontrolle, und wofür wird sie verwendet?

3 Welche Aufgabe haben die Griffpunkte in der Blendenkontrolle?

4 Wie können Sie die Wellenform eines Audio-Clips anzeigen lassen?

5 Welche Befehle müßten Sie anwenden, bevor Sie einen Audio-Clip mit einem verbundenen Sound bearbeiten können?

Antworten

1 Sie können auf eine numerierte Marke springen, indem Sie mit gedrückter Strg-Taste (Windows) oder Befehlstaste (Mac OS) die Zahl der gewünschten Marke eingeben.

2 Die Blendenkontrolle verändert die Lautstärke eines Audio-Clips.

3 Griffpunkte auf der Blendenkontrolle erzeugen Segmente, die Ihnen das Ein- und Ausblenden von Ton ermöglichen.

4 Um Tonereignisse in einem Audio-Clip visuell erkennen zu können, müssen Sie zuerst die Spur vergrößern, indem Sie auf den Pfeil links neben der Spurbezeichnung klicken.

5 Wählen Sie *Bearbeiten: Verbindung aufheben*, um die Verbindung zwischen einem Video- und einem Audio-Clip zu lösen. Anschließend können Sie den Audio-Clip bearbeiten.

Lektion 6

Spezielle Bearbeitungstechniken

Wird die Videobearbeitung komplexer, müssen entsprechende Spezialwerkzeuge eingesetzt werden. In dieser Lektion lernen Sie die Werkzeuge und Techniken kennen, die für die Professionalität Ihrer Projekte unverzichtbar sind.

Sie werden einen Teil eines Dokumentarfilms über Glasbläserei überarbeiten. Dabei machen Sie sich mit folgenden Techniken vertraut:

• Dreipunkt- und Vierpunktbearbeitung

• Zielspuren für Audio und Video

• Verbinden, Lösen und Synchronisieren von Video- und Audio-Clips

• Erstellen einer Teilung (L-Schnitt) mit Hilfe des Werkzeugs »Verbindung überschreiben«.

• Schließen einer Lücke mit dem Befehl »Löschen & Lücke schließen«.

Beginnen mit der Lektion

Sie werden für diese Lektion ein vorhandenes Projekt öffnen, bei dem die Clips bereits roh im Schnittfenster zusammengestellt sind. Prüfen Sie, wo sich die für diese Lektion benötigten Dateien befinden. Eventuell müssen Sie auf die Buch-CD-ROM zugreifen. Entsprechende Hinweise finden Sie unter »Verwenden der Classroom-in-a-Book-Dateien« auf Seite 17.

Um sicherzustellen, daß Sie mit den standardmäßigen Premiere-Programmeinstellungen arbeiten, beenden Sie Premiere, um die Vorgabedatei zu löschen. Entsprechende Hinweise finden Sie unter »Wiederherstellen der Standardeinstellungen« auf Seite 18.

1 Doppelklicken Sie auf die Datei *06Lektion.ppj* im Ordner *06Lektion*, um das Projekt in Premiere zu öffnen.

2 Nachdem das Projekt geöffnet ist, wählen Sie **Datei: Speichern unter,** geben **Glas1.ppj** ein und drücken die Eingabetaste.

Ansehen des fertigen Films

Sie können sich den Film, den Sie anschließend erstellen werden, erst einmal als fertige Version ansehen.

1 Wählen Sie **Datei: Öffnen**, und doppelklicken Sie auf die Datei *06Final.mov* im Ordner *Final* innerhalb des Ordners *06Lektion*.

Das Videoprogramm wird in der Originalansicht des Monitorfensters geöffnet.

2 Klicken Sie auf die Abspielen-Schaltfläche (▶), um den Film anzusehen.

Betrachten des zusammengestellten Projekts

Schauen Sie sich das Projekt im Urzustand an, d.h. wie es in der jetzigen Phase zusammengestellt ist. Da in dem Projekt weder Überblendungen, Filter noch andere Effekte eingesetzt wurden, brauchen Sie auch keine Vorschau des Projekts generieren zu lassen.

1 Achten Sie darauf, daß sich die Schnittlinie am Anfang der Zeitleiste befindet. Um die Schnittlinie an den Anfang der Zeitleiste zu bringen, klicken Sie in der Titelleiste des Schnittfensters und drücken die Home-Taste (Windows) bzw. die Nach-Oben-Pfeiltaste (Mac OS).

2 Um das Projekt anzusehen, klicken Sie auf die Abspielen-Schaltfläche (▶) unter der Programmansicht des Monitorfensters.

Das Projekt wird in der Programmansicht abgespielt. Obwohl das Projekt fast wie der fertige Film (*06Final.mov*) aussieht, werden Sie einige kleine Probleme entdecken, die sich aber mit einer zusätzlichen Bearbeitung elegant lösen lassen. Sie arbeiten in dieser Lektion mit einigen Bearbeitungswerkzeugen, die für die Endbearbeitung eines Projekts besonders nützlich sind.

In dieser Lektion geht es hauptsächlich um Bearbeitungstechniken, mit denen die Länge bzw. Dauer eines Projekt und ein Framebereich unverändert beibehalten werden.

Dreipunkt- und Vierpunktbearbeitung

Es gibt Situationen, in denen Sie einen Bereich von Frames im Videoprogramm mit Frames aus einem Originalclip ersetzen wollen. In Premiere ist das mit der Dreipunkt- und Vierpunktbearbeitung möglich, beides Standard-Bearbeitungsverfahren für den Filmschnitt.

Sie haben in den bisherigen Lektionen mit *In- und Out-Points* in den Original-Clips gearbeitet – für den ersten und letzten Frame eines Clips, der einem Videoprogramm hinzugefügt wird. Durch die Möglichkeit, In- und Out-Point jeweils für Original und Programm festzulegen, läßt sich ein Videoprogramm sehr genau bearbeiten. Für die Dreipunkt- und Vierpunktbearbeitung müssen Sie sowohl im Original als auch im Programm In- und Out-Points festlegen.

Dreipunktbearbeitung: Verwenden Sie die Dreipunktbearbeitung, wenn mindestens ein Endpunkt (In oder Out) des zu ersetzenden Original- oder Programmaterials unkritisch ist. Sie müssen nur drei Points (Punkte) festlegen, und die Bereiche müssen nicht von gleicher Länge bzw. Dauer sein. Premiere trimmt automatisch den nicht gesetzten Point, so daß Original- und Programmaterial dieselbe Länge haben. Diese Methode wird mit *Dreipunktbearbeitung* bezeichnet, da Sie drei Punkte festlegen müssen: den In- und Out-Point im Programmaterial, das ersetzt werden soll, und den In-Point im Originalmaterial, das statt dessen eingesetzt werden soll.

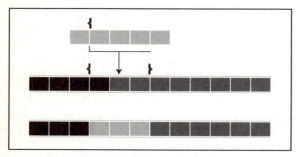

In einer Dreipunktbearbeitung setzen Sie drei Points;
der vierte Point wird von Premiere gesetzt

Vierpunktbearbeitung: Verwenden Sie die Vierpunktbearbeitung, wenn Sie einen Framebereich im Programm durch einen Framebereich derselben Dauer bzw. Länge der Originaldatei ersetzen wollen. Bei dieser Methode müssen Sie In- und Out-Points sowohl im Original- als auch im Programmaterial festlegen.

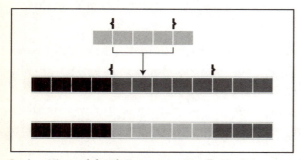

In einer Vierpunktbearbeitung setzen Sie alle vier Points.
Wenn Original- und Programmaterial von unterschiedlicher Länge
sind, kann Premiere das Originalmaterial anpassen (siehe oben)

Stimmt die Länge des ausgewählten Originalmaterials exakt mit der Länge des zu ersetzenden Materials überein, bietet Ihnen Premiere je nach Situation zwei Alternativen für das Ersetzen an: *Ausfüllend einpassen* oder *Urspungsdatei trimmen.* Wenn Sie »Ausfüllend einpassen« wählen, werden Länge und Geschwindigkeit der Originalframes so geändert, daß eine Übereinstimmung mit den zu ersetzenden Frames erzielt wird. Wenn Sie »Ursprungsdatei trimmen« wählen, verändert Premiere den Out-Point der Originalframes – im Grunde genommen wird in dieser Situation eine Dreipunkt- anstatt einer Vierpunktbearbeitung durchgeführt.

In der nächsten Übung werden Sie eine Dreipunktbearbeitung ausführen.

Ausführen einer Dreipunktbearbeitung

Sie verwenden die Dreipunktbearbeitung, um eine Szene mit verbundenem Sound (*Talk.mov*) zu überlagern, der Teile von *Shape.mov* und *Heat-1.mov* innerhalb des Videoprogramms ersetzt. Während dieser Bearbeitung entfernen Sie einige unerwünschte Kamerabewegungen am Anfang von *Talk.mov*. Zuerst öffnen Sie den Original-Clip in der Originalansicht, um ihn anzusehen.

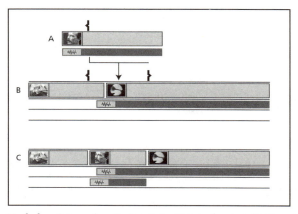

Nach dem Setzen eines In-Points im Originalmaterial (A) und eines In- und Out-Points im Programm (B) überlagern Sie das Programm (C) mit dem Originalmaterial

1 Verwenden Sie in der Navigatorpalette die Auszoomen-Schaltfläche ( ) oder die Einzoomen-Schaltfläche ( ), um im Einblendmenü für die Zeiteinheiten (im Schnittfenster) die Einheit »1 Sekunde« zu wählen.

 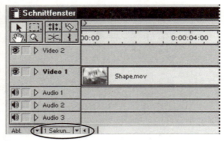

2 Doppelklicken Sie im Projektfenster auf *Talk.mov*, um den Clip in der Originalansicht des Monitorfensters zu öffnen.

3 Schauen Sie sich den Clip an, indem Sie auf die Abspielen-Schaltfläche klicken. Beachten Sie die Kamerabewegung am Anfang des Clips.

Sie setzen nun den In-Point in **Talk.mov**, um die Kamerabewegung zu entfernen.

4 Doppelklicken Sie unter der Originalansicht auf den Timecode für die aktuelle Position des Clips (die links angezeigten Zahlen), geben Sie **516** ein, und drücken Sie die Eingabetaste.

5 Klicken Sie auf die In-Schaltfläche ( ), um den In-Point für den Original-Clip *Talk.mov* zu setzen.

Sie legen nun fest, wo dieser Clip im Programm plaziert werden soll. Dazu setzen Sie den Programm-In-Point innerhalb von *Shape.mov* und den Programm-Out-Point innerhalb von *Heat-1.mov*.

6 Ziehen Sie in der Navigatorpalette den grünen Rahmen ganz nach links, so daß im Schnittfenster die beiden ersten Clips angezeigt werden.

7 Doppelklicken Sie in der Programmansicht auf den Timecode für die aktuelle Position, um ihn hervorzuheben; eventuell müssen Sie vorher in der Programmansicht klicken. Geben Sie **625** ein, und drücken Sie die Eingabetaste.

8 Klicken Sie in der Programmansicht auf die In-Schaltfläche (**ᵴ**), um den In-Point zu setzen. Ein In-Point-Symbol erscheint auf der Zeitleiste im Schnittfenster und im Shuttle-Regler der Programmansicht.

9 Doppelklicken Sie in der Programmansicht auf den Timecode für die aktuelle Position, und geben Sie **1018** ein; drücken Sie anschließend die Eingabetaste.

10 Klicken Sie auf die Out-Schaltfläche (**ᵴ**), um den Out-Point in der Programmansicht zu setzen. Ein Out-Point-Symbol erscheint auf der Zeitleiste im Schnittfenster und im Shuttle-Regler der Programmansicht.

An diesem Punkt sollte der Timecode für die Programmdauer (Δ) den Wert 3:23 anzeigen, der in der Programmansicht die Dauer vom Programm-In-Point bis zum Programm-Out-Point angibt.

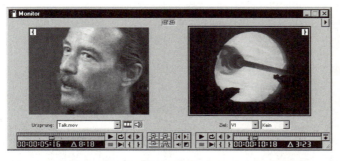

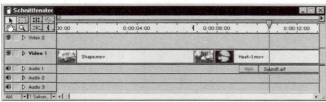

Wann immer Sie einen Clip mit Hilfe der Tastatur oder über die Steuerungen des Monitorfensters in das Schnittfenster einfügen (was Sie gerade tun), müssen Sie Premiere mitteilen, welche Spuren Sie verwenden wollen. Dazu benutzen Sie die Ziel-Steuerelemente direkt unter der Original- und Programmansicht. Da bereits eine Sound-Datei auf der Audiospur 1 vorhanden ist, müssen Sie das Programm auffordern, den Audio-Clip *Talk.mov* in die Audiospur 2 einzufügen, damit der Clip die Audiospur 1 nicht stört.

11 Wählen Sie unter der Programmansicht im Monitorfenster »A2« für »Ziel«.

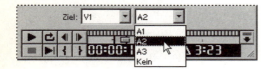

Da Sie nun einen In-Point in der Quelle bzw. im Originalmaterial und einen In- und Out-Point im Programm (also drei Points) gesetzt und die Zielspuren für Ihre Bearbeitungen festgelegt haben, können Sie das Programmmaterial durch das Originalmaterial ersetzen.

12 Klicken Sie im Monitorfenster auf die Überlagern-Schaltfläche (⊟).

Der in *Shape.mov* und *Heat-1.mov* markierte Framebereich wird durch einen Framebereich gleicher Länge aus **Talk.mov** ersetzt.

13 Speichern Sie das Projekt.

Verbinden und Verbindung auflösen von Clips

In Premiere können Sie einen Video- mit einem Audio-Clip verbinden, was dann nützlich ist, wenn Sie nicht verbundene Spuren gemeinsam bewegen wollen. Eine derartige Verbindung wird mit *Weiche Verbindung* bezeichnet. Der mit einem Camcorder aufgezeichnete Ton kann in Premiere aufgenommen und in ein Premiere-Projekt importiert werden, wobei der Video- und Audioteil automatisch verbunden werden. Diese Verbindung wird mit *Harte Verbindung* bezeichnet.

Angeben der Original-Clips und der Zielspuren

Wenn Sie Clips mit der Maus auf das Schnittfenster ziehen, wird der Clip der Spur und Zeitposition hinzugefügt, auf die Sie ihn gezogen haben. Werden zum Einfügen von Clips im Schnittfenster jedoch die Schaltflächen und Steuerelemente des Monitorfensters oder die entsprechenden Tastaturbefehle verwendet, weiß Premiere nicht, wie und wo der Clip erscheinen soll. In diesem Fall müssen Sie vorher festlegen, auf welche Art und Weise neue Video- und Audioinformationen in das Schnittfenster eingefügt werden sollen. Standardmäßig werden sowohl die Audio- als auch die Videoinformationen des Original-Clips hinzugefügt. Im Schnittfenster sind die Spuren Video 1A und Audio 1 die standardmäßigen Zielspuren. Die Bezeichnungen der aktuellen Ziel-Video- und Audiospuren werden im Schnittfenster fett dargestellt. Zur Festlegung der Art und Weise, in der die Video- und Audioinformationen des Original-Clips in das Schnittfenster eingefügt werden, stehen Ihnen die Aufnahmesymbole und die Menüs unter »Ziel« zur Verfügung:

•Die Symbole für Aufname: Video(□□) und Aufnahme: Audio (◀)))steuern die Original-Clips. Sie verhindern, daß eine bestimmte Video- oder Audiospur des Original-Clips in das Schnittfenster übernommen wird. Wenn z.B. ein Clip Videoinformationen enthält, die nicht verwendet werden sollen, können Sie festlegen, daß aus dem Original-Clip nur die Audioinformationen in das Schnittfenster übernommen werden sollen.

•Die Zielmenüs für Video- und Audiospuren steuern das Videoprogramm im Schnittfenster. Mit ihnen kann festgelegt werden, auf welcher Video- bzw. Audiospur des Schnittfensters die Video- oder Audioinformationen des Original-Clips eingefügt werden sollen. Dabei ist es möglich zu bestimmen, daß für entweder Video oder Audio keine Spur im Schnittfenster als Zielspur zur Verfügung stehen soll. Wenn Sie also z.B. einen Rohschnitt eines Musikvideos anfertigen und als einzige Audioinformation nur ein Musik-Clip verwendet werden soll, der nichts mit Ihren Video-Clips zu tun hat, können Sie festlegen, daß keine Audiospur als Zielspur zur Verfügung stehen soll, so daß Ihr Programm keine Audiospur aus den ursprünglichen Video-Clips enthält. In diesem Beispiel werden dem Programm keine Audioinformationen hinzugefügt, ganz gleich, was Sie mit Hilfe der Aufnahmesymbole für den Original-Clip festgelegt haben. Dasselbe gilt auch für die Übernahme von Informationen auf die Videospuren.

•Um vorhersehbare Ergebnisse zu erzielen, sollten Sie nach Fällen Ausschau halten, in denen die Zielspuren im Vergleich zu den Einstellungen für die Video- und Audioinformationen des Originals keinen Sinn ergeben. Wenn Sie z.B. »Aufnahme: Video« aktivieren, gleichzeitig aber »Aufnahme: Audio« für den Original-Clip deaktivieren, obwohl die Spuren im Schnittfenster für die Aufnahme von sowohl Video- als auch Audioinformationen eingestellt sind, werden die Videoinformationen wie erwartet auf die Ziel-Videospur übernommen; anstelle der Audioinformationen des Original-Clips erscheint dagegen auf der Ziel-Audiospur nur ein Leerraum, dessen Länge von der Dauer des Original-Clips abhängt. Das liegt daran, daß bei der Übernahme der Informationen eines Original-Clips auf eine Spur immer die gesamte Dauer des Original-Clips übernommen wird, selbst wenn die entsprechenden Video- und Audioinformationen für die Zielspur nicht zur Verfügung stehen. Wenn Sie den Leerraum auf der Audiospur nicht wollen, legen Sie keine Ziel-Audiospuren fest.

Aus dem Adobe Premiere 5.0 Handbuch, Kapitel 4

Das Auflösen einer Verbindung bietet sich an, wenn Sie In- oder Out-Points unabhängig voneinander ändern wollen. Sie haben in der vorherigen Lektion mit dieser Technik einen L-Schnitt erstellt (siehe »Ausführen eines L-Schnitts« auf Seite 185). Sie können eine Verbindung auch nur kurzzeitig aufheben, um Clips zu bearbeiten, ohne jedoch die Verbindung aufzulösen.

Sie führen in dieser Übung drei verschiedene Aufgaben aus. Zuerst verbinden Sie einen Video-Clip weich mit einem Audio-Clip. Anschließend werden Sie hart verbundene Clips neu synchronisieren. Schließlich verwenden Sie das Werkzeug »Verbindung überschreiben«, um eine *Teilung* (L-Schnitt bzw. Split Edit) zu erstellen. Die Teilung ist eine übliche Bearbeitungstechnik und enthält Ton, der vor dem zugehörigen oder verbundenen Video beginnt.

Verbinden von Clips

Sie beginnen, indem Sie einen Audio-Clip an einem Video-Clip ausrichten. Anschließend verbinden Sie die beiden Clips. Der Ton in *Music.aif* soll am Anfang von *Oven.mov* einsetzen.

Um schnell geöffnete Paletten ein- oder auszublenden, drücken Sie die Tabulatortaste.

1 Verwenden Sie in der Navigatorpalette die Einzoomen- (⌃) oder die Auszoomen-Schaltfläche (⌄), um im Einblendmenü für die Zeiteinheiten (im Schnittfenster) die Option »2 Sekunden« zu wählen. Rollen Sie das Schnittfenster ganz an den Anfang.

2 Klicken Sie im Monitorfenster auf die »Nächstes Edit«-Schaltfläche (▶|), bis sich die Schnittlinie an den Anfang von *Oven.mov* bewegt.

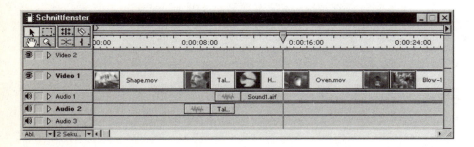

3 Ziehen Sie *Music.aif* aus dem Projektfenster in die Audiospur 2, so daß dieser Clip an der Schnittlinie am Anfang von *Oven.mov* einrastet.

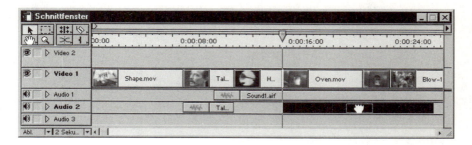

4 Wählen Sie im Schnittfenster das Werkzeug »Weiche Verbindung«.

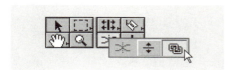

5 Klicken Sie auf *Oven.mov*. Setzen Sie den Zeiger auf *Music.aif* – der Zeiger ändert sich in das Werkzeug »Weiche Verbindung« (🔁) –, und klicken Sie.

Oven.mov und *Music.aif* blinken, was darauf hinweist, daß die beiden Clips verbunden sind. Sie werden die Auswirkung des Verbindens in der folgenden Übung noch deutlicher erkennen.

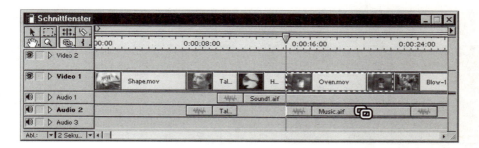

💡 *Es gibt einen Tastatur-Kurzbefehl, um Clips ohne das Werkzeug »Weiche Verbindung« zu verbinden. Klicken Sie zuerst auf den einen Clip, halten Sie dann die Umschalttaste gedrückt, und klicken Sie auf den anderen Clip. Dieser Kurzbefehl funktioniert nur, wenn das Auswahlwerkzeug ausgewählt ist.*

6 Wählen Sie im Schnittfenster das Auswahlwerkzeug (▶).

Hinweis: *Um unbeabsichtigte Bearbeitungen (Edits) zu vermeiden, sollten Sie jedes Werkzeug (ausgenommen das Auswahlwerkzeug) nach Gebrauch abwählen. Die einfachste Möglichkeit für eine Abwahl ist die Wahl des Auswahlwerkzeugs.*

Die Aktion in den gerade verbundenen Clips findet am Beginn der Szene statt, wo mit dem Anfertigen der Glasschüssel begonnen wird. Lassen Sie uns also die Clips neu positionieren.

7 Ziehen Sie in der Navigatorpalette den grünen Rahmen ganz nach links, so daß der erste Clip vollständig zu sehen ist.

Sie wollen die *Oven.mov*-Szene verschieben; sie ist mit dem Tonteil (*Music.aif*) verknüpft, der am Anfang des Clips beginnt. Da auf der Audiospur 2 nicht genügend Platz für *Music.aif* vorhanden ist, müssen Sie den Tonteil auf eine andere Spur verschieben. Dazu legen Sie im Ziel-Menü fest, auf welcher Spur *Music.aif* hinzugefügt werden soll, wenn der Clip *Oven.mov* an eine andere Stelle bewegt wird.

8 Wählen Sie im Einblendmenü unter der Programmansicht des Monitorfensters die Spur »A3« als Ziel.

9 Ziehen Sie im Schnittfenster den Clip *Oven.mov* an den Projektanfang.

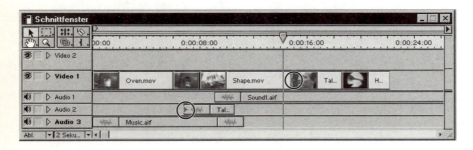

Der verbundene Audioteil verschiebt sich zusammen mit *Oven.mov* – jedoch auf der Audiospur 3. Aber schauen Sie sich an, was passiert ist: *Talk.mov* wurde so verschoben, daß er nicht mehr synchronisiert ist. Diese *Out-Of-Sync*-Bedingung wird durch die roten Dreiecke am Anfang der jeweiligen Clips angezeigt. Machen Sie sich keine Gedanken über die Lücke, die durch das Bewegen des Clips *Oven.mov* entstanden ist – in der nächsten Übung werden Sie Video und Audio von *Talk.mov* wieder synchronisieren.

10 Speichern Sie das Projekt.

Synchronisieren verbundener Clips

Bei hart verbundenen Clips (Video-Clips, die mit verbundenem Audio in ein Projekt importiert wurden), speichert Premiere die Information für die Synchronisation und versucht, diese Clips entsprechend synchron zu halten. Allerdings gibt es Situationen, in denen während der Bearbeitung die Synchronisation bei hart verbundenen Clips unbeabsichtigt aufgehoben wird. Wenn das passiert, können die betroffenen Clips einfach neu synchronisiert werden.

Sie werden Video und Audio von *Talk.mov* neu synchronisieren; beide Teile sind hart verbunden. Die Clips hatten ihre Synchronisation verloren, als Sie *Oven.mov* in der letzten Übung verschoben haben. Der Videoteil von *Talk.mov* befindet sich fest zwischen *Shape.mov* und *Heat-1.mov* – Sie müssen also den Audioteil verschieben, um *Talk.mov* wieder zu synchronisieren. Premiere bietet eine einfache und präzise Möglichkeit, um dieses Problem zu lösen.

1 Setzen Sie den Zeiger auf das rote Dreieck im Audioteil von *Talk.mov*; der Zeiger wird rot. Halten Sie die Maustaste gedrückt.

Neben dem Dreieck öffnet sich ein Feld, in dem der Timecode-Unterschied zwischen Video und Audio angezeigt wird.

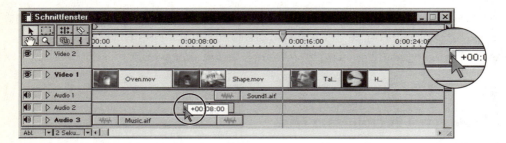

2 Halten Sie die Maustaste weiter gedrückt, und bewegen Sie den Zeiger in das Feld, so daß es hervorgehoben wird. Lassen Sie nun die Maustaste los.

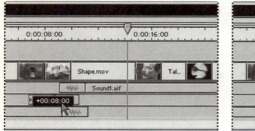 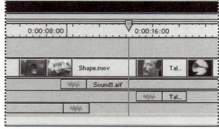

Der Audioteil von *Talk.mov* ist wieder mit dem Videoteil synchronisiert, und die roten Dreiecke werden nicht mehr angezeigt. Sie werden die Synchronisation von Video und Audio prüfen, indem Sie eine Vorschau von *Talk.mov* erstellen.

💡 *Um den Anfang der Arbeitsbereichsleiste zu bestimmen, halten Sie Strg+Umschalt (Windows) bzw. Befehl+Umschalt (Mac OS) gedrückt und klicken unmittelbar unter der Titelleiste des Schnittfensters. Um das Ende der Arbeitsbereichsleiste zu bestimmen, halten Sie Strg+Alt (Windows) bzw. Befehl+Wahl (Mac OS) gedrückt und klicken unmittelbar unter der Titelleiste des Schnittfensters.*

3 Stellen Sie die Arbeitsbereichsleiste so ein, daß sie über *Talk.mov* reicht, und drücken Sie die Eingabetaste für eine Vorschau. Sie können die korrekte Synchronisation der Clips daran erkennen, daß sich die Lippen des Mannes synchron zum Ton bewegen.

Der Ton endet allerdings zu früh, da Sie beim früheren Trimmen der Clips auch den Audioteil getrimmt haben. In der nächsten Übung wird die vollständige Toninformation wiederhergestellt.

4 Speichern Sie das Projekt.

Erstellen einer Teilung

In Lektion 5, »Hinzufügen von Audio«, haben Sie eine *Teilung* (Split Edit) erstellt. Mit diesem *L-Schnitt* haben Sie die Verbindung zwischen Audio und Video gelöst. Sie werden nun eine neue Technik für den L-Schnitt bzw. die Teilung verwenden, indem Sie unter Verwendung des Werkzeugs »Verbindung überschreiben« die Verbindung temporär lösen. Sie weiten mit diesem L-Schnitt den Tonteil vor und nach dem Video-Clip aus, mit dem der Ton synchronisiert ist.

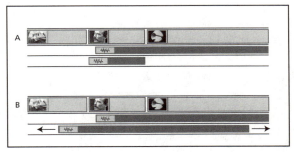

Vor (A) und nach (B) Ausweiten des getrimmten Audioteils
auf die beiden angrenzenden Video-Clips

1 Klicken Sie in der Navigatorpalette auf eine Zoom-Schaltfläche, um im Einblendmenü für die Zeiteinheiten (im Schnittfenster) die Option »4 Sekunden« zu wählen.

2 Wählen Sie im Schnittfenster das Werkzeug »Verbindung überschreiben«.

Sie können mit Hilfe dieses Werkzeugs einen Audio-Clip unabhängig vom verbundenen Video-Clip bearbeiten. Sie werden jetzt den beim Bearbeiten abgeschnittenen Tonteil wiederherstellen.

3 Setzen Sie den Zeiger in der Audiospur 2 auf das linke Ende des Tonteils von *Talk.mov*, und erweitern Sie den Clip, indem Sie möglichst weit nach links ziehen.

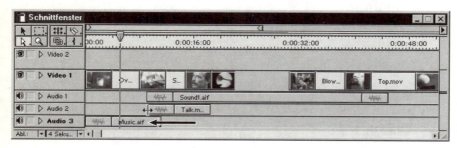

4 Setzen Sie den Zeiger auf das rechte Ende des Tonteils von *Talk.mov*, und erweitern Sie den Clip, indem Sie möglichst weit nach rechts ziehen.

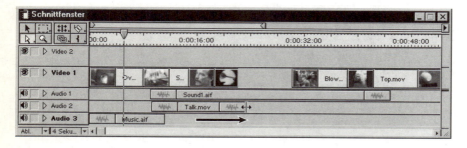

5 Wählen Sie im Schnittfenster das Auswahl-Werkzeug (⬉), um das Werkzeug »Verbindung überschreiben« abzuwählen.

6 Speichern Sie das Projekt.

Schließen von Lücken mit dem Befehl »Löschen & Lücke schließen«

Weiter vorne in dieser Lektion haben Sie *Oven.mov* verschoben und eine Lücke in der Videospur zwischen *Heat-1.mov* und *Blow-2.mov* hinterlassen. Sie werden nun mit dem Befehl »Löschen & Lücke schließen« diese Lücke entfernen. Der Befehl entfernt eine ausgewählte Lücke, indem alle Clips rechts der Lücke entsprechend verschoben werden. Anders als mit dem Werkzeug »Löschen & Lücke schließen« müssen Sie mit dem Befehl entweder eine Lücke oder einen oder mehrere Clips im Schnittfenster auswählen, bevor Sie den Befehl anwenden können.

Wichtig ist, daß Sie den Befehl »Löschen & Lücke schließen« entweder auf einen oder auf mehrere Clips oder eine Lücke anwenden können. Sie können den Befehl nicht benutzen, um einen mit In- und Out-Points markieren Framebereich zu löschen – dafür verwenden Sie die Extrahieren-Schaltfläche (siehe nächste Lektion). Der Befehl »Löschen & Lücke schließen« hat keinen Einfluß auf Clips in geschützten Spuren.

Da der Ton in den Spuren Audio 1 und Audio 2 in den Programmteil hineinreicht, auf den der Befehl »Löschen & Lücke schließen« angewendet werden soll, müssen Sie die Audiospuren schützen. Das Schützen einer Spur verhindert so lange Änderungen, bis der Schutz wieder aufgehoben wird.

1 Klicken Sie in das Feld neben dem Lautsprechersymbol links neben der Audiospur 1. Wiederholen Sie das gleiche für die Audiospur 2.

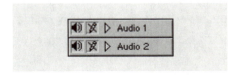

2 Wählen Sie im Schnittfenster die Lücke zwischen *Heat1.mov* und *Blow-1.mov* aus.

3 Wählen Sie **Bearbeiten: Löschen & Lücke schließen**.

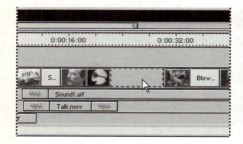 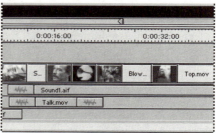

Die Lücke ist nun geschlossen, und *Blow-1.mov* schließt direkt an *Heat-1.mov* an.

4 Drücken Sie die Alt- bzw. Wahltaste, und klicken Sie unmittelbar unter der Titelleiste des Schnittfensters, um die Arbeitsbereichsleiste auf alle Clips auszudehnen. Drücken Sie anschließend die Eingabetaste, um sich Ihre Arbeit anzusehen. Speichern Sie das Projekt.

Exportieren des Films

Da Sie die Bearbeitung des Films abgeschlossen haben, kann jetzt eine Filmdatei generiert werden.

1 Falls Sie die Audio-Vorschau im Verlauf dieser Lektion ausgeschaltet haben, müssen Sie sie wieder einschalten. Klicken Sie ganz links außen neben den einzelnen Audiospuren, damit das Lautsprechersymbol (🔊) – sofern nicht vorhanden – wieder angezeigt wird.

2 Wählen Sie **Datei: Exportieren: Film**.

3 Klicken Sie im Dialogfeld auf »Einstellungen«.

4 Vergewissern Sie sich, daß »QuickTime« als Dateityp und »Gesamtes Projekt« für den Bereich gewählt sind.

5 Achten Sie auch darauf, daß die Optionen »Video exportieren« und »Audio exportieren« aktiviert sind. Übernehmen Sie die anderen Einstellungen.

6 Klicken Sie auf OK, um das Dialogfeld »Einstellungen für den Filmexport« zu schließen.

7 Wählen Sie im Dialogfeld für den Filmexport den Ordner *06Lektionen*, und geben Sie den Namen **Glas1.mov** für den Film ein. Klicken Sie auf »Speichern« (Windows) bzw. OK (Mac OS).

Premiere beginnt mit der Filmerstellung und zeigt eine Statusleiste an, in welcher der Fortschritt und die geschätzte Zeitdauer für die Generierung angezeigt werden.

8 Sobald der Film fertig ist, wird er in der Originalansicht des Monitorfensters geöffnet.

9 Klicken Sie auf die Abspielen-Schaltfläche, und sehen Sie sich den Film an.

Selber ausprobieren

Sie können nun mit dem Projekt, das Sie gerade erstellt haben, experimentieren. Dazu einige Vorschläge:

• Bewegen Sie die Schnittlinie des Schnittfensters, indem Sie die Umschalttaste gedrückt halten und in der Navigatorpalette die rote Linie (sie repräsentiert die Schnittlinie) ziehen.

• Führen Sie eine Vierpunktbearbeitung aus, in der das Originalmaterial kürzer als das Programmaterial ist. Experimentieren Sie mit den Optionen, die Premiere für eine abschließende Feinbearbeitung eines Programms zur Verfügung stellt.

Fragen

1 In welchen zwei Premiere-Fenstern (neben dem Schnittfenster) können Sie die Schnittlinie bewegen?

2 Worin liegt der Vorteil einer Dreipunktbearbeitung?

3 Welches Werkzeug benötigen Sie, um verbundene Video- und Audio-Clips unabhängig voneinander zu bearbeiten, ohne dabei die vorhandene Verbindung aufzuheben?

4 Auf welche Weise lassen sich ungewollte Bearbeitungen verhindern?

Antworten

1 Sie können die Schnittlinie über entsprechende Schaltflächen im Monitorfenster und in der Navigatorpalette durch Drücken der Umschalttaste und gleichzeitiges Ziehen bewegen.

2 Bei einer Dreipunktbearbeitung trimmt Premiere den nicht festgelegten Point.

3 Das Werkzeug »Verbindung überschreiben« löst eine Verbindung temporär.

4 Die Abwahl eines Werkzeugs verhindert dessen unbeabsichtigte Anwendung. Das Schützen von Spuren ist eine andere Möglichkeit, um ungewollte Bearbeitungen zu verhindern.

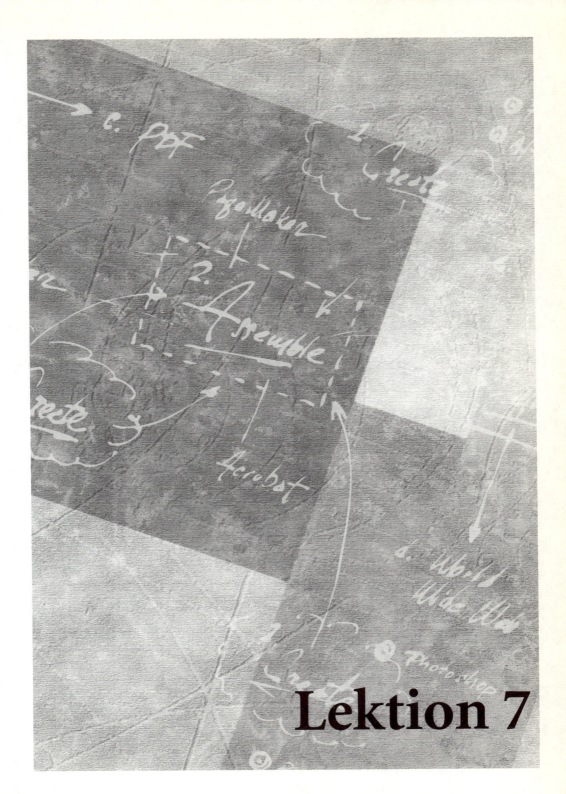

Lektion 7

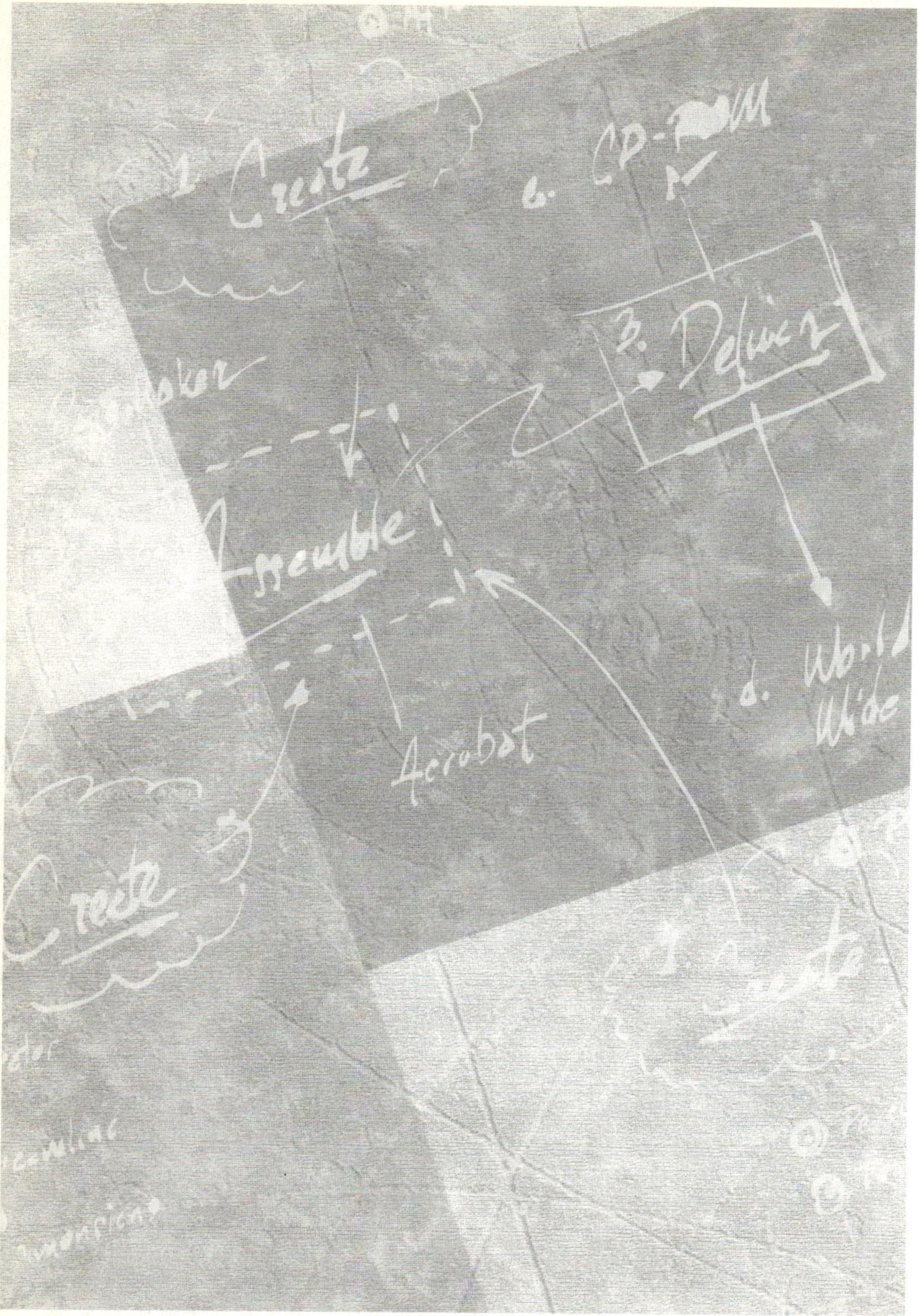
1. Create
3. Deliver
Acrobat
Create

Fortgeschrittene Bearbeitungstechniken

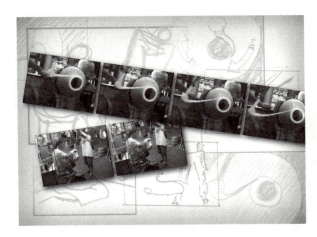

Einem Projekt den letzten Schliff zu geben bedeutet, die Bearbeitungen zu verfeinern und dabei die Länge der einzelnen Clips und des Gesamtprogramms beizubehalten. Die in dieser Lektion besprochenen Techniken helfen Ihnen, einem Projekt den ultimativen »Kick« zu geben.

Sie werden die Einführung für eine Dokumentation über Glasbläserei vervollständigen. Das Projekt aus Lektion 6 soll in der Endversion die Länge von 60 Sekunden haben. Beim Bearbeiten werden Sie sich mit folgenden Techniken vertraut machen:

• Entfernen von Frames mit der Extrahieren- und Herausnehmen-Schaltfläche

• Einfügen eines Clips mit dem Befehl »Speziell einfügen«

• Verwenden des Unterschieben- und Verschieben-Werkzeugs für Edits

• Bearbeiten im Trimmen-Modus

• Ändern der Framerate eines Clips

Beginnen mit der Lektion

Sie werden für diese Lektion ein vorhandenes Projekt mit den bereits importierten Dateien öffnen. Prüfen Sie, wo sich die für diese Lektion benötigten Dateien befinden. Eventuell müssen Sie auf die Buch-CD-ROM zugreifen. Entsprechende Hinweise finden Sie unter »Verwenden der Classroom-in-a-Book-Dateien« auf Seite 17.

Um sicherzustellen, daß Sie mit den standardmäßigen Premiere-Programmeinstellungen arbeiten, beenden Sie Premiere, um die Vorgabedatei zu löschen. Entsprechende Hinweise finden Sie unter »Wiederherstellen der Standardeinstellungen« auf Seite 18.

1 Doppelklicken Sie auf die Datei *07Lesson.ppj* im Ordner *07Lektionen*, um das Projekt in Premiere zu öffnen.

2 Nachdem das Projekt geöffnet ist, wählen Sie **Datei: Speichern unter**, öffnen den Lektionen-Ordner auf Ihrer Festplatte, geben **Glas2.ppj** ein und drücken die Eingabetaste.

Ansehen des fertigen Films

Sie können sich den Film, den Sie anschließend erstellen werden, erst einmal als fertige Version ansehen.

1 Wählen Sie **Datei: Öffnen**, und doppelklicken Sie auf die Datei *07Final.mov* im Ordner *Final* innerhalb des Ordners *07Lektion*.

Das Videoprogramm wird in der Originalansicht des Monitorfensters geöffnet.

2 Klicken Sie auf die Abspielen-Schaltfläche (▶), um den Film anzusehen.

Betrachten des zusammengestellten Projekts

Schauen Sie sich das Projekt im Urzustand an, d.h. wie es in der jetzigen Phase zusammengestellt ist. Da in dem Projekt weder Überblendungen, Filter noch andere Effekte eingesetzt wurden, brauchen Sie auch keine Vorschau des Projekts generieren zu lassen.

Hinweis: Dieses Projekt ist eine Fortsetzung des Projekts, mit dem Sie in Lektion 6, »Spezielle Bearbeitungstechniken«, gearbeitet haben. Das gerade geöffnete Projekt beinhaltet die in dieser Lektion ausgeführten Aufgaben. Zusätzlich wurden einige Clips dem Ende des Projekts hinzugefügt.

1 Achten Sie darauf, daß sich die Schnittlinie am Anfang der Zeitleiste befindet. Um die Schnittlinie an den Anfang der Zeitleiste zu bringen, klicken Sie in der Titelleiste des Schnittfensters und drücken die Home-Taste (Windows) bzw. die Nach-Oben-Pfeiltaste (Mac OS).

2 Um das Projekt anzusehen, klicken Sie auf die Abspielen-Schaltfläche (▶) unter der Programmansicht des Monitorfensters.

Das Projekt wird in der Programmansicht abgespielt. Obwohl das Projekt fast wie der fertige Film aussieht, können Sie einige kleine Probleme entdecken, die mit einer zusätzlichen Bearbeitung noch gelöst werden müssen, wie die Korrektur eines Schnitts, an dem die Aktion nicht synchronisiert ist. Sie werden noch weitere Änderungen durchführen, wie z.B. eine Nahaufnahme (Close-up) einfügen. Sie arbeiten in dieser Lektion mit einigen Bearbeitungswerkzeugen, die für die Endbearbeitung eines Projekts besonders nützlich sind.

In dieser Lektion geht es hauptsächlich um Techniken, bei denen Aktionen bearbeitet werden, die Länge von Clips jedoch beibehalten wird.

Die Funktionen *Extrahieren* und *Herausnehmen*

Premiere bietet zwei Möglichkeiten für das Entfernen eines Framebereichs oder einer Lücke aus dem Schnittfenster: *Extrahieren* und *Herausnehmen*.

Extrahieren: Durch das Extrahieren werden Frames aus dem Schnittfenster bzw. dem Programm entfernt, und die entstandene Lücke wird wie mit der Funktion »Löschen & Lücke schließen« geschlossen. Diese Frames können sich innerhalb eines einzelnen Clips oder in mehreren Clips befinden. Wichtig dabei ist, daß das Extrahieren den gewählten Framebereich aus allen ungeschützten Spuren entfernt. Sie können aber auch eine Lücke im Schnittfenster bzw. in der Zeitleiste extrahieren. Diese Möglichkeit können Sie aber nur auf einen Framebereich anwenden, den Sie mit In- und Out-Points in der Programmansicht markiert haben.

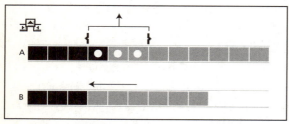

*Frames sind in der Programmansicht mit In- und Out-Points markiert (**A**). Der markierte Programmbereich und die entstandene Lücke werden gelöscht (**B**)*

Herausnehmen: Beim Herausnehmen werden Frames aus dem Programm bzw. dem Schnittfenster entfernt, und es entsteht eine Lücke, deren Länge der Dauer der entfernten Frames entspricht. Diese Frames können sich innerhalb eines einzelnen Clips oder in mehreren Clips befinden und werden nur aus der Zielspur entfernt. Wie beim Extrahieren wählen Sie die Frames, die entfernt werden sollen, aus, indem Sie In- und Out-

Points in der Programmansicht des Monitorfensters setzen. Die Herausnehmen-Schaltfläche hat keine Auswirkungen auf im Schnittfenster ausgewählte Clips.

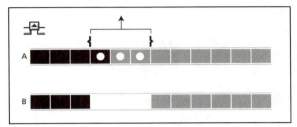

Frames sind in der Programmansicht mit In- und Out-Points markiert (A). Der markierte Programmbereich wird gelöscht und hinterläßt eine Lücke (B)

Entfernen von Frames mit der Extrahieren-Schaltfläche

Sie werden nun mit der Extrahieren-Funktion einige Kamerabewegungen in der Mitte des Clips *Top.mov* entfernen. Durch das Extrahieren von Frames wird der Clip in zwei separate Clips geteilt.

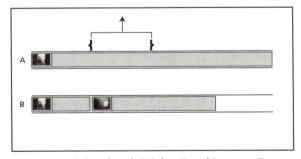

Top.mov *vor (A) und nach (B) dem Extrahieren von Frames*

Sie beginnen mit dem Setzen von In- und Out-Points in der Programmansicht, um den Bereich von *Top.mov* zu markieren, der aus dem Schnittfenster entfernt werden soll. Zuerst werden Sie jedoch mit dem Befehl »Clip wiederfinden« den Clip T*op.mov* im Schnittfenster suchen.

1 Wählen Sie im Projektfenster *Top.mov* aus, wählen Sie den Befehl **Clip: Clip wiederfinden**, und klicken Sie auf »Fertig«.

Premiere wählt den Clip im Schnittfenster aus.

2 Scrubben Sie mit der Schnittlinie im Schnittfenster, um sich *Top.mov* anzusehen; achten Sie auf die Kamerabewegungen am Anfang des Clips. Belassen Sie die Schnittlinie an der Stelle, an der diese Bewegung einsetzt.

3 Wählen Sie in der Programmansicht die Steuerelemente, um auf den Frame zu gehen, mit dem die Bewegung der Kugel und der Kamera beginnt (bei 35:12).

4 Klicken Sie in der Programmansicht auf die »In-Point setzen«-Schaltfläche ({), um den In-Point für den zu extrahierenden Frame festzulegen.

5 Suchen Sie den Frame heraus, mit dem die Kamerabewegung aufhört; das Bild liegt im Schärfebereich, und das Werkzeug verdeckt nicht mehr die Kugel (bei 42:10).

6 Klicken Sie auf die »Out-Point setzen«-Schaltfläche (⊦), um den Out-Point festzulegen.

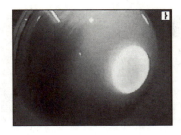

7 Um nicht den Ton zu löschen, schützen Sie die Spuren Audio 1 und Audio 2, indem
Sie im Schnittfenster in die Felder links neben dem Spurnamen klicken; es erscheint das
durchgestrichene Schutz-Symbol.

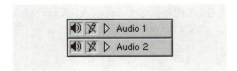

Sie werden nun die gerade markierten Frames extrahieren.

8 Klicken Sie im Monitorfenster auf die Extrahieren-Schaltfläche.

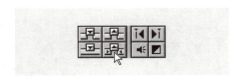

Der markierte Teil von *Top.mov* wird entfernt; gleichzeit besteht *Top.mov* jetzt aus zwei
einzelnen Clips. Die Lücke in der Spur ist geschlossen, und das Programm wurde entsprechend gekürzt.

9 Schauen Sie sich das soeben bearbeitete Videoprogramm an.

10 Speichern Sie das Projekt.

💡 *Um die Audio-Vorschau temporär abzuschalten, klicken Sie auf das Lautsprecher-symbol(🔊) links neben der Audiospur mit dem jeweiligen Audio-Clip, so daß das Symbol nicht mehr angezeigt wird.*

Entfernen von Frames mit der Herausnehmen-Schaltfläche

Sie verwenden die Herausnehmen-Schaltfläche im Monitorfenster, um den mittle-ren Bereich von *Closeup1.mov* zu entfernen und den Clip zu teilen. Zuerst setzen Sie die In- und Out-Points, um bestimmte Frames in den beiden verbleibenden Clips zu behalten. Anschließend füllen Sie die Lücke mit einer ähnlichen Szene, die mit einer zweiten Kamera mit anderer Einstellung (von einem anderen Aufnahme-standpunkt aus) aufgenommen wurde.

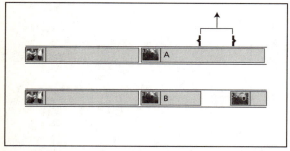

*Closeup1.mov vor (**A**) und nach (**B**) dem Herausnehmen von Frames*

Zuerst bestimmen Sie den Framebereich, den Sie entfernen wollen.

1 Klicken Sie in der Navigatorpalette einmal auf die Einzoomen-Schaltfläche (rechts), um die Ansicht im Schnittfenster zu vergrößern. Das Einblendmenü für die Zeiteinhei-ten im Schnittfenster sollte die Option »2 Sekunden« anzeigen.

Suchen Sie nun den Clip *Closeup1.mov* im Schnittfenster.

2 Markieren Sie im Projektfenster den Clip *Closeup1.mov*, wählen Sie **Clip: Clip wiederfinden**, und klicken Sie auf »Fertig«.

Premiere wählt den Clip im Schnittfenster aus.

3 Scrubben Sie in der Zeitleiste im Schnittfenster, um sich *Closeup1.mov* anzusehen.

4 Fahren Sie mit den Steuerelementen in der Programmansicht die Stelle einige Sekunden vor dem Punkt an, wo der Glasrand rund wird (bei 55:28). An dieser Stelle werden
Sie eine neue Szene einschneiden. Klicken Sie auf die »In-Point setzen«-Schaltfläche (❲),
um den In-Point in *Closeup1.mov* festzulegen.

5 Suchen Sie in der Programmansicht den Frame an der Stelle, wo der Glasklumpen
den linken Framerand berührt (bei 56:27). An dieser Stelle werden Sie diese Szene
wieder zurückschneiden. Klicken Sie auf die »Out-Point setzen«-Schaltfläche (❳), um
den Out-Point festzulegen.

Nachdem Sie den zu entfernenden Framebereich bestimmt haben, nehmen Sie ihn aus
dem Schnittfenster heraus.

6 Klicken Sie im Monitorfenster auf die Herausnehmen-Schaltfläche.

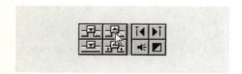

Der markierte Bereich von *Closeup1.mov* ist jetzt entfernt; die anderen Clips in der Spur sind unverändert geblieben – die Programmdauer hat sich also nicht verändert. In der nächsten Übung werden Sie mit dem Befehl »Speziell einsetzen« die entstandene Lücke schließen.

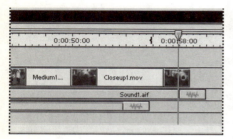 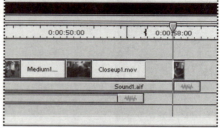

Um den Überblick zu behalten, sollten Sie für das Fragment von *Closeup1.mov* rechts der Lücke einen neuen Namen bzw. einen *Aliasnamen* vergeben. Ein Aliasname für eine *Instanz* (eine Clipkopie im Schnittfenster) hat keine Auswirkungen auf den *Master-Clip* im Projektfenster oder andere Instanzen des Clips.

7 Markieren Sie das zweite Fragment von *Closeup1.mov;* wählen Sie **Clip: Aliasname**.

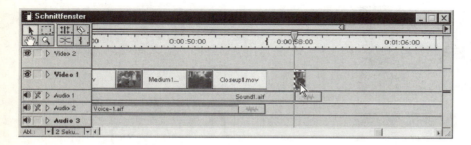

8 Geben Sie **Closeup2** ein, und klicken Sie auf OK. Speichern Sie das Projekt.

Der Befehl »Speziell einfügen«

Mit dem Befehl »Speziell einfügen« (Windows) bzw. »Speziell einsetzen« (Mac OS) können Sie entweder den Inhalt oder die Einstellungen eines zuvor kopierten Clips einfügen. Wenn im Dialogfeld »Speziell einfügen« die Option »Inhalt« aktiviert ist, fügt der Befehl den kopierten Clip in einen anderen Clip oder an einer vorher gewählten leeren Stelle in einer Spur ein. Sie können aus dem Einblendmenü des Dialogfelds verschiedene Optionen wählen, um den Clip am *Edit* (der Punkt, an dem ein Programm-Clip auf der Videospur 1A oder 1B oder der Audiospur 1 oder 2 endet oder beginnt) zu manipulieren.

Dazu gehören das Bewegen der In- oder Out-Points von Quelle oder Ziel, Ändern der Geschwindigkeit oder Bewegen auf Spuren. So wie bei der Dreipunktbearbeitung sollten Sie eine Option wählen, mit der die kritischen In- und Out-Points während der Bearbeitung beibehalten werden. Die jeweils gewählte Option hängt von der Länge des Quellmaterials und der Lücke ab.

Sie werden in einer späteren Lektion mit dem Befehl »Speziell einfügen« die Einstellungen eines Clips in einen anderen Clip kopieren (siehe »Kopieren von Filtern und Einstellungen« auf Seite 381).

Einfügen in eine Lücke

Es gibt verschiedene Möglichkeiten, um Material in eine Lücke innerhalb des Projekts einzufügen, einschließlich Drei- und Vierpunktbearbeitungen. Sie verwenden in dieser Übung den Befehl »Speziell einfügen«, um eine Kopie von *Medium1.mov* in die über die Herausnehmen-Schaltfläche entstandene Lücke einzufügen. *Medium1.mov*, *Closeup1.mov* und *Closeup2* enthalten die gleiche Szene, jedoch von zwei Kameras verschieden aufgenommen.

Bevor Sie die Kopie in die Lücke einfügen, müssen Sie die vier von dieser Prozedur betroffenen Punkte festlegen, so daß das Einfügen ohne negative Einflüsse auf die Bearbeitung vorgenommen werden kann. Da Sie die Frames ziemlich am Ende des Clips verwenden wollen, ist ein Bewegen des In-Points in der Kopie am sinnvollsten. Die Position dieses neuen In-Points ist unkritisch; Sie werden ihn später noch anpassen. Premiere paßt die Clipdauer an die Lücken an, in die der Clip eingefügt wird.

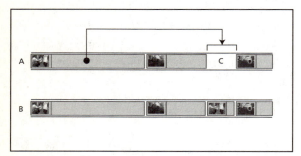

Closeup2 *vor* (**A**) *und nach* (**B**) *dem Einfügen einer Kopie von* Medium1.mov *in die Lücke* (**C**)

1 Wählen Sie mit dem Regler oder den Zoom-Schaltflächen in der Navigatorpalette die Zeiteinheit »1 Sekunde« (Anzeige im Einblendmenü des Schnittfensters).

2 Markieren Sie im Schnittfenster den Clip *Medium1.mov*, und wählen Sie **Bearbeiten: Kopieren**.

3 Markieren Sie mit dem Auswahlwerkzeug die nach dem Herausnehmen eines Teils von *Closeup1.mov* entstandene Lücke.

4 Wählen Sie **Bearbeiten: Speziell einfüge**n, um das Dialogfeld »Speziell einfügen« zu öffnen.

5 Achten Sie darauf, daß die Option »Inhalt« aktiviert ist.

Sie erkennen, daß die im Einblendmenü gewählte Option »Normal« als Animation angezeigt wird.

6 Wählen Sie aus dem Einblendmenü die Option »Urspungs-In-Point bewegen«.

Mit dieser Option werden weder die Dauer der Lücke noch der Out-Point des Ur-sprungs-Clips verändert.

7 Klicken Sie auf »Einfügen« (Windows) bzw. »Einsetzen« (Mac OS), um die Kopie von **Medium1.mov** in die Lücke einzufügen.

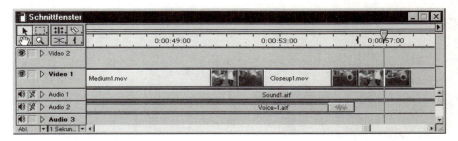

Sie weisen nun der eingefügten Kopie von *Medium1.mov* einen Aliasnamen zu.

8 Wählen Sie die Kopie von *Medium1.mov* und den Befehl **Clip: Aliasname**.

9 Geben Sie den Namen **Medium2** ein, und klicken Sie auf OK.

10 Schauen Sie sich die Vorschau des Projekts an.

Alle Clips im Projekt sind in der richtigen Reihenfolge plaziert und ungefähr auf die richtige Länge getrimmt. In der nächsten Übung verfeinern Sie einige kritische Edits.

11 Speichern Sie das Projekt.

Feinbearbeitung

Die restlichen Übungen in dieser Lektion beschäftigen sich mit dem Anpassen von Edits, um die Aktionen innerhalb der Szenen in Übereinstimmung zu bringen. Bei der Feinbearbeitung eines Projekts muß häufig darauf geachtet werden, daß die Dauer eines Clips oder des Gesamtprojekts beibehalten wird. In diesem Projekt soll die Dauer der Clips *Closeup1.mov* und *Closeup2* sowie der Lücke zwischen diesen Clips beibehalten werden, da Sie zwischen Szeneneinstellungen von zwei Kameras schneiden werden. Dabei soll die Aktion in diesen Szenen nicht unterbrochen werden. Sie arbeiten in der nächsten Übung mit dem Verschieben-Werkzeug und dem Unterschieben-Werkzeug sowie im Trimmen-Modus, um Ihr Projekt in die Endfassung zu bringen.

Sie werden die letzten drei Edits überarbeiten, und zwar in der Reihenfolge von links nach rechts.

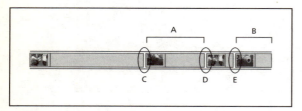

Um die In- und Out-Points und die Länge von Closeup1.mov
*(**A**) und* Closeup2 *(**B**) beizubehalten, werden Sie die letzten drei
Edits mit dem Verschieben-Werkzeug (**C**), dem Unterschieben-
Werkzeug (**D**) und dem Trimmen-Modus (**E**) vornehmen und
dabei von links nach rechts vorgehen*

Die Werkzeuge *Verschieben* und *Unterschieben*

Premiere stellt zwei Werkzeuge für das Anpassen von Clips im Schnittfenster unter Beibehaltung der Clipdauer zur Verfügung: das Verschieben- und das Unterschieben-Werkzeug.

Verschieben-Werkzeug: Stellt die Dauer von zwei Clips ein, die an den Ziel-Clip angrenzen. Die unter dem Verschieben-Werkzeug befindlichen In- und Out-Points bleiben unverändert erhalten. Das Werkzeug verändert auch nicht die Dauer des Gesamtprojekts. Sie können sich dieses Bearbeitungsverfahren als ein »rollendes« Edit vorstellen, mit dem ein Clip zwischen zwei anderen Clips getrimmt wird. Das Verschieben-Werkzeug verändert auch nicht die Dauer des Clips unter dem Werkzeugsymbol. Während Sie

ziehen, wird der Clip von links nach rechts im Schnittfenster verschoben. Dieses Werkzeug wird nur dann verwendet, wenn (vorausgesetzt, das trifft zu) die angrenzenden
Clips getrimmt wurden, so daß in diesen Clips noch Extra-Frames vorhanden sind.

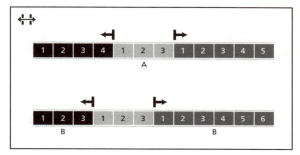

Das Verschieben-Werkzeug läßt die Dauer des verschobenen
Clips (A) unverändert, während die In- oder Out-Points der
angrenzenden Clips (B) verändert werden, doch nur dann, wenn
in diesen beiden Clips getrimmte Frames verfügbar sind

Unterschieben-Werkzeug: Stellt die In- und Out-Points eines Clips ein; die Dauer des
Clips bleibt unverändert. Während Sie den Clip mit dem Unterschieben-Werkzeug ziehen, verschieben sich gleichzeitig auch die In- und Out-Points in dieselbe Richtung.
Dabei wird die Clipdauer beibehalten. Sie können sich das Unterschieben so vorstellen,
als würde ein Clip auf der Spur hinter einem festen Fenster in die eine oder andere Richtung verschoben. Die Position des Clips im Schnittfenster verändert sich dabei nicht.

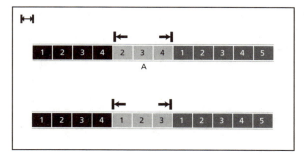

Das Unterschieben-Werkzeug verändert die In- und Out-Points
eines Clips (A) unter Beibehaltung seiner Dauer, vorausgesetzt,
im Clip sind getrimmte Frames verfügbar

Sie können mit dem Unterschieben-Werkzeug ausschließlich getrimmte Clips bearbeiten, so daß zusätzliche Frames über die aktuellen In- und Out-Points hinaus zur Verfügung stehen. So wie beim Verschieben-Werkzeug können Sie im Monitorfenster die kritischen Frames der drei Clips anzeigen lassen, indem Sie bei gewähltem Unterschieben-Werkzeug die Maustaste drücken.

Arbeiten mit dem Verschieben-Werkzeug

Sie arbeiten mit dem Verschieben-Werkzeug, um die Aktion in der Naheinstellung (*Closeup1.mov*) auf die gleiche Aktion in der Halbtotalen(*Medium1.mov*) in Übereinstimmung zu bringen. Da Sie den In- und Out-Point von *Closeup1.mov* beibehalten wollen, werden Sie nur den Out-Point von *Medium1.mov* trimmen. Dieses Edit verkürzt den einen und verlängert den anderen angrenzenden Clip.

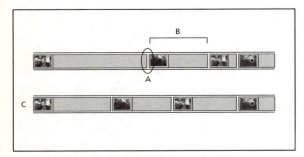

*Das Verschieben-Werkzeug wird verwendet, um eine Aktion am Edit (**A**) zwischen* Medium1.mov *und* Closeup1.mov *in Übereinstimmung zu bringen, während In- und Out-Point und die Dauer von* Closeup1.mov *(**B**) beibehalten werden. Das Ergebnis zeigt (**C**)*

1 Wählen Sie in der Navigatorpalette mit dem Regler oder den Zoom-Schaltflächen die Zeiteinheit »2 Sekunden« (Anzeige im Einblendmenü des Schnittfensters).

2 Wählen Sie im Schnittfenster das Verschieben-Werkzeug.

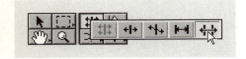

3 Setzen Sie den Zeiger auf *Closeup1.mov*, und halten Sie die Maustaste gedrückt.

Wenn Sie bei gewähltem Verschieben-Werkzeug die Maustaste gedrückt halten, werden im Monitorfenster die kritischen Frames der drei Clips angezeigt. Dabei handelt es sich um diese vier Frames: Out-Point des links angrenzenden Clips (*Medium1.mov*), In-Point und Out-Point des Clips unter dem Werkzeug (*Closeup1.mov*) und In-Point des rechts angrenzenden Clips (*Medium2*). Sie werden beim Synchronisieren der Aktion die beiden Frames in der linken Hälfte des Monitorfensters vergleichen.

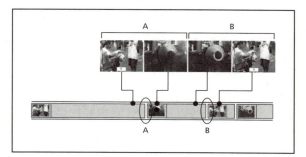

Sie können das Edit zwischen Medium1.mov *und* Closeup1.mov
(A) sowie zwischen Closeup1.mov *und* Medium2 *(B) betrachten. Hier ändern Sie das erste Edit (A)*

4 Die Maustaste ist weiterhin gedrückt; beachten Sie den Lichtblitzer an der rechten Kante von *Closeup1.mov* (der zweite Frame von links im Monitorfenster). Sie wollen diesen Blitzer auf den entsprechenden Blitzer in *Medium1.mov* synchronisieren. Ziehen Sie nach links, um *Medium1.mov* so weit zu trimmen, daß Sie den Blitzer im ersten Frame (*Medium1.mov*, Out-Point) erkennen. Die numerische Anzeige im ersten Frame sollte den Wert -122 haben, was bedeutet, daß Sie *Closeup1.mov* um 122 Frames früher bewegt haben. Lassen Sie die Maustaste los.

Abstimmen der Aktion zwischen Medium1.mov *(A) und* Closeup1.mov *(B) unter Ignorieren der beiden anderen Frames*

5 Schauen Sie sich die Vorschau dieser Änderung an.

Die Aktion im ersten und zweiten Frame sollte jetzt übereinstimmen.

6 Speichern Sie das Projekt.

Arbeiten mit dem Unterschieben-Werkzeug

Sie arbeiten mit dem Unterschieben-Werkzeug, um die Aktionen in *Closeup1.mov* und *Medium2* in Übereinstimmung zu bringen. Dafür müssen Sie den In-Point von *Medium2* unter Beibehaltung der Clipdauer verschieben. Während Sie das Unterschieben-Werkzeug verwenden, erscheinen die In- und Out-Points von *Medium2* im Monitorfenster.

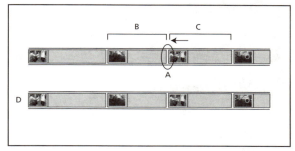

Mit dem Unterschieben-Werkzeug wird die Aktion am Edit (A) zwischen Closeup1.mov *(B) und* Medium2 *(C) in Übereinstimmung gebracht. Das Werkzeug verändert die In- und Out-Points von* Medium2 *unter Beibehaltung der Dauer. Angrenzende Clips, wie* Closeup1.mov, *bleiben unbeeinflußt. Das Ergebnis zeigt (D)*

1 Wählen Sie im Schnittfenster das Unterschieben-Werkzeug.

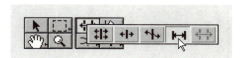

2 Setzen Sie im Schnittfenster den Zeiger auf den Clip *Medium2*, und halten Sie
die Maustaste gedrückt.

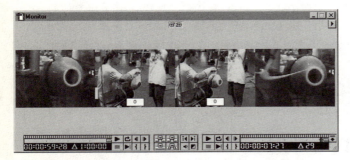

So wie beim Verschieben-Werkzeug ändert sich auch jetzt das Monitorfenster; es zeigt
diesmal den Out-Point von *Closeup1.mov*, den In- und Out-Point von *Medium2* und
den In-Point von *Closeup2*.

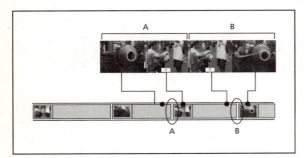

Sie können das Edit zwischen Closeup1.mov *und* Medium2
*(**A**) sowie zwischen* Medium2 *und* Closeup2 *(**B**) sehen. Hier
ändern Sie das erste Edit (**A**)*

3 Ziehen Sie so weit nach rechts, bis die Aktion im ersten Frame (Out-Point von *Closeup1.mov*) mit der Aktion im zweiten Frame (In-Point von *Medium2*) übereinstimmt.

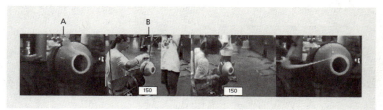

Bringen Sie die Aktion in Closeup1.mov *(A) und* Medium2 *(B) in Übereinstimmung, und ignorieren Sie dabei die beiden anderen Frames*

4 Lassen Sie die Maustaste los.

Das Monitorfenster nimmt wieder den üblichen Modus ein.

5 Wählen Sie das Auswahlwerkzeug (↖), um das Unterschieben-Werkzeug zu deaktivieren.

6 Sehen Sie sich die Vorschau der Änderung an.

Die Aktionen im ersten und zweiten Frame sollten jetzt übereinstimmen.

7 Speichern Sie das Projekt.

Der Trimmen-Modus

Der Trimmen-Modus wird benutzt, um einzelne Frames auf beiden Seiten eines Edits so zu bearbeiten, daß die Auswirkungen sofort zu sehen sind. Der Trimmen-Modus hat die gleichen Funktionen wie das Werkzeug »Löschen & Lücke schließen«, bietet aber noch präzisere Kontrollmöglichkeiten und eine bessere Ansicht des Programmaterials. Wenn Sie im Menü des Monitorfensters den Trimmen-Modus wählen, werden Original- und Programmansicht durch zwei Ansichten ersetzt, in denen einer, drei oder fünf der angrenzenden Clips dargestellt werden. Sie können die auf beiden Seiten eines Edits vorhandenen Frames sehen und deshalb auch jeden Clip ganz genau trimmen. Außerdem können Sie das Bearbeitungsverfahren *Rollen* im Trimmen-Modus ausführen. Die Ansicht ist nützlich, wenn ein Edit zwischen zwei Clips besonders genau sein, d.h. eine Aktion übereinstimmen muß oder das Timing (Zeitverhalten) kritisch ist.

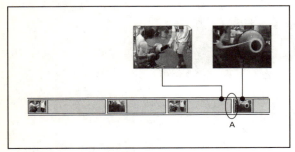

Der Trimmen-Modus bietet ein frameweises »Löschen &
*Lücke schließen« sowie eine Ansicht beider Clips am Edit (**A**)*

Bearbeiten im Trimmen-Modus

An dieser Stelle ist die Aktion in *Medium2* und *Closeup2* nicht mehr synchron, da Sie eine Bearbeitung mit dem Verschieben-Werkzeug ausgeführt hatten. Sie werden mit Hilfe des Trimmen-Modus die Aktion in beiden Clips so in Übereinstimmung bringen, daß die Aktion am Out-Point von *Medium2* mit der am In-Point von *Closeup2* identisch ist. Zuerst trimmen Sie *Medium2* auf die Aktion in *Closeup2*, und anschließend werden

Sie eine Rollen-Bearbeitung ausführen, um das Edit zwischen den Clips ganz präzise festzulegen – die Gesamtlänge beider Clips bleibt dabei unverändert erhalten.

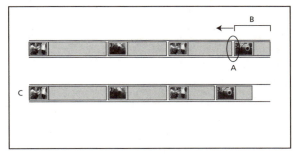

Der Trimmen-Modus wird benutzt, um eine Aktion am Edit (A) zwischen Medium2 *und* Closeup2 *in Übereinstimmung zu bringen, wobei In- und Out-Points und die Dauer von* Closeup2 *(B) beibehalten werden. Das Ergebnis zeigt (C)*

1 Benutzen Sie die Steuerungselemente in der Programmansicht, um die Schnittlinie zwischen die beiden letzten Clips im Programm zu setzen: *Medium2* und *Closeup2* (bei 56:27).

2 Wählen Sie im Menü des Monitorfensters den Befehl »Monitorfenster-Optionen«.

3 Achten Sie darauf, daß unter »Trimmen-Optionen« der Modus links außen aktiviert ist, und klicken Sie auf OK.

4 Wählen Sie aus dem Menü des Monitorfensters den Befehl »Trimmen«.

Premiere zeigt im Trimmen-Modus zwei Frames an: der Out-Point von *Medium2* auf der linken und den In-Point von *Closeup2* auf der rechten Seite.

Sie sehen einige neue Schaltflächen im Trimmen-Modus.

A. *Edit abbrechen (alle Edits)*
B. *Vorheriges Edit*
C. *Links 5 Frames trimmen*
D. *Links trimmen (1 Frame)*
E. *Rechts trimmen (1 Frame)*
F. *Rechts 5 Frames trimmen*
G. *Nächstes Edit*
H. *Edit abspielen*

Sie werden nun die Aktion in *Closeup2* mit der übereinstimmenden Aktion in *Medium2* synchronisieren.

Wenn Sie eine der Ansichten im Trimmen-Modus wählen, wird die Timecode-Anzeige grün.

5 Klicken Sie auf den linken Frame (*Medium2*), um ihn auszuwählen; klicken Sie anschließend auf die Schaltfläche »Links 5 Frames trimmen« (◀◀) und »Links trimmen« (◀) (1 Frame), um *Medium2* so einzustellen, bis die Aktion am Out-Point von *Medium2* mit dem In-Point in *Closeup2* übereinstimmt. Wenn Sie über den Punkt hinausgekommen sind, benutzen Sie die Schaltfläche »Rechts 5 Frames trimmen« (▶▶) und »Rechts trimmen« (▶) (1 Frame), um das Trimmen umzukehren.

💡 *Um alle im Trimmen-Modus durchgeführten Edits rückgängig zu machen, klicken Sie auf die Schaltfläche »Edit abbrechen« (✖).*

Die Aktion in beiden Clips ist jetzt synchronisiert. Nun verschieben Sie das Edit zwischen den Clips, indem Sie mit dem Bearbeitungsverfahren *Rollen* im Trimmen-Modus arbeiten.

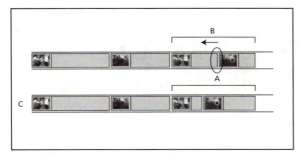

Sie verwenden das Bearbeitungsverfahren Rollen *im Trimmen-Modus, um das Edit (**A**) zwischen* Medium2 *und* Closeup2 *zu bewegen und gleichzeitig die Gesamtlänge beider Clips (**B**) beizubehalten. Das Ergebnis zeigt (**C**)*

Sie ändern nun das Edit zum Close-up (zur Nahaufnahme), um einen besseren Blick auf das Instrument zu erhalten, das sich vom Glasrand wegbewegt.

6 Setzen Sie den Zeiger zwischen die beiden Ansichten, so daß er sich in das Rollen-Werkzeug verändert. Ziehen Sie mit dem Werkzeug so weit nach links, bis das Instrument gerade beginnt, weggezogen zu werden. Orientieren Sie sich dabei an der folgenden Abbildung.

7 Scrubben Sie in der Zeitleiste des Schnittfensters, um eine Vorschau der Änderungen zu erhalten. Durch das Scrubben wird der »Trimmen«-Modus automatisch verlassen – das Monitorfenster hat wieder seine normale Ansicht.

Hinweis: Sie können den Trimmen-Modus auch verlassen, indem Sie aus dem Menü des Monitorfensters den Befehl »Trimmen« wählen, um das Häkchen vor dem Befehl wieder zu entfernen (der Befehl bzw. Modus wird deaktiviert).

8 Sehen Sie sich die Vorschau der letzten vier Clips an.

9 Speichern Sie das Projekt.

Ändern der Clipdauer und Geschwindigkeit

*Unter der Dauer eines Video- bzw. Audio-Clips wird die Länge der Zeit verstanden, die für dessen Wiedergabe erforderlich ist, also die Differenz zwischen dem In-Point und dem Out-Point des Clips. Solange Sie die Einstellungen nicht verändern, hat der Clip dieselbe Dauer, die er hatte, als er importiert oder aufgenommen wurde. Wenn Sie den Anfang bzw. das Ende eines Clips ändern, indem Sie dessen Ursprungs-In- und -Out-Points bearbeiten, ändert sich auch die Dauer des Clips. Sie können die Dauer eines Clips auch bestimmen, indem Sie eine Zeit festlegen, die am Ursprungs-In-Point des Clips beginnt. Auch ein Standbild kann eine Dauer haben, nämlich die Zeit, die das Bild angezeigt wird. Sie können die standardmäßige Dauer von Standbildern festlegen, indem Sie den Befehl **Datei: Grundeinstellungen: Allgemein / Standbild** wählen.*

Die Geschwindigkeit eines Clips gibt die Wiedergaberate der Video- und Audioinformationen im Vergleich zu deren Aufnahmerate an. Solange Sie die Einstellungen nicht verändern, hat der Clip dieselbe Geschwindigkeit, die er hatte, als er importiert oder aufgenommen wurde. Durch das Ändern der Geschwindigkeit des Clips wird die Original-Framerate geändert, was dazu führen kann, daß einzelne Frames ausgelassen oder wiederholt werden. Außerdem erfordert das Ändern der Geschwindigkeit eines Clips, daß dieselbe Anzahl von Frames in einer kürzeren oder längeren Zeit abgespielt wird, so daß sich auch die Dauer des Clips verändert, der Out-Point also verschoben wird. Wenn Sie die Geschwindigkeit eines Clips ändern, der Halbbilder enthält, ist es u.U. erforderlich, Änderungen an der Art und Weise vorzunehmen, wie Premiere die Halbbilder behandelt, insbesondere dann, wenn die Geschwindigkeit unter die Grenze von 100% der Originalgeschwindigkeit fällt.

Aus dem Adobe Premiere 5.0 Handbuch, Kapitel 4

Ändern der Clipdauer

Sie werden das Ende dieses Projekts überarbeiten, indem Sie die Framerate der beiden letzten Clips ändern, um einen Zeitlupeneffekt zu erzielen. Gleichzeitig werden Sie diese Veränderung der Clipdauer benutzen, um das Projekt auf genau 60 Sekunden (1:00) Spielzeit zu bringen – die Vorgabe für diesen Teil der Dokumentation. Für diese Aufgabe werden Sie mit dem Dialogfeld »Geschwindigkeit einstellen« und dem Werkzeug »Rate ausdehnen« arbeiten.

Zuerst benutzen Sie das Dialogfeld »Geschwindigkeit einstellen«, um *Closeup2* auf 1/4 der ursprünglichen Geschwindigkeit zu reduzieren. Anschließend ändern Sie mit Hilfe des »Rate ausdehnen«-Werkzeugs den Clip *Medium2* so, daß die gewünschte Programmlänge (60 Sekunden) erzielt wird.

1 Klicken Sie in der Navigatorpalette auf die »Einzoomen«-Schaltfläche (◿), bis im Einblendmenü des Schnittfensters die Zeiteinheit »1/2 Sekunde« angezeigt wird. Ziehen Sie den grünen Rahmen, um *Medium2* und *Closeup2* im Schnittfenster anzuzeigen.

2 Klicken Sie auf *Closeup2*, und wählen Sie **Clip: Geschwindigkeit**, um das Dialogfeld »Geschwindigkeit einstellen« zu öffnen.

3 Geben Sie in das Feld »Neuer Faktor« den Wert **25** ein, und klicken Sie auf OK.

Closeup2 wird nun mit 1/4 der ursprünglichen Geschwindigkeit abgespielt, d.h. der Clip ist viermal länger als vorher. Sie werden jetzt die Schnittlinie auf die Position 01:00:00 (60 Sekunden) setzen, also auf die Stelle, an der das Projekt enden soll.

4 Doppelklicken Sie unter der Programmansicht auf den Timecode für die Programmposition, geben Sie den Wert **10000** ein, und drücken Sie die Eingabetaste.

5 Wählen Sie mit Hilfe der Navigatorpalette die neue Zeiteinheit »1 Sekunde«.

6 Ziehen Sie *Closeup2* so weit, bis das Ende an der Schnittlinie einrastet. Kümmern Sie sich noch nicht um die entstandene Lücke; Sie werden das Edit zwischen *Closeup2* und *Medium2* noch bearbeiten.

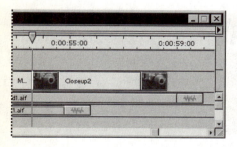
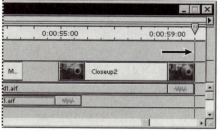

Jetzt dehnen Sie den Clip *Medium2* aus.

7 Wählen Sie im Schnittfenster das »Rate ausdehnen«-Werkzeug.

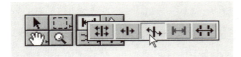

8 Setzen Sie den Zeiger auf das rechte Ende von *Medium2* – der Zeiger wird zum »Rate ausdehnen«-Werkzeug. Ziehen Sie nach rechts, bis das Ende von *Medium2* an *Closeup2* einrastet.

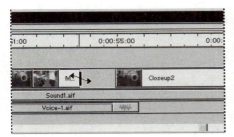 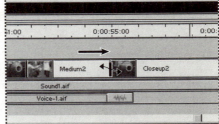

9 Sehen Sie sich die Vorschau von *Medium2* und *Closeup2* mit deren neuen Framerate an, und speichern Sie das Projekt.

Exportieren des Films

Da Sie die Bearbeitung des Films abgeschlossen haben, kann jetzt eine Filmdatei generiert werden.

1 Falls Sie die Audio-Vorschau im Verlauf dieser Lektion ausgeschaltet haben, müssen Sie sie wieder einschalten. Klicken Sie ganz links außen neben den einzelnen Audiospuren, damit das Lausprechersymbol (🔊) – sofern nicht vorhanden – wieder angezeigt wird.

2 Wählen Sie **Datei: Exportieren: Film**.

3 Klicken Sie im Dialogfeld auf »Einstellungen«.

4 Vergewissern Sie sich, daß »QuickTime« als Dateityp und »Gesamtes Projekt« für den Bereich gewählt sind.

5 Achten Sie auch darauf, daß die Optionen »Video exportieren« und »Audio exportieren« aktiviert sind. Übernehmen Sie die anderen Einstellungen. Klicken Sie auf OK, um das Dialogfeld »Einstellungen für den Filmexport« zu schließen.

6 Wählen Sie im Dialogfeld für den Filmexport den Ordner *07Lektionen*, und geben Sie den Namen **Glas2.mov** für den Film ein. Klicken Sie auf »Speichern« (Windows) bzw. OK (Mac OS).

Premiere beginnt mit der Filmerstellung und zeigt eine Statusleiste an, in welcher der Fortschritt und die geschätzte Zeitdauer für die Generierung angezeigt werden.

7 Sobald der Film fertig ist, wird er in der Originalansicht des Monitorfensters geöffnet.

8 Klicken Sie auf die Abspielen-Schaltfläche, und sehen Sie sich den Film an.

Selber ausprobieren

Sie können nun mit dem Projekt, das Sie gerade erstellt haben, experimentieren. Dazu einige Vorschläge:

• Versuchen Sie, im Projektfenster den Namen eines Clips zu ändern, und zwar ohne den Befehl **Clip: Aliasname**. Tip: Dazu benötigen Sie weder einen Menübefehl noch Symbole oder Schaltflächen. Das Projektfenster muß jedoch in der Listenansicht angezeigt werden. Nachdem Sie den Namen geändert haben, beobachten Sie, welche Auswirkungen sich auf den jeweiligen Clip im Schnittfenster ergeben.

• Versuchen Sie, in der Übung am Ende dieser Lektion in *Closeup2* einen Frame »einzufrieren« (ein Standbild erzeugen) statt die Framerate zu ändern. Setzen Sie die Markierung 0 auf den Frame, der eingefroren werden soll, und wählen Sie dann **Clip: Video: Standbild**. Experimentieren Sie mit dem Ausweiten eines eingefrorenen Frames, und prüfen Sie den Unterschied zu einem Standbild.

• Ersetzen Sie die Mitte von *Closeup1.mov* durch *Medium2* mit Hilfe einer Dreipunktbearbeitung als Alternative zur Herausnehmen-Schaltfläche und dem Befehl »Speziell einfügen«.

Fragen

1 Der Befehl »Löschen & Lücke schließen« und die Extrahieren-Schaltfläche bieten ähnliche Funktionen. Worin liegt der Hauptunterschied?

2 Mit welchem Werkzeug würden Sie die In- und Out-Points eines Clips unter Beibehaltung seiner Länge ändern?

3 Welche Möglichkeiten bietet der Trimmen-Modus, und warum ist dieser Modus so ideal für die Feinbearbeitung von Edits?

4 Welche zwei Wege gibt es, um die Framerate eines Clips zu ändern?

Antworten

1 »Löschen & Lücke schließen« funktioniert bei einem oder mehreren vollständigen Clips oder mit einer Lücke; die Extrahieren-Funktion arbeitet mit einem Framebereich in einem oder mehreren Clips.

2 Das Unterschieben-Werkzeug verändert die In- und Out-Points eines Clips, wobei die Clipdauer beibehalten wird.

3 Der Trimmen-Modus ermöglicht Ihnen, einzelne Frames auf jeder Seite eines Edits (Punkt, an dem bearbeitet wird) zu trimmen, wobei die Frames in der Ansicht angezeigt werden.

4 Sie können die Framerate eines Clips im Dialogfeld »Geschwindigkeit einstellen« (über den Befehl **Clip: Geschwindigkeit**) oder mit dem »Rate ausdehnen«-Werkzeug (↔) verändern.

Lektion 8

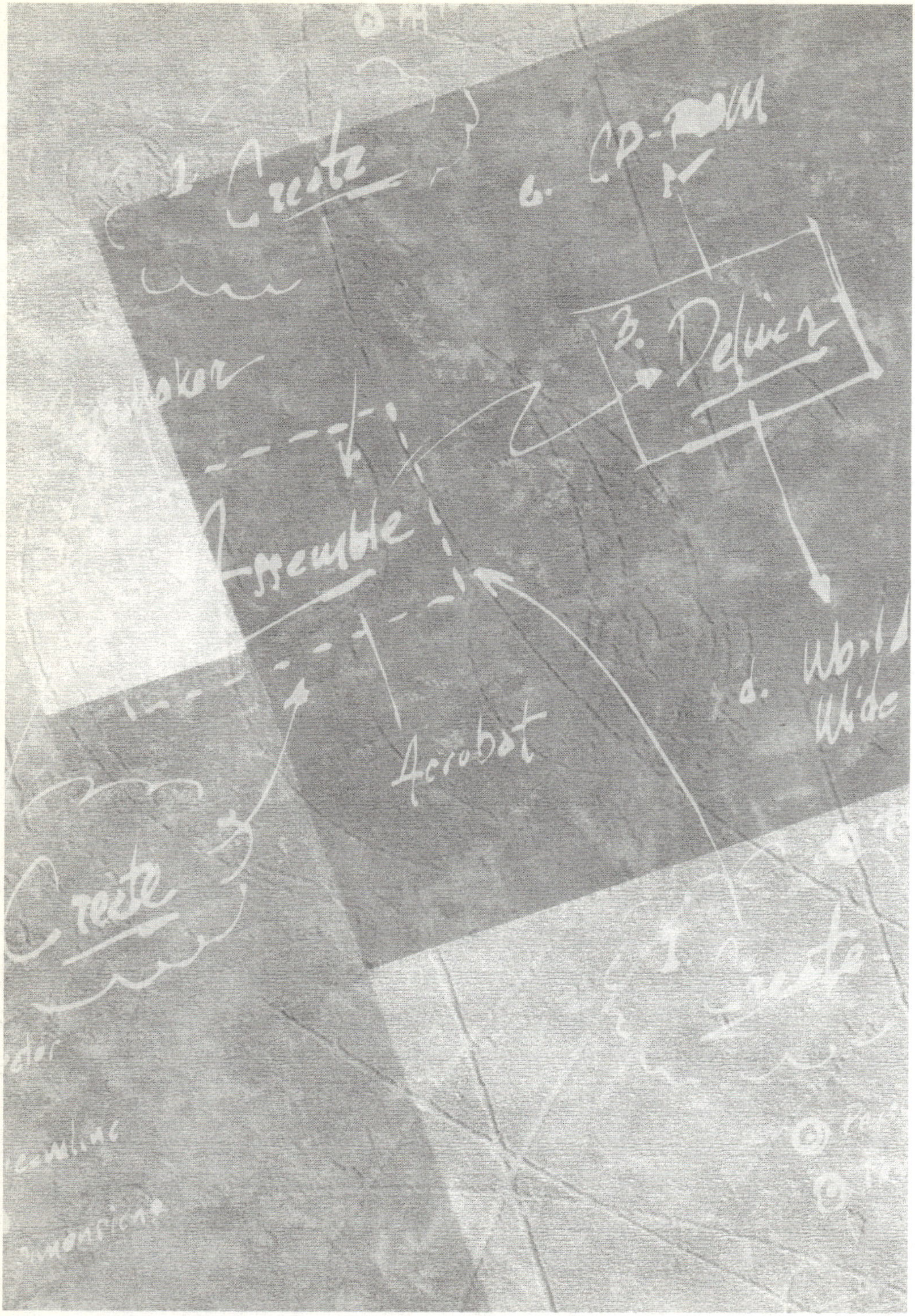
1. Create
3. Deliver
Assemble
Acrobat
Create

Erstellen eines Titels

Text und Grafik sind wichtig, um Informationen innerhalb eines Videoprogramms optimal zu vermitteln. In Premieres Titelfenster können Sie Text und Grafiken erstellen, die Sie importieren und vorhandenen Videos überlagern.

In dieser Lektion arbeiten Sie mit Premieres Titelfenster, um einen 14 Sekunden langen Zeichentrickfilm für die Website eines Bildungsprogramms für Kinder zu erstellen. Sie gestalten drei verschiedene Titel unter Verwendung von Text, Rolltext und Grafik. Anschließend überlagern Sie die Titel einem Film-Clip im Schnittfenster. Dabei machen Sie sich insbesondere mit folgenden Techniken vertraut:

• Eingeben von Text und Ändern der Textattribute

• Zeichenausgleich (Kernen)

• Hinzufügen von Schatten und Farbe

• Erstellen von Grafiken

• Einstellen der Deckkraft von Grafiken und Text

• Erstellen und Vorschau von Rolltext

• Hinzufügen von Titeln in einem Projekt

• Überlagern eines Video-Clips mit einem Titel

• Bearbeiten von Titeln

Beginnen mit der Lektion

Sie werden für diese Lektion ein vorhandenes Projekt öffnen und einen neuen Titel erstellen. Vergewissern Sie sich, daß Sie die Schrift *News Gothic* installiert haben. Hinweise finden Sie unter »Installieren der Schriften für die Lektionen« auf Seite 16. Prüfen Sie, wo sich die für diese Lektion benötigten Dateien befinden. Eventuell müssen Sie auf die Buch-CD-ROM zugreifen. Entsprechende Hinweise finden Sie unter »Verwenden der Classroom-in-a-Book-Dateien« auf Seite 17.

Um sicherzustellen, daß Sie mit den standardmäßigen Premiere-Programmeinstellungen arbeiten, beenden Sie Premiere, um die Vorgabedatei zu löschen. Entsprechende Hinweise finden Sie unter »Wiederherstellen der Standardeinstellungen« auf Seite 18.

1 Doppelklicken Sie auf die Datei *08Lesson.ppj* im Ordner *08Lektion*, um das Projekt in Premiere zu öffnen.

2 Nachdem das Projekt geöffnet ist, wählen Sie **Datei: Speichern unter**. Öffnen Sie einen Lektionen-Ordner auf Ihrer Festplatte, geben Sie **Cartoon.ppj** ein, und drücken Sie die Eingabetaste.

Ansehen des fertigen Films

Sie können sich den Film, den Sie anschließend erstellen werden, erst einmal als fertige Version ansehen. Da Sie im Titelfenster eigene Grafiken erstellen werden, wird Ihr späterer Film geringfügig anders aussehen.

1 Wählen Sie **Datei: Öffnen**, dann die Datei *08Final.mov* im Ordner *Final* innerhalb des Ordners *08Lektion*; klicken Sie auf »Öffnen«. Der Film wird in der Originalansicht des Monitorfensters geöffnet.

2 Klicken Sie auf die Abspielen-Schaltfläche (▶), und sehen Sie sich den Film an.

Über Titel

In Adobe Premieres Titelfenster können Sie Text und einfache Grafikdateien erstellen – sie werden *Titel* genannt – und ausschließlich in Premiere verwenden. Um im Titelfenster zu arbeiten, brauchen Sie weder ein vorhandenes Projekt zu öffnen, noch ein neues Projekt erstellen.

Sie werden jetzt das Titelfenster öffnen und sich mit den Grundlagen vertraut machen.

Wählen Sie **Datei: Neu: Titel**, um das Titelfenster zu öffnen.

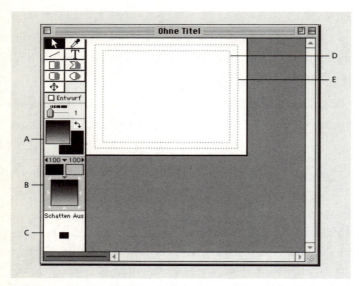

*A. Felder für Objekt- und Schattenfarbe B. Einstellungen für Farbverlauf und Transparenz
C. Steuerelement für Schattenposition D. Bereich geschützter Titel E. Bereich geschützter Aktionen*

Wenn Sie das Titelfenster öffnen, erweitert Premiere die Menüleiste um das Titel-Menü. Dieses Menü enthält alle Befehle und Optionen für das Titelfenster. Sie können auf diese Optionen auch zugreifen, indem Sie mit der rechten Maustaste (Windows) bzw. mit gedrückter Control-Taste (Mac OS) im Titelfenster klicken. Wenn Sie jedoch die Fenstergröße oder die Hintergrundfarbe ändern wollen, müssen Sie im Titelfenster das Dialogfeld »Titelfenster-Optionen« aus dem Fenster-Menü wählen; oder klicken Sie mit der rechten Maustaste (Windows), bzw. klicken Sie mit gedrückter Control-Taste (Mac OS) in der Titelleiste des Titelfensters.

Das Titelfenster enthält zwei gepunktete Rahmen. Der innere Rahmen zeigt den Bereich geschützter Titel und der äußere Rahmen den Bereich geschützter Aktionen an. Geschützte Bereiche sind insbesondere nützlich, wenn Sie NTSC-Sendungen und -Videos bearbeiten, da die meisten NTSC-Fernsehgeräte einen Teil des äußeren Rands des Bildes abschneiden. Die von Premiere angezeigten geschützten Zonen gelten nur für NTSC-Video und stellen für Video-Standards wie PAL oder SECAM nur Richtlinien dar.

Erstellen eines einfachen Titels

Sie werden einen einfachen nur aus Text bestehenden Titel erstellen. Dazu fügen Sie einen Referenzframe in das Titelfenster ein, fügen Text hinzu, ändern die Textattribute, versehen den Text mit einem Schatten und stellen das *Kerning* bzw. den Zeichenausgleich ein.

Hinzufügen eines Referenzframes

Bevor Sie Text eingeben, fügen Sie einen Referenzframe für den Hintergrund in das Titelfenster ein. Dieser Referenzframe hilft beim Festlegen der am besten geeigneten Komplementärfarben für den Titel. Referenzframes sind nur ein Bezug und werden nie Teile des Titels. Wenn Sie den Titel speichern und schließen, wird der Referenzframe nicht mitgespeichert.

1 Verschieben Sie das Titelfenster so, daß es das Projektfenster nicht überlappt.

Der Clip *Water.mov* befindet sich bereits im Projektfenster. Sie werden diesen Film als Referenzframe für den Hintergrund Ihres Titels benutzen.

2 Ziehen Sie das *Water.mov*-Symbol aus dem Projektfenster in das Titelfenster, und lassen Sie die Maustaste los. Der Hintergrund des Titelfensters ist jetzt der erste Frame aus *Water.mov*.

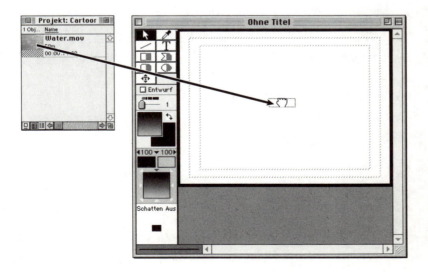

Erstellen von Textobjekten

Im Vergleich zu Papier wird Video mit einer sehr viel niedrigeren Auflösung angezeigt und von größerer Entfernung aus betrachtet. Um die maximale Lesbarkeit Ihres Textes zu gewährleisten, halten Sie sich beim Erstellen von Textobjekten für Video an die folgenden Richtlinien:

•Verwenden Sie große, serifenlose Schriftarten. Vermeiden Sie kleine Schriftarten und solche mit Serifen; die dünnen Striche dieser Schriftarten werden auf Interlace-Fernsehgeräten nicht gut angezeigt und können auf dem Bildschirm flimmern.

•Verwenden Sie halbfette oder fette Schriftstile, die im allgemeinen auf einem Fernsehgerät besser zu lesen sind als normale oder dünne Schriftstile.

•Verwenden Sie in Ihren Titeln möglichst wenige Worte. Lange Absätze mit kleingedrucktem Text sind auf einem Fernsehgerät schwer lesbar.

•Wenn Sie einen Titel einer anderen Videospur überlagern wollen, verwenden Sie Farben, die einen guten Kontrast zum Hintergrundvideo bieten.Sie können einen Beispiel- bzw. Referenzframe importieren, um den Titel mit dem Hintergrund zu vergleichen. Ist der Hintergrund komplex, sollten Sie gegebenenfalls einen Schatten oder eine semitransparente Form hinter der Schrift einfügen.

Aus dem Adobe Premiere 5.0 Handbuch, Kapitel 7

Erstellen von Text und Ändern von Textattributen

Premiere ermöglicht Ihnen das Ändern von Textattributen von Wörtern und einzelnen Zeichen, wobei Sie jede auf Ihrem System verfügbare Schrift verwenden können.

1 Wählen Sie das Textwerkzeug (T), und klicken Sie in die obere linke Ecke des Titelfensters innerhalb des Bereichs für geschützte Titel (innerer gepunkteter Rahmen).

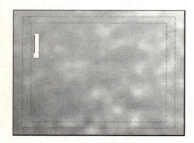

Hinweis: *In Videos sollte die Schrift mindesten 16 Punkt groß sein. Kleinere Schriften sind auf einem Fernsehgerät nur schwer oder überhaupt nicht lesbar.*

2 Ändern Sie die Schrift mit der Methode, die Ihrem System entspricht:

• Wählen Sie unter Mac OS den Befehl **Titel: Schrift** und die Schrift *News Gothic Bold*. Wählen Sie anschließend **Titel: Größe: Anderer Wert**, und geben Sie in das Textfeld den Wert **30** ein.

• Wählen Sie unter Windows den Befehl **Titel: Schrift,** die Schrift *News Gothic* und den Schriftstil *Bold*; geben Sie in das Textfeld den Wert **30** ein, und klicken Sie auf OK.

3 Geben Sie **Otto** ein.

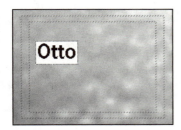

4 Wählen Sie **Datei: Speichern**, öffnen Sie den Ordner *08Lektion* (falls erforderlich), und geben Sie als Namen **Otto.ptl** ein; klicken Sie auf »Speichern«.

Ändern der Textfarbe

Das Feld »Objektfarbe« im Titelfenster zeigt die Farbe des aktuell gewählten Objekts.

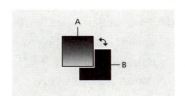

A. Feld »Objektfarbe
B. Feld »Schattenfarbe«

Die Farbe eines Schatten wird durch die Farbe im Feld »Schattenfarbe« bestimmt; das Feld befindet sich rechts neben dem Feld »Objektfarbe«. Klicken Sie auf den gebogenen Doppelpfeil zwischen den Feldern, um die Objekt- mit der Schattenfarbe zu vertauschen.

Sobald Sie auf ein Farbfeld klicken, wird Premieres Farbwähler (Dialogfeld »Farbe wählen«) eingeblendet. Sie können Farben im Farbwähler auswählen, indem Sie auf die Farbe im Farbbereich klicken oder indem Sie den RGB-Wert in die Felder für Rot, Grün und Blau eingeben. Die Schwarz-, Weiß- und Grauwerte sind links neben dem Farbfeld angeordnet.

Sie ändern nun die Farbe des Wortes »Otto«.

1 Wählen Sie mit dem Auswahlwerkzeug ( ) das Wort »Otto«. Das gesamte Textobjekt wird markiert, und an den Ecken des Objekts erscheinen Griffpunkte.

2 Klicken Sie auf das Feld »Objektfarbe«.

Premieres Farbwähler wird mit der standardmäßigen Farbe Schwarz eingeblendet.

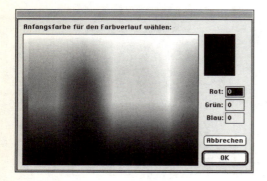

3 Klicken Sie im Farbbereich, um ein tiefes Blau zu wählen.

Wenn neben dem unteren Feld in der oberen rechten Ecke des Farbwählers beim Anzeigen einer neuen Farbe ein Skalenwarnsymbol (Ausrufungszeichen) erscheint, liegt die entsprechende Farbe außerhalb der NTSC-Farbskala. Da der Film, den Sie gerade erstellen, nur auf einem Computermonitor abgespielt wird, brauchen Sie sich wegen dieser Warnung keine Gedanken zu machen. Wenn Sie jedoch ein NTSC-Video erstellen, klicken Sie auf das Farbfeld oder das Skalenwarnsymbol, um beim Rendern des Titels automatisch die Farbe innerhalb der NTSC-Farbskala zu verwenden, die der ursprünglich von Ihnen gewählten Farbe am nächsten kommt (das Erscheinungsbild der

Farbe ändert sich nicht sofort). Wenn Sie PAL- oder SECAM-Videos erstellen, brauchen Sie dem Skalenwarnsymbol keine Beachtung zu schenken, da diese Systeme eine größere Farbskala unterstützen.

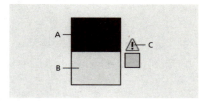

A. Farbfeld mit Originalfarbe B. Farbfeld mit ausgewählter Farbe C. NTSC-Skalenwarnsymbol

4 Wenn Sie genau die in dieser Lektion verwendete Farbe für Ihren Text festlegen wollen, geben Sie **51** für Rot, **0** für Grün und **176** für Blau ein. Klicken Sie anschließend auf OK, um den Farbwähler zu schließen.

Hinzufügen eines Schattens

Sie können jedes Bild oder jedes Textobjekt im Titelfenster mit einem Schatten versehen, indem Sie das Objekt auswählen und dann das Steuerelement für die Schattenposition bewegen (**T**).

Sie werden nun einen Schatten erstellen und anschließend dessen Farbe verändern. Sie können jederzeit die Farbe eines Objekts oder Schattens ändern, indem Sie das Objekt auswählen und auf das Farbfeld klicken.

1 Das Wort »Otto« ist noch ausgewählt; ziehen Sie das Steuerelement für die Schattenkontrolle nach unten und nach rechts, bis der über dem Steuerelement angezeigte Wert (Versatz des Schattens) ungefähr 4 x 4 beträgt.

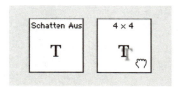

Die standardmäßige Schattenfarbe ist Grau. Diese Farbe ändern Sie nun in Gelb.

2 Das Wort »Otto« ist noch ausgewählt; doppelklicken (Windows) bzw. klicken (Mac OS) Sie in das Feld »Schattenfarbe«, um den Farbwähler einzublenden.

3 Wählen Sie ein helles Gelb. Wenn Sie genau die in dieser Lektion verwendete Farbe festlegen wollen, geben Sie **242** für Rot, **255** für Grün und **176** für Blau ein. Klicken Sie anschließend auf OK.

Premiere erstellt standardmäßig Schatten mit weichen Rändern. Sie ändern diese Vorgabe in einen harten Schatten, um ihm mehr Gewicht vor dem wasserfarbenen Hintergrund zu geben.

4 Der Text ist noch ausgewählt; wählen Sie **Titel: Schatten: Einfach**.

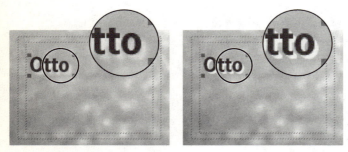

Weicher und einfacher (harter) Schatten

5 Klicken Sie irgendwo im Titelfenster, um den Text abzuwählen.

6 Speichern Sie den Titel.

Ändern der Deckkraft

Mit dem Deckkraftregler in Premieres Titelfenster können Sie die Deckkraft bzw. Transparenz für Grafiken, Text und Schatten festlegen. Um auf den Deckkraftregler zugreifen zu können, klicken Sie auf eines der kleinen schwarzen Dreiecke unterhalb der Felder »Objektfarbe« und »Schattenfarbe« und halten die Maustaste gedrückt.

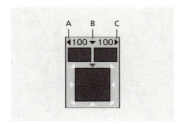

A. Deckkraft Anfang
B. Gesamtdeckkraft
C. Deckkraft Ende

Sie können die Deckkraft für ein komplettes Bild festlegen, indem Sie auf das mittlere Dreieck (Deckkraft für gesamten Farbverlauf) klicken. Oder Sie klicken auf das Dreieck links des Feldes »Farbverlauf Anfang« oder auf das Dreieck rechts des Feldes »Farbverlauf Ende« und legen durch Klicken und Ziehen einen Wert für die Deckkraft fest. Weitere Informationen über das Verändern der Deckkraft im Titelfenster finden Sie unter »Verwenden von Farbe, Transparenz und Farbverläufen« in Kapitel 7 im *Adobe Premiere 5.0 Handbuch.*

Schatten haben eine standardmäßige Deckkraft von 50%. Sie werden nun die Gesamtdeckkraft des Schattens ändern, d.h. ihn weniger transparent machen.

1 Wählen Sie mit dem Auswahlwerkzeug ( ) das Wort »Otto«.

2 Achten Sie darauf, daß das Feld »Schattenfarbe« aktiv ist (sich im Vordergrund befindet). Wenn nicht, bringen Sie es durch Klicken nach vorn.

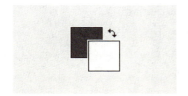

3 Klicken Sie auf das mittlere Dreieck, und ziehen Sie den Regler für die Gesamtdeckkraft auf einen Wert von ca. 80%. Der Schatten wird tiefer, da weniger vom
wasserfarbenen Hintergrund durchscheint.

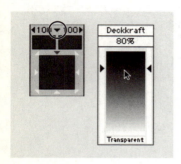

4 Speichern Sie den Titel.

Zeichenabstand ausgleichen

Zeichenabstand ausgleichen bzw. *Kerning* bedeutet, daß der Abstand zwischen zwei Zeichen innerhalb eines Worts verändert wird. Um Text in Premieres Titelfenster zu *kernen*,
plazieren Sie durch Klicken mit dem Textwerkzeug eine Einfügemarke zwischen den
Zeichen, deren Abstand Sie ändern möchten, oder Sie markieren einen Textabschnitt
und klicken auf eine Kerning-Schaltfläche.

Die linke Kerning-Schaltfläche rückt die Zeichen dichter zusammen, und die rechte
Kerning-Schaltfläche schiebt die Zeichen räumlich weiter auseinander.

Um auf die Kerning-Schaltflächen zugreifen zu können, müssen Sie das Text- und nicht das Auswahlwerkzeug benutzen. Mit dem Textwerkzeug können Sie Text kernen und bearbeiten, oder Sie können einzelne Zeichen markieren, um deren Schriftart oder Schriftattribute zu verändern.

Wenn Sie Text mit dem Auswahlwerkzeug auswählen, wählen Sie immer das gesamte Textobjekt (d.h. alles innerhalb des durch die Griffpunkte gekennzeichneten Begrenzungsrahmens). In diesem Fall werden Änderungen für Schriftart, Farbe, Deckkraft, Schatten oder Verlauf auf das gesamte Textobjekt angewendet.

Mit dem Auswahlwerkzeug wird das komplette Textobjekt bearbeitet. Mit dem Textwerkzeug wird nur der markierte Text bearbeitet

1 Wählen Sie das Textwerkzeug (T), und klicken Sie hinter dem ersten »t« im Wort »Otto«.

2 Klicken Sie zweimal auf die rechte Kerning-Schaltfläche, um den Zeichenabstand zu vergrößern.

Da Kerning den Zeichenabstand verändert, kann ein Zeilenumbruch entstehen, d.h. das Wort läuft über zwei Zeilen. Wenn das passiert, ziehen Sie einfach an einem der vier Eckgriffe des Begrenzungsrahmens bzw. des Textobjekts.

3 Wenn nach dem Kerning das Wort »Otto« im Titelfenster über zwei Zeilen läuft, ziehen Sie mit dem Auswahlwerkzeug den unteren rechten Griff des Begrenzungsrahmens etwas nach oben und nach rechts. Sobald Sie die Maustaste loslassen, befinden sich beide Teiles des Worts wieder in einer Zeile.

 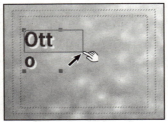

Ausrichten von Text

Es gibt zwei Möglichkeiten, um Text in Premieres Titelfenster auszurichten. Sie können Text innerhalb des dazugehörigen Begrenzungsrahmens ausrichten, oder Sie können den Begrenzungsrahmen selbst innerhalb des Fensters ausrichten. Sie werden nun mit beiden Methoden das Wort »Otto« ausrichten.

Zuerst richten Sie den Text innerhalb des Begrenzungsrahmens aus. Das ist besonders dann zu empfehlen, wenn die Rahmengröße während der letzten Übung verändert worden ist.

1 Das Wort »Otto« ist noch ausgewählt; wählen Sie **Titel: Ausrichtung: Zentriert**. Das Wort wird in die Mitte des Begrenzungsrahmens verschoben.

Bevor Sie den Begrenzungsrahmen zentrieren, werden Sie ihn innerhalb des Fensters nach oben verschieben.

2 Ziehen Sie mit dem Auswahlwerkzeug ( ) das Wort »Otto« innerhalb des Fensters nach oben, so daß sich die Buchstaben gerade noch im Bereich geschützter Titel befinden. Sie können das Wort auch mit Hilfe der Pfeiltasten im Titelfenster neu positionieren.

Nun können Sie den Begrenzungsrahmen im Fenster zentrieren.

3 Das Wort »Otto« ist noch ausgewählt; wählen Sie **Titel: Horizontal zentrieren**. Der gesamte Begrenzungsrahmen bzw. das Textobjekt befindet sich jetzt in der Fenstermitte.

4 Speichern Sie den Titel.

Hinzufügen von zusätzlichem Text

Sie ergänzen nun den Titel um zusätzlichen Text.

1 Wählen Sie das Textwerkzeug (T), und klicken Sie direkt unter dem Wort »Otto«. Wenn Sie dabei unbeabsichtigt das Textfeld für das Wort »Otto« öffnen, klicken Sie weiter unten im Fenster.

Um ein Titelfenster-Werkzeug nur einmal zu benutzen und anschließend zum Auswahlwerkzeug zurückzukehren, klicken Sie einmal auf das gewünschte Titelfenster-Werkzeug. Doppelklicken Sie auf das Werkzeug, wenn Sie es wiederholt benutzen wollen. Ohne Doppelklicken ändert sich das Titelfenster-Werkzeug nach einmaligem Gebrauch in das Auswahlwerkzeug.

2 Wählen Sie **Titel: Größe: 18**.

3 Geben Sie den Text **the octopus** ein, und klicken Sie auf das Auswahlwerkzeug.

Der Text ist mit einem Schatten versehen, den Sie (weil er nicht benötigt wird) jetzt entfernen werden.

4 Die Wörter » the octopus« sind noch ausgewählt; ziehen Sie das Steuerelement für die Schattenposition entweder außerhalb oder zur Mitte des Steuerbereichs. Wird oberhalb des Steuerbereichs die Meldung »Kein Schatten« angezeigt, haben Sie den Schatten entfernt.

5 Verschieben Sie mit dem Auswahlwerkzeug den Text, so daß er im oberen Drittel des Titelfensters direkt unter dem Wort »Otto« angeordnet ist. Ausgewählten Text (oder ein ausgewähltes Bild) können Sie auch mit Hilfe der Pfeiltasten bewegen.

6 Wählen Sie **Titel: Horizontal zentrieren**.

7 Speichern Sie den Titel.

Erstellen von Grafikobjekten im Titelfenster

Premieres Titelfenster ermöglicht Ihnen das Erstellen einfacher Grafiken. Sie können mit den entsprechenden Werkzeugen Rechtecke, Quadrate, abgerundete Ecken, Kreise, Ovale, Linien, Ellipsen und Polygone erstellen.

Hinzufügen eines Titels als Hintergrundframe

Bevor Sie mit dem Zeichnen der Grafik beginnen, werden Sie den gerade erstellten Titel als Referenzframe für den neuen Titel importieren. Der importierte Titel ist ein Bezug auf den *Otto*-Titel, d.h. Sie wissen immer genau, wo und wo Sie nicht malen bzw. zeichnen dürfen.

1 Wählen Sie **Datei: Neu: Titel**.

2 Schieben Sie das neue Titelfenster neben das *Otto.ptl*-Titelfenster, so daß Sie beide Fenster gleichzeitig betrachten können.

3 Ziehen Sie die Mitte des *Otto.ptl*-Titelfensters auf die Mitte des neuen Titelfensters.

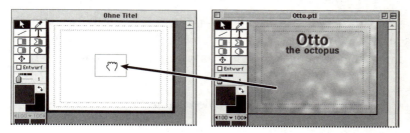

Der *Otto*-Titel erscheint als Hintergrund für Ihren neuen Titel. Der Wasser-Hintergrund wird nicht in Ihren neuen Titel aufgenommen, da er nur ein Referenzframe, eine nicht gespeicherte Komponente der *Otto.ptl*-Datei ist.

4 Klicken Sie auf die Titelleiste des neuen Titelfensters, um es zu aktivieren, und wählen Sie **Datei: Speichern**.

5 Achten Sie darauf, daß der *08Lektion*-Ordner geöffnet ist, und geben Sie als Namen **Octopus.ptl** ein; klicken Sie auf »Speichern«.

6 Schließen Sie *Otto.ptl*.

Ändern der Standardfarbe vor dem Zeichnen

Wenn kein Objekt im Titelfenster ausgewählt ist und Sie die Farbe im Feld »Objektfarbe« ändern, wird die neue Farbe zur Standardfarbe für alles, was Sie eingeben (Text) oder zeichnen (Grafik).

Sie werden nun im Feld »Objektfarbe« das für den vorherigen Text verwendete tiefe Blau vor dem Zeichnen in ein anderes Blau ändern.

1 Klicken Sie mit dem Auswahlwerkzeug in das Feld »Objektfarbe«.

2 Wählen Sie im Farbwähler ein anderes Blau. Um genau die in dieser Lektion verwendete Farbe zu treffen, geben Sie **52** für Rot, **0** für Grün und **226** für Blau ein. Klicken Sie anschließend auf OK.

Zeichnen eines Bildes mit dem Polygonwerkzeug

Mit dem Polygonwerkzeug können Sie unregelmäßige Formen erstellen, indem Sie das Werkzeug in die gewünschte Richtung bewegen und klicken, um für jede Linie neue Endpunkte zu erstellen. Um das Polygon zu schließen, klicken Sie entweder auf den Anfangspunkt des Polygons, oder Sie doppelklicken an der Stelle, an der die letzte Linie bzw. das letzte Segment enden soll. Wenn Sie auf die rechte Seite des Polygonwerkzeugs (ausgefülltes Polygon) klicken, und das werden Sie in dieser Übung tun, können Sie auf den letzten Punkt doppelklicken, um diesen Punkt automatisch mit dem ersten Punkt zu verbinden.

Sie werden jetzt mit dem Polygonwerkzeug eine Welle zeichnen.

1 Wählen Sie die rechte ausgefüllte Seite des Polygonwerkzeugs.

Die rechte Seite dieses Werkzeugs steht für ein gefülltes Polygon. Wenn Sie die linke Seite des Werkzeugs wählen, wird nur die Kontur eines Polygons gezeichnet.

2 Setzen Sie das Werkzeug in die untere linke Ecke des Titelfensters außerhalb des Bereichs geschützter Aktionen, und klicken Sie für den ersten Punkt.

3 Bewegen Sie das Werkzeug um etwa 1/3 im Fenster nach oben und nach rechts zur äußeren gepunkteten Linie. Klicken Sie für den zweiten Punkt.

4 Klicken Sie weiter oben und unten im unteren Drittel des Titelfensters, um die Wellenlinie zu zeichnen. Orientieren Sie sich an der folgenden Abbildung.

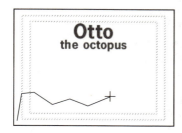 

Hinweis: Falls Ihnen ein Fehler unterläuft, können Sie durch Doppelklicken das Werkzeug schließen; drücken Sie dann die Löschen- bzw. Entfernen-Taste, um alle Punkte zu löschen. Oder Sie können die Zeichnung fertigstellen und anschließend mit dem Auswahlwerkzeug einzelne Punkte überarbeiten.

5 Nachdem Sie die rechte Fensterseite erreicht haben, doppelklicken Sie irgendwo in der unteren rechten Ecke, um das Polygon zu schließen.

Premiere fügt automatisch eine Linie zwischen dem ersten und dem letzten Punkt hinzu, schließt das Bild und füllt es mit der Farbe Blau.

6 Das Bild ist noch ausgewählt; stellen Sie die Gesamtdeckkraft auf 50% ein.

7 Klicken Sie irgendwo im Titelfenster außerhalb der Zeichnung, um alles abzuwählen; speichern Sie anschließend den Titel.

Anordnen von Objekten

Sie können Text und Grafiken im Titelfenster im Vorder- oder Hintergrund anordnen. Sie zeichnen jetzt eine weitere Welle mit anderer Deckkrafteinstellung und ordnen dann die Welle im Hintergrund an.

1 Wählen Sie das gefüllte Polygonwerkzeug ( ).

2 Klicken Sie auf die linke Linie des Bereichs geschützter Aktionen, ungefähr auf der Hälfte der ersten Welle (siehe folgende Abbildung), um den ersten Punkt zu erstellen.

3 Klicken Sie für den zweiten Punkt über der ersten Welle, aber noch immer in der unteren Fensterhälfte (siehe folgende Abbildung).

4 Setzen Sie die weiteren Punkte so wie bei der ersten Welle; allerdings wird diese Welle etwas flacher (siehe Abbildung).

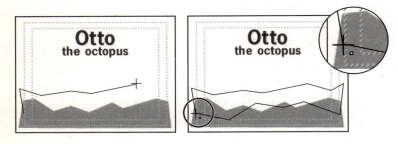

5 Wenn Sie die linke Seite erreicht haben, schließen Sie die Form, indem Sie den letzten mit dem ersten Punkt verbinden. Klicken Sie dann auf den ersten Punkt, wenn neben dem Zeiger das »o« angezeigt wird.

6 Die zweite Welle ist ausgewählt; stellen Sie die Gesamtdeckkraft auf 25% ein.

7 Wählen Sie **Titel: In den Hintergrund**. Die zweite Welle ist nun hinter der ersten Welle angeordnet und scheint leicht durch.

8 Speichern Sie den Titel.

Erstellen eines geglätteten Polygons

Sie zeichnen jetzt mit dem Polygonwerkzeug einen Tintenfisch. Diesmal glätten Sie die Linien, da Tintenfische »rund« und nicht eckig sind.

Bevor Sie den Tintenfisch zeichnen, ändern Sie die Farbe in Orange. Um sicherzustellen, daß dabei nicht die Farbe der bereits gezeichneten Objekte verändert wird, darf kein Objekt ausgewählt sein.

1 Klicken Sie mit dem Auswahlwerkzeug (↖) irgendwo innerhalb des Titelfensters (aber außerhalb der Wellen), um alles abzuwählen.

2 Klicken Sie auf das Feld »Objektfarbe«.

3 Wählen Sie im Farbwähler ein sattes Orange. Wenn Sie genau die in dieser Lektion verwendete Farbe treffen wollen, geben Sie **245** für Rot, **42** für Grün und **10** für Blau ein. Klicken Sie anschließend auf OK.

4 Ziehen Sie den Deckkraftregler auf 100%, um die Transparenz auszuschalten.

5 Klicken Sie mit dem gefüllten Polygonwerkzeug (⬛) unterhalb der Wörter »the octopus«, um den ersten Punkt für die obere linke Ecke des Tintenfischkopfs zu setzen. Zeichnen Sie dann (wie in der folgenden Abbildung) Ihren Tintenfisch unterhalb des Textes. Zeichnen Sie nicht auf dem Text.

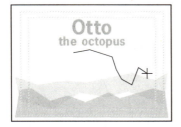 

6 Klicken Sie auf den ersten Punkt, um die Form zu schließen. Achten Sie auf das »o« – erst wenn es neben dem Zeiger angezeigt wird, klicken Sie den Endpunkt direkt über dem Startpunkt.

7 Der Tintenfisch ist ausgewählt; wählen Sie **Titel: Polygon glätten**.

8 Speichern Sie den Titel.

Wenn Sie die Zeichnung verändern wollen, wählen Sie das Objekt mit dem Auswahlwerkzeug; ziehen Sie dann die entsprechenden Punkte, um sie neu anzuordnen.

Hinzufügen eines Schattens für den Tintenfisch

Sie werden nun den Tintenfisch mit einem hellrosa Schatten versehen.

1 Wählen Sie mit dem Auswahlwerkzeug ( ) die Zeichnung des Tintenfisches.

2 Ziehen Sie das Steuerelement für die Schattenposition nach unten und nach rechts, so daß ein Wert von etwa 4 x 3 angezeigt wird.

3 Doppelklicken (Windows) bzw. klicken (Mac OS) Sie im Feld »Schattenfarbe«, um den Farbwähler zu öffnen.

4 Wählen Sie eine hellrosa Farbe (zwischen den Blau- und Rottönen) im Farbfeld. Wenn Sie genau die in dieser Lektion verwendete Farbe treffen wollen, geben Sie **255** für Rot, **118** für Grün und **174** für Blau ein. Klicken Sie anschließend auf OK.

5 Wählen Sie **Titel: Schatten: Einfach**, um einen Schlagschatten ohne weiche Kanten zu erzeugen. Diese Schattenform hebt sich besser vor den blauen Wellen ab.

Anordnen der Wellen

Sie werden die zuerst gezeichnete Welle in den Vordergrund stellen, so daß der Tintenfisch zwischen beiden Wellen zu schweben scheint. Das Sie die erste Welle transparent gemacht haben, scheint der Tintenfisch durch.

1 Wählen Sie mit dem Auswahlwerkzeug ( ) die zuerst gezeichnete Welle aus. Um sicher sein, daß Sie tatsächlich die erste Welle ausgewählt haben, prüfen Sie die Deckkrafteinstellung im Titelfenster – sie sollte 50% betragen. Beträgt der Wert 25%, müssen Sie die andere Welle auswählen.

2 Wählen Sie **Titel: In den Vordergrund**.

3 Um den Schatteneffekt ohne die Auswahlpunkte zu sehen, klicken Sie in einem leeren Bereich des Titelfensters, um alles abzuwählen.

4 Speichern Sie den Titel.

Arbeiten mit dem Ovalwerkzeug

Mit dem Ovalwerkzeug zeichnen Sie Ellipsen und Kreise beliebiger Größe. Um mit dem Ovalwerkzeug einen Kreis zu zeichnen, halten Sie beim Zeichnen die Umschalttaste gedrückt. Ebenso können Sie Quadrate, abgerundete Quadrate und 45-Grad-Linien zeichnen, indem Sie beim Arbeiten mit den Werkzeugen »Rechteck«, »Abgerundetes Rechteck« und »Linie« die Umschalttaste drücken.

Bevor Sie die Kreise zeichnen, ändern Sie die Objektfarbe in Grün.

1 Um sicherzustellen, daß dabei nicht die Farbe der bereits gezeichneten Objekte verändert wird, darf kein Objekt ausgewählt sein. Klicken Sie in einem leeren Bereich des Fensters und klicken anschließend auf das Feld »Objektfarbe«, um den Farbwähler zu öffnen.

2 Wählen Sie im Farbfeld ein leuchtendes Grün. Wenn Sie genau die in dieser Lektion verwendete Farbe treffen wollen, geben Sie **64** für Rot, **255** für Grün und **131** für Blau ein. Klicken Sie anschließend auf OK.

3 Ziehen Sie den Deckkraftregler auf 100%.

Sie zeichnen jetzt ein Auge des Tintenfisches, kopieren das Auge und setzen es als zweites Auge wieder ein.

4 Wählen Sie das gefüllte Ovalwerkzeug.

5 Zeichnen Sie bei gedrückter Umschalttaste einen kleinen Kreis auf dem Kopf des Tintenfisches.

6 Wählen Sie **Bearbeiten: Kopieren** und dann **Bearbeiten: Einfügen** (Windows) bzw. **Einsetzen** (Mac OS). Premiere fügt eine Kopie direkt über dem Original ein.

7 Setzen Sie das Auswahlwerkzeug ( ) über das Auge (es wird das Zeiger- und nicht das Fingersymbol angezeigt), und ziehen Sie den Mittelpunkt des neuen Kreises neben den ersten Kreis.

💡 *Sollten Sie versehentlich den Kreis dehnen statt ihn zu bewegen, wählen Sie* **Bearbeiten: Widerrufen**. *Anschließend deaktivieren und aktivieren (wählen) Sie den Kreis und bewegen ihn mit Hilfe der Pfeiltasten.*

8 Klicken Sie in einem leeren Bereich des Titelfensters, um alles abzuwählen.

9 Speichern Sie den Titel.

Lassen Sie die Datei im Hintergrund geöffnet; Sie werden die Datei schon bald wieder benötigen.

Erstellen eines rollenden Titels

In Premiere können Sie Text *rollen* (vertikal über den Bildschirm verschieben) oder *kriechen* lassen (horizontal verschieben). Rollender Text kann sich nach oben oder nach unten und kriechender Text nach links oder nach rechts bewegen. In dieser Lektion erstellen Sie einen Text, der sich auf dem Bildschirm nach oben bewegt.

Um einen Rolltitel zu erstellen, arbeiten Sie mit dem *Textaufrollwerkzeug*; Sie geben den Text in ein spezielles Feld – *Rolltitelobjekt* – ein.

Zuerst öffnen Sie einen neuen Titel und wählen als Standardfarbe das gleiche tiefe Blau wie im Text in *Otto.ptl*.

1 Wählen Sie **Datei: Neu: Titel**.

2 Klicken Sie auf das Feld »Objektfarbe«.

3 Die standardmäßige Farbe sollte noch auf das Blau eingestellt sein, das Sie bereits früher für das Wort »Otto« verwendet haben. Ist das nicht der Fall, geben Sie **51** für Rot, **0** für Grün und **176** für Blau ein. Klicken Sie anschließend auf OK.

4 Falls ein Wert für den Schattenversatz gewählt ist, ziehen Sie das Steuerelement für die Schattenposition, bis die Meldung »Kein Schatten« angezeigt wird.

Jetzt ist alles für die Erstellung des Rolltitels vorbereitet.

5 Wählen Sie das Textaufrollwerkzeug.

6 Ziehen Sie innerhalb des Bereichs geschützter Titel einen Rahmen von der oberen linken Ecke nach unten rechts; der Rahmen nimmt etwa 1/3 des Fensters ein.

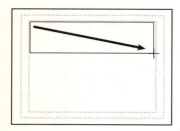

Danach wird ein Eingabefeld mit blinkendem Cursor für das Rolltitelobjekt eingeblendet. Sie geben in dieses Feld den Text ein, der über den Bildschirm rollen oder kriechen soll.

7 Ändern Sie die Schriftgröße, indem Sie **Titel: Größe: 18** wählen.

Der Text ist noch vom zuletzt erstellten Titel zentriert ausgerichtet, soll jetzt aber linksbündig ausgerichtet werden.

8 Wählen Sie **Titel: Ausrichtung: Linksbündig**.

Sie geben nun den Text für ein kleines Gedicht ein.

9 Geben Sie **Octopus** ein, und drücken Sie zweimal die Eingabetaste.

10 Geben Sie nochmals **Octopus** ein, und drücken Sie zweimal die Eingabetaste.

11 Geben Sie den restlichen Text ein, und drücken Sie einmal die Eingabetaste am Zeilenende und zweimal für eine zusätzliche Leerzeile:

how squishy
are thee!
(Leerzeile)
With your
eyes
so bright,
(Leerzeile)
and tentacles
of might,
(Leerzeile)
swimming
the deep

(Leerzeile)
blue
(Leerzeile)
sea.

12 Markieren Sie das Wort »sea«, und wählen Sie **Titel: Ausrichtung: Zentriert.**

13 Wählen Sie **Titel: Text aufrollen einstellen**, und vergewissern Sie sich, daß unter »Richtung« die Option »Nach oben bewegen« aktiviert ist; klicken Sie auf OK.

14 Wählen Sie **Datei: Speichern**, öffnen Sie den Ordner *08Lektion* (falls erforderlich), geben Sie **Poem.ptl** als Namen ein, und klicken Sie auf »Speichern«.

Vorschau des Rolltitels

Sie können sich eine Vorschau von rollendem Text ansehen, indem Sie den Regler in der unteren linken Ecke des Titelfensters ziehen.

1 Klicken Sie mit dem Auswahlwerkzeug ( ), um den Begrenzungsrahmen für den Rolltitel zu aktivieren.

2 Ziehen Sie den Vorschauregler (unten links im Titelfenster) nach rechts.

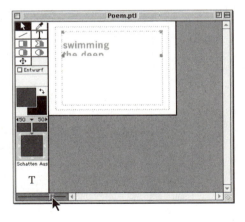

Sie sehen den gleichen Effekt wie im späteren Film. Beachten Sie die Textposition zu Beginn des Rollens – der Text rollt so lange, bis unten das letzte Wort angezeigt wird.

Um den Text in den Bildschirm hineinrollen zu lassen, werden Sie am Anfang des Textes eine zusätzliche Leerzeile einfügen. Ebenso können Sie am Textende verfahren, wenn der Text oben aus dem Bildschirm herausrollen soll. In dieser Lektion soll der Text innerhalb des Bildschirms anhalten.

3 Klicken Sie mit dem Textwerkzeug irgendwo im Textbereich.

4 Rollen Sie an den Textanfang, und setzen Sie eine Einfügemarke vor den ersten Buchstaben des ersten Wortes.

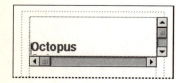

5 Drücken Sie dreimal die Eingabetaste.

Hinweis: *Selbst wenn es noch nicht so aussieht, daß der Text aus dem Bildschirm gerollt wird, erbringen die zusätzlichen Leerzeilen den gewünschten Effekt in der Vorschau.*

6 Klicken Sie irgendwo im Titelfenster, um das Textfeld abzuwählen; sehen Sie sich Ihre Änderungen an, indem Sie den Vorschauregler ziehen.

7 Speichern Sie den Titel.

Verwenden der Titel in einem Premiere-Projekt

Sie werden nun die Titel einem einfachen Projekt hinzufügen, die Titel im Schnittfenster plazieren und einem Video-Clip überlagern. *Überlagern* beinhaltet das Abspielen eines Clips (wie einen Titel, ein Standbild oder einen Video-Clip) über einem anderen Clip. Um Clips in Premiere zu überlagern, werden diese innerhalb des Schnittfensters auf Überlagerungsspuren (Videospur 2 und höher) plaziert. Clips auf Überlagerungsspuren werden über den Clips in den niedrigeren Spuren abgespielt.

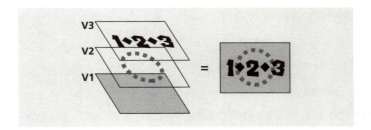

Wenn Titel verwendet werden, vergibt Premiere automatisch Deckkraft bzw. Transparenz – die Clips auf den niedrigeren Spuren scheinen durch den Titelhintergrund hindurch. In der nächsten Lektion erfahren Sie mehr über Überlagerungsspuren und Transparenz.

Es gibt drei Möglichkeiten, um einen Titel einem Premiere-Projekt hinzuzufügen:

• Wenn Projekt und Titel bereits geöffnet sind, können Sie den Titel einfach in das Projektfenster ziehen.

• Sind die Fenster verdeckt und wird dadurch das Ziehen und Ablegen schwierig, können Sie im Menü den Befehl **Projekt: Diesen Clip hinzufügen** wählen.

• Wenn der Titel zum Zeitpunkt des Hinzufügens nicht geöffnet ist, können Sie den Titel so wie andere Clips mit dem Befehl **Datei: Importieren: Datei** Ihrem Projekt hinzufügen.

Hinzufügen von Titeln in ein Projekt

Sie fügen die Titel hinzu, die Sie gerade erstellt haben.

1 Falls erforderlich, verschieben Sie die Titelfenster auf dem Desktop, so daß sie sich nicht gegenseitig oder das Projektfenster überlappen.

2 Klicken Sie auf das *Poem*-Titelfenster, um es zu aktivieren, und ziehen Sie den Titel in das Projektfenster; lassen Sie anschließend die Maustaste los. Sie können von beliebiger Stelle im Titelfenster aus ziehen, ausgenommen die Titel- und Werkzeugleiste.

Die Titeldatei *Poem.ptl* befindet sich nun im Projektfenster.

3 Schließen Sie das *Poem.ptl*-Titelfenster.

Sie fügen nun den Octopus-Titel mit Hilfe eines Menübefehls dem Projekt hinzu.

4 Klicken Sie im *Octopus.ptl*-Titelfenster, um es zu aktivieren.

5 Wählen Sie **Projekt: Diesen Clip hinzufügen**. Der *Octopus.ptl*-Titel befindet sich nun im Projektfenster.

6 Schließen Sie das *Octopus.ptl*-Titelfenster.

Da Sie *Otto.ptl* bereits geschlossen haben, müssen Sie diesen Titel so wie andere Clips importieren.

7 Wählen Sie **Datei: Importieren: Datei**.

8 Wählen Sie *Otto.ptl* im *08Lektion*-Ordner, und klicken Sie auf »Öffnen« (Windows) bzw. OK (Mac OS). *Otto.ptl* befindet sich jetzt im Projektfenster.

Hinzufügen von Spuren im Schnittfenster

Um den Video-Clip *Water.mov* mit zwei Titeln zu überlagern, müssen Sie im Schnittfenster eine weitere Überlagerungsspur einrichten. Sie können im Schnittfenster 98 zusätzliche Überlagerungsspuren einrichten – in dieser Übung benötigen Sie nur eine.

1 Wählen Sie im Schnittfenster-Menü die Option »Spuroptionen«.

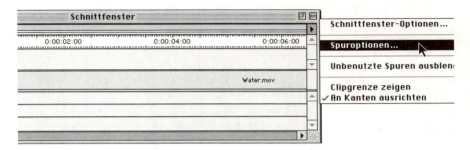

2 Klicken Sie auf »Hinzufügen«, um das Dialogfeld »Spuren hinzufügen« zu öffnen. Standardmäßig sind 1 Videospur und 1 Audiospur markiert.

3 Da Sie keine zusätzliche Audiospur hinzufügen wollen, ändern Sie den Wert im Feld »Audiospur(en) hinzufügen« auf **0**.

4 Klicken Sie auf OK, um eine Videospur hinzuzufügen; klicken Sie erneut auf OK, um das Dialogfeld »Spuroptionen« zu schließen.

Die neue Videospur 3 erscheint im Schnittfenster.

Hinzufügen von Titeln im Schnittfenster

Titel sind Standbilder mit einer standardmäßigen Länge von einer Sekunde. Sie können die Dauer eines Titels ändern, indem Sie mit dem Auswahlwerkzeug im Schnittfenster an den Kanten des Clips ziehen. Oder Sie wählen den **Befehl Clip: Dauer** und geben einen neuen Wert ein. Informationen über das Ändern der standardmäßigen Dauer eines Standbilds finden Sie in Lektion 12 »Zusammenstellen des endgültigen Videoprogramms« auf Seite 425.

1 Ziehen Sie *Octopus.ptl* aus dem Projektfenster an den Anfang der Videospur 2.

2 Wählen Sie **Fenster: Anzeigen Informationen**, um die Informationenpalette einzublenden. Sie benötigen diese Palette, wenn Sie innerhalb dieser Übung die Größe der Clips bearbeiten.

3 Setzen Sie das Auswahlwerkzeug auf die rechte Kante des Clips *Octopus.ptl*, so daß es sich in das Trimmen-Werkzeug (↔) verändert.

4 Ziehen Sie die Kante nach rechts, und setzen Sie den Out-Point (mit Hilfe der Informationenpalette) auf 10 Sekunden (00:00:10:00).

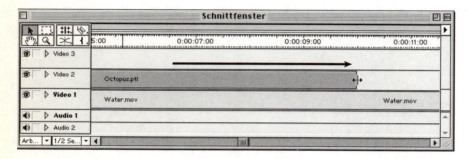

5 Ziehen Sie *Otto.ptl* aus dem Projektfenster an den Anfang der Videospur 3.

6 Markieren Sie *Otto.ptl*, und wählen Sie **Clip: Dauer**.

7 Geben Sie **200** für die neue Dauer ein, und klicken Sie auf OK. *Otto.ptl* hat jetzt eine Dauer von zwei Sekunden.

8 Ziehen Sie *Poem.ptl* aus dem Projektfenster auf die Videospur 3 direkt hinter *Otto.ptl*, so daß *Poem.ptl* am Clip *Otto.ptl* einrastet.

9 Ziehen Sie unter Verwendung des Auswahlwerkzeugs die rechte Kante von *Poem.ptl*, so daß sich der Out-Point an der Position 10 Sekunden befindet. *Poem.ptl* sollte am Ende von *Octopus.ptl* einrasten.

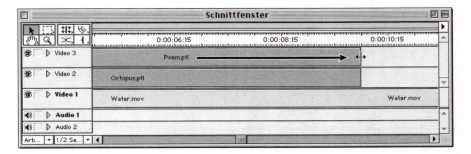

Da Titel in Premiere automatisch transparent erstellt werden, müssen Sie die Deckkraft bzw. Transparenz nicht gesondert zuweisen. Sie können deshalb jetzt eine Vorschau erstellen und sich das Ergebnis ansehen.

10 Speichern Sie das Projekt.

11 Drücken Sie die Eingabetaste für eine Vorschau des Projekts.

Ändern der Geschwindigkeit eines Rolltitels im Schnittfenster

Sie können die Geschwindigkeit eines Rolltitels ändern, indem Sie seine Dauer verändern: Je kürzer die Dauer, desto schneller wird der Titel abgespielt (und umgekehrt).

Wenn Sie sich den Rolltitel in der Vorschau ansehen, werden Sie feststellen, daß der Titel ziemlich schnell durchläuft. Um die Wiedergabe zu verlangsamen, müssen Sie die Dauer des Clips verlängern.

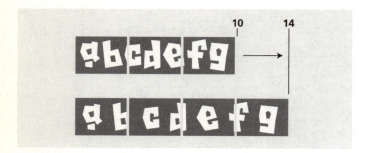

1 Ziehen Sie die rechte Seite von *Poem.ptl* im Schnittfenster auf 14 Sekunden, so daß dieser Clip am Ende von *Water.mov* einrastet.

2 Ziehen Sie die rechte Seite von *Octopus.ptl* auf 14 Sekunden, so daß dieser Clip ebenfalls am Ende von *Water.mov* einrastet.

3 Drücken Sie die Eingabetaste, um sich erneut eine Vorschau des Projekts anzusehen. Jetzt rollt der Titel viel langsamer und ist damit einfacher zu lesen.

Aktualisieren eines Titels im Titelfenster

Sie können das Titelfenster öffnen und einen Titel aktualisieren, indem Sie auf den Titel entweder im Schnittfenster oder im Projektfenster doppelklicken. Sobald Sie die Änderungen an dem Titel speichern, aktualisiert Premiere alle Bezüge im Projekt auf diesen Titel.

An dieser Stelle werden Sie den Rolltext des *Poem*-Titels so ändern, daß er die Grafik des Tintenfisches nicht überlappt. Sie werden für diese Änderung die Datei *Poem.ptl* öffnen und mit dem Auswahlwerkzeug die Fenstergröße für den Rolltext ändern.

1 Doppelklicken Sie auf *Poem.ptl* im Schnittfenster.

Es erscheint ein leeres Titelfenster, da am Anfang des Textes einige Leerzeilen eingefügt wurden. Um den Begrenzungsrahmen anzuzeigen, klicken Sie im oberen Fensterdrittel.

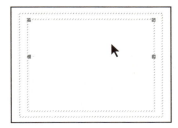

Da Sie eine Bearbeitung vornehmen müssen, die von einer Objektposition in *Octopus.ptl* abhängt, werden Sie zuerst einen Referenzframe in das Titelfenster importieren.

2 Verschieben Sie das Titelfenster, so daß es nicht das Projektfenster verdeckt.

3 Ziehen Sie *Octopus.ptl* aus dem Projektfenster in das Titelfenster. Der Titel wird jetzt als Hintergrund für den *Poem*-Titel angezeigt.

Sie können jetzt genau erkennen, wie weit Sie den Begrenzungsrahmen des *Poem*-Titels im Titelfenster nach oben schieben müssen.

4 Wählen Sie mit dem Auswahlwerkzeug einen der unteren Griffpunkte des *Poem*-Begrenzungsrahmens, und ziehen Sie den Giffpunkt nach oben direkt oberhalb des Tintenfischkopfes.

5 Wählen Sie **Datei: Speichern**, und schließen Sie dann das Titelfenster.

6 Drücken Sie die Eingabetaste für eine Vorschau des Projekts.

7 Speichern Sie das Projekt.

Exportieren des Films

Sie werden nun das Projekt als QuickTime-Film für das Internet exportieren.

1 Klicken Sie auf die Titelleiste des Schnittfensters, um es zu aktivieren.

2 Wählen Sie **Datei: Exportieren: Film**; klicken Sie im Dialogfeld auf »Einstellungen«.

3 Vergewissern Sie sich, daß »QuickTime« als Dateityp und »Gesamtes Projekt« für den Bereich gewählt sind.

4 Achten Sie darauf, daß die Optionen »Video exportieren« und »Fertige Datei öffnen« aktiviert und die Option »Audio exportieren« nicht aktiviert sind. Klicken Sie auf »Nächste«.

5 Wählen Sie »Cinepak« für »Kompressor«.

6 Achten Sie darauf, daß die Framerate 15 fps beträgt. Diese Framerate ist niedriger als für die meisten Filme, da Sie zwar eine optimale Abspielqualität im Internet, gleichzeitig aber eine möglichst kleine Dateigröße erhalten wollen.

7 Aktivieren Sie unter »Datenrate« die Option »Begrenzen auf«, und geben Sie in das Feld »KB/Sek« den Wert **500** ein. Das Begrenzen der Datenrate benötigt weniger Systemressourcen für das Abspielen, d.h. die Wiedergabequalität verbessert sich auf unterschiedlichen Systemen.

8 Klicken Sie auf OK.

9 Geben Sie **Otto.mov** als Dateinamen ein, und klicken Sie auf »Speichern« (Windows) bzw. OK (Mac OS), um die Datei zu exportieren.

Premiere beginnt mit der Filmerstellung und zeigt eine Statusleiste an, in welcher der Fortschritt und die geschätzte Zeitdauer für die Generierung angezeigt werden. Anschließend wird der Film im Clip-Fenster geöffnet.

10 Klicken Sie auf die Abspielen-Schaltfläche, und sehen Sie sich Ihre Animation an.

Selber ausprobieren

Nehmen Sie sich etwas Zeit, um mit dem Titelfenster und dem gerade erstellten Projekt zu experimentieren. Dazu einige Vorschläge:

• Versehen Sie das Wort »Otto« in der Titeldatei *Otto.ptl* mit einem Farbverlauf. Ein Farbverlauf erfordert unterschiedliche Farben in den Feldern »Farbverlauf Anfang« und »Farbverlauf Ende«.

• Erstellen Sie einen neuen Titel mit *kriechendem* Text. Fügen Sie Leerzeichen ein, um sicherzustellen, daß der Text außerhalb des Bildschirm startet, in den Bildschirm hineinfließt und anschließend wieder komplett aus dem Bildschirm herausläuft.

• Verwenden Sie die Option »Text aufrollen einstellen«, und weisen Sie dem kriechenden Text spezielle Timing-Optionen zu, so daß er beim Herauslaufen aus dem Bildschirm verlangsamt wird.

• Ändern Sie die Tintenfisch-Grafik in ein gerahmtes und ein gefülltes Objekt. Wählen Sie eine andere Farbe und Linienstärke für den Rahmen.

• Wenn Sie mit einem Web-Browser arbeiten, exportieren Sie das Projekt als GIF-Animation; doppelklicken Sie anschließend auf die Datei, um sie zu öffnen und im Browser abzuspielen. Animierte GIFs sind für das Web optimiert und lassen sich schnell öffnen und abspielen.

Fragen

1 Wie erstellen Sie einen neuen Titel?

2 Wie ändern Sie die Farbe eines Titeltextes?

3 Wie fügen Sie einen Schatten hinzu?

4 Wie ändern Sie die Deckkraft von Text oder Grafik?

5 Wie bestimmen Sie die Geschwindigkeit eines Rolltitels?

6 Was ist ein Referenzframe?

7 Mit welchen Möglichkeiten kann Rolltext auf einem Frame verschoben werden?

8 Wie fügen Sie einen Titel in ein Videoprogramm ein?

9 Wie fügen Sie weitere Videospuren in ein Projekt ein?

Antworten

1 Wählen Sie **Datei: Neu: Titel**.

2 Markieren Sie den Text, klicken Sie auf das Feld »Objektfarbe«, und bestimmen Sie eine neue Farbe im Farbwähler.

3 Wählen Sie das Objekt, und verschieben Sie das Steuerelement für die Schattenkontrolle.

4 Wählen Sie den Text oder die Grafik, und ziehen Sie den Deckkraftregler auf eine neue Einstellung.

5 Ändern Sie die Dauer des Titel-Clips.

6 Ein Referenzframe ist ein Frame aus einem anderen Titel, einem Standbild oder einem Video-Clip. Diesen Frame können Sie in Ihrem Titel kopieren und als Hilfe für die Farbwahl, die Textanordnung oder das Zeichnen einer Grafik verwenden.

7 Text kann von links nach rechts oder umgekehrt über den Bildschirm *kriechen* oder nach oben oder unten über den Bildschirm *rollen*.

8 Ziehen Sie den Titel in das Projektfenster, und wählen Sie **Projekt: Diesen Clip hinzufügen**. Oder wählen Sie **Datei: Importieren: Datei**.

9 Wählen Sie im Menü des Schnittfensters den Befehl »Spuroptionen«, und klicken Sie auf »Hinzufügen«.

Lektion 9

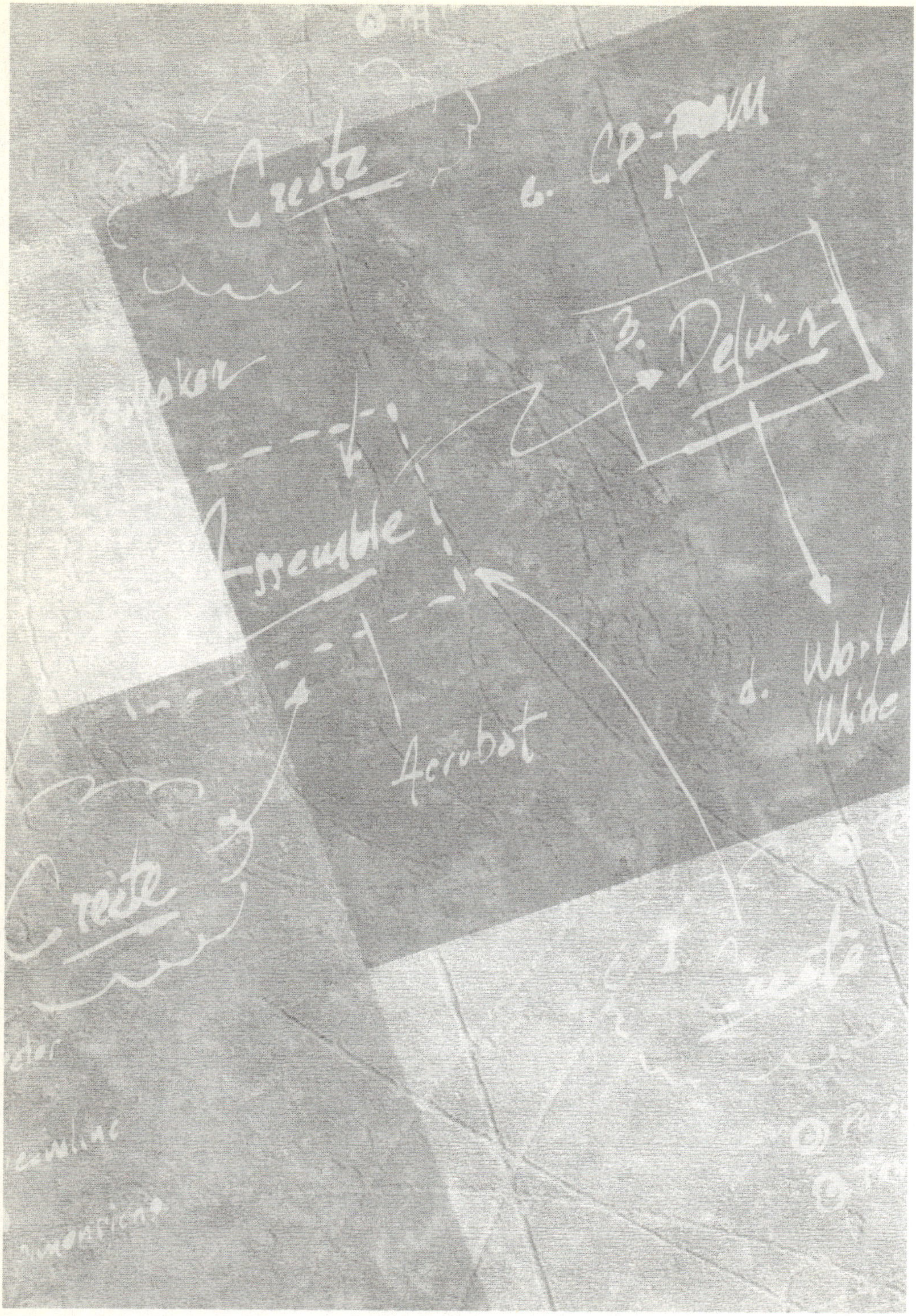
1. Create
3. Deliver
Assemble
Acrobat
Create

Überlagerungen

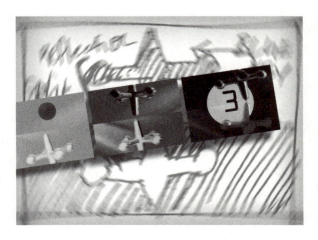

Sie können in Premieres Schnittfenster bis zu 98 verschiedene Videospuren einrichten – für zahllose Kombinationen aus überlagerten Filmen und Standbildern. Per Transparenz wird ein Clip durch einen anderen hindurch sichtbar, und es können Blenden für Übergänge sowie Spezialeffekte erzeugt werden.

In dieser Lektion erstellen Sie ein Promotion-Video für CD-ROMs. Sie arbeiten mit den Überlagerungsspuren in Premieres Schnittfenster, um Transparenz, Übergänge und andere Spezialeffekte zu erzeugen. Dabei machen Sie sich insbesondere mit folgenden Techniken vertraut:

• Erstellen eines geteilten Bilds

• Zuweisen von Transparenz-Key-Typen und deren Einstellungen

• Erstellen eines Storyboards und Festlegen der Reihenfolge für die Anzeige im Schnittfenster

• Verwenden der Spuroptionen »Unbenutzt« und »Ausschließen«

• Arbeiten mit der Blendensteuerung

Beginnen mit der Lektion

Sie werden für diese Lektion ein vorhandenes Projekt öffnen und Clips im Schnittfenster hinzufügen. Prüfen Sie, wo sich die für diese Lektion benötigten Dateien befinden. Eventuell müssen Sie auf die Buch-CD-ROM zugreifen. Da die in dieser Lektion verwendeten Dateien bestimmte Schriftinformationen enthalten, muß Adobe Type Manager (ATM) auf Ihrem System installiert sein. Entsprechende Informationen finden Sie unter »Installieren der Schriften für die Lektionen« auf Seite 16.

Um sicherzustellen, daß Sie mit den standardmäßigen Premiere-Programmeinstellungen arbeiten, beenden Sie Premiere, um die Vorgabedatei zu löschen. Entsprechende Hinweise finden Sie unter »Wiederherstellen der Standardeinstellungen« auf Seite 18.

1 Doppelklicken Sie auf die Datei *09Lesson.ppj* im Ordner *09Lektion*, um das Projekt in Premiere zu öffnen.

2 Nachdem das Projekt geöffnet ist, wählen Sie **Datei: Speichern unter**. Öffnen Sie einen Lektionen-Ordner auf Ihrer Festplatte, geben Sie **Promo.ppj** ein, und drücken Sie die Eingabetaste.

Sie werden in dieser Lektion sechs Ebenen mit Clips überlagern. Deshalb besteht das Projekt aus sieben Videospuren. Da so viele Spuren gleichzeitig geöffnet sind, werden nur kleine Symbole im Schnittfenster angezeigt. Wenn Sie größere Symbole bevorzugen, müssen Sie im Schnittfenster-Menü den Befehl »Schnittfenster-Optionen« wählen und die mittlere Symbolgröße aktivieren.

Ansehen des fertigen Films

Sie können sich den Film, den Sie anschließend erstellen werden, erst einmal als fertige Version ansehen.

1 Wählen Sie **Datei: Öffnen**, dann die Datei *09Final.mov* im Ordner *Final* innerhalb des Ordners *09Lektion*.

2 Klicken Sie auf die Abspielen-Schaltfläche in der Originalansicht des Monitorfensters, und sehen Sie sich den Film an.

Überlagern

Überlagern (häufig auch als *Maskieren* (*Matting*) oder *Ausstanzen* (*Keying*) in der TV- und Filmproduktion bezeichnet) heißt nichts anderes, als daß ein Clip über einem anderen Clip abgespielt wird. In Premiere können Sie Clips in den Überlagerungsspuren plazieren (Videospur 2 und höher) und anschließend mit Transparenz oder Blenden versehen, so daß die weiter unten im Schnittfenster plazierten Clips teilweise durchscheinen bzw. ebenfalls angezeigt werden. Falls Sie dem Clip in der höchsten Spur keine Transparenz zuweisen (d.h. seine Deckkraft bestimmen), werden die darunter befindlichen Clips in der Vorschau oder bei der Wiedergabe des fertigen Films nicht angezeigt.

Clips in Überlagerungsspuren mit unterschiedlicher Transparenz (Deckkraft)

Adobe Premiere verfügt über 15 *Keys* (Verfahren zum Erstellen von Transparenzen), mit denen sich auf vielfältige Weise die Position und die Intensität von transparenten Bereichen innerhalb eines Clips steuern lassen. Sie können für das Überlagern eine *Maske* (festgelegter Bereich) als transparent bestimmen, oder Sie können transparente Bereiche auf Basis einer Farbe oder Farbqualität (z.B. Helligkeit) festlegen.

Für das Überlagern müssen Sie entsprechend vorausplanen, besonders wenn Sie Videomaterial bearbeiten. Wenn Sie z.B. ein Videoband mit einem Redner haben und Sie die
Person über Keys vor einem anderen Hintergrund stellen, muß der Redner vor einem
einfarbigen Hintergrund aufgenommen werden (z.B. vor einer blauen Wand). Ansonsten würde das Ausstanzen des Hintergrunds schwierig, wenn nicht unmöglich sein.

Erzeugen eines geteilten Bildes

Mit den Transparenzeinstellungen in Premiere können Sie den Effekt eines geteilten
Bildes (*Split Screen*) sowie andere Effekte erzeugen, bei denen zwei Clips nebeneinander
gezeigt werden.

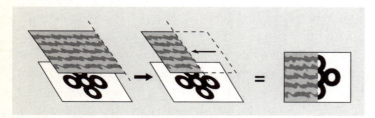

Transparenz für oberen Clip; Effekt eines geteilten Bildes

Sie werden jetzt ein geteiltes Bild erzeugen, in dem die Hälfte eines Clips oberhalb und
die Hälfte eines anderen Clips unterhalb angezeigt wird. Zuerst plazieren Sie die beiden
Clips im Schnittfenster.

1 Ziehen Sie *Gold.mov* aus dem Projektfenster auf die Videospur 1, und plazieren Sie
den In-Point ganz an den Anfang im Schnittfenster.

2 Scrubben Sie in der Zeitleiste, und schauen Sie sich den Clip an, bevor Sie ihn mit
Transparenz versehen.

3 Ziehen Sie *Amber.mov* aus dem Projektfenster auf die Videospur 2, und plazieren Sie den In-Point ganz an den Anfang im Schnittfenster.

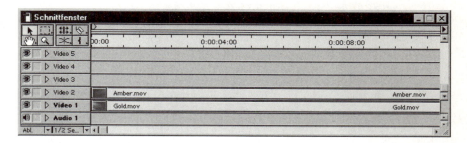

4 Scrubben Sie in der Zeitleiste, um sich die beiden Clips vor dem Zuweisen von Transparenz anzusehen.

Beachten Sie, daß nur *Amber.mov* in der Programmansicht erscheint. Ohne Transparenz werden alle unterhalb dieses Clips befindlichen Clips nicht angezeigt.

Sie können einem Clip in der Videospur 1 keine Transparenz zuweisen; deshalb versehen Sie *Amber.mov* auf der Videospur 2 mit Transparenz. Da *Gold.mov* direkt unterhalb von *Amber.mov* angeordnet ist, wird *Gold.mov* nach dem Zuweisen von Transparenz wieder zu sehen sein.

5 Markieren Sie *Amber.mov* im Schnittfenster, und wählen Sie **Clip: Video: Transparenz.**

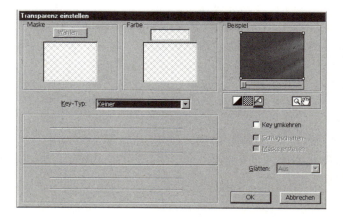

6 Übernehmen Sie unter »Key-Typ« die Option »Keiner«.

Wenn Sie ein geteiltes Bild erstellen, benötigen Sie keinen Key-Typ für Transparenz; statt dessen ziehen Sie die Griffpunkte im Beispielbereich.

7 Setzen Sie den Zeiger auf den unteren linken Griffpunkt im Beispielbereich (oben rechts im Dialogfeld). Sobald sich der Zeiger in ein Fingersymbol ändert, ziehen Sie den Griffpunkt auf der linken Seite halb nach oben.

8 Ziehen Sie im Beispielbereich den unteren rechten Griffpunkt auf der rechten Seite halb nach oben, so daß eine gerade Linie zum Griffpunkt auf der linken Seite entsteht.

9 Die untere Hälfte des Bereichs ist weiß. Um den Effekt des geteilten Bildes zu sehen, klicken Sie auf das Umblättern-Symbol (▨) unterhalb des Beispielbereichs.

*Standardmäßiger Beispielbereich und Beispielbereich nach Verschieben
der beiden unteren Griffpunkte und Klicken auf das Umblättern-Symbol*

Gold.mov wird jetzt in der unteren Hälfte und *Amber.mov* in der oberen Hälfte des Beispielbereichs angezeigt. Sie können Bilder diagonal, vertikal und in unregelmäßigen Formen teilen.

10 Klicken Sie auf OK, um das Dialogfeld »Transparenz einstellen« zu schließen.

11 Schauen Sie sich das geteilte Bild an, indem Sie mit gedrückter Alt-Taste (Windows) bzw. Wahltaste (Mac OS) in der Zeitleiste scrubben.

12 Speichern Sie das Projekt.

Wenn die Teilungslinie zwischen den beiden Clips noch nicht gerade ist, wählen Sie *Amber.mov* aus, öffnen den Dialog »Transparenz einstellen« und justieren die Griffpunkte im Beispielbereich.

💡 *Ein geteiltes Bild läßt sich auch erzeugen, indem man den Überblendungseffekt* Wegschieben *zwischen zwei Clips auf den Spuren Video 1A und 1B verwendet; oder Sie können ein Bild dreiteilen, indem Sie diesen Überberblendungseffekt und die Transparenzeinstellung kombinieren.*

Zuweisen des Transparenz-Keys *Blue Screen*

Die beiden am häufigsten eingesetzten Transparenz-Keys sind *Blue Screen* und *Green Screen*. Diese Keys werden benutzt, um den Hintergrund in einem Video durch einen anderen Hintergrund zu ersetzen. Dabei ist vorteilhaft, daß es keine Probleme mit Hauttönen gibt. In den TV-Nachrichtenprogrammen werden regelmäßig mit Hilfe des Blue Screen-Effekts aktuelle Beiträge oder Grafiken hinter dem Moderator eingeblendet.

Wenn Sie bei einer Videoaufnahmen einen blauen oder grünen Hintergrund verwenden und dieser Hintergrund später mit den Key-Typen *Blue Screen* oder *Green Screen* ausgestanzt werden soll, müssen Sie darauf achten, daß die Hintergrundfarbe nicht in den anderen Bildbereichen vorkommt. Wenn Sie z.B. einen Moderator mit blauer Kravatte vor einem blauen Hintergrund aufnehmen, werden bei Anwendung des Key-Typs *Blue Screen* der Hintergrund und die Kravatte transparent bzw. ausgestanzt.

Blue Screen-Transparenz mit blauer und weißer Kravatte

Sie fügen nun Clips in die Spuren Video 4 und Video 5 ein, um anschließend die Key-Typen *Blue Screen* und *Chroma* zuzuweisen. Die Videospur 3 wird im Augenblick ausgelassen, da Sie erst später in dieser Lektion benötigt wird.

1 Ziehen Sie *Jacklow.mov* aus dem Projektfenster auf die Videospur 4, und richten Sie den In-Point ganz am Anfang des Schnittfensters aus.

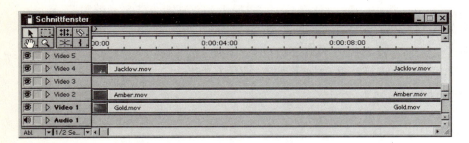

2 Schauen Sie sich diesen Film an, indem Sie in der Zeitleiste scrubben. Beachten Sie den Hintergrund, der sich aus verschiedenen Blauschattierungen zusammensetzt. Sie werden diesen Hintergrund mit dem Transparenz-Key *Blue Screen* entfernen.

3 Wählen Sie mit dem Auswahlwerkzeug (🡑) *Jacklow.mov* im Schnittfenster und dann **Clip: Video: Transparenz.**

4 Wählen Sie im Einblendmenü den Key-Typ »Blue Screen«. Klicken Sie auf das Um-blättern-Symbol (▨), und sehen Sie sich den Beispielbereich an. Der blaue Hintergrund des Clips ist durch das geteilte Bild (aus den Videospuren 1 und 2) ersetzt worden.

Die Regler »Schwellenwert« und »Schwellenwertabgrenzung« unten im Dialogfeld ver-ändern Abstufung und Schattierung der Bereiche, die entfernt werden sollen.

5 Um zu sehen, wieviel vom blauen Hintergrund ausgestanzt wurde, klicken Sie auf das Symbol für schwarzen oder weißen Hintergrund (◨) unterhalb des Beispielbereichs. Sie sehen, daß noch immer blaugraue Schattierungen vorhanden sind.

Um den gesamten blauen Hintergrund zu entfernen bzw. auszustanzen, müssen Sie den Schwellenwert verändern.

6 Ziehen Sie den Schwellenwert-Regler auf 60 oder so weit, bis der Hintergrund vollständig weiß ist.

7 Klicken Sie erneut auf das Umblättern-Symbol (⬛), um den Effekt zu prüfen. Die Hintergrundfarben werden jetzt heller und farbgetreuer dargestellt. Grund: Sie haben mehr Blautöne und Blauschattierungen im ausgewählten Clip entfernt.

8 Ziehen Sie den Regler unterhalb der Beispielansicht, um sich die Wirkung anzusehen. Klicken Sie anschließend auf OK.

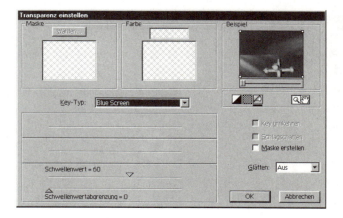

9 Schauen Sie sich die Vorschau des Blue Screen-Effekts kombiniert mit dem geteilten Bild an, indem Sie mit gedrückter Alt-Taste (Windows) bzw. Wahltaste (Mac OS) in der Zeitleiste scrubben.

10 Speichern Sie das Projekt.

Zuweisen des Transparenz-Keys *Chroma*

Mit dem Key *Chroma* können Sie eine Farbe oder einen Farbbereich im Clip auswählen und transparent machen. Wenn Sie z.B. keine Videoaufnahme vor blauem oder grünem Hintergrund machen können (weil z.B. ein Kleid auch blau oder grün ist), können Sie einen anderen Farbhintergrund einsetzen und diesen dann in Premiere mit Hilfe des *Chroma*-Keys entfernen bzw. ausstanzen.

An dieser Stelle setzen Sie den *Chroma*-Key für einen Clip mit gelbem Hintergrund ein.

1 Ziehen Sie *Jackhi.mov* aus dem Projektfenster auf die Videospur 5, und richten Sie den In-Point am Anfang des Schnittfensters aus.

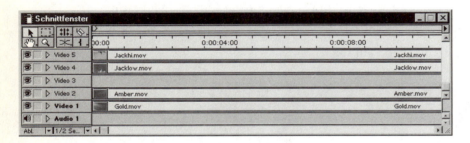

2 Scrubben Sie in der Zeitleiste, um sich den Film vor dem Zuweisen der Transparenz anzusehen.

3 Wählen Sie mit dem Auswahlwerkzeug ( ) den Clip *Jackhi.mov* im Schnittfenster und dann **Clip: Video: Transparenz**.

4 Wählen Sie im Einblendmenü den Key-Typ »Chroma«.

Beachten Sie, daß im Dialogfeld »Transparenz einstellen« unter »Farbe« ein Frame aus *Jackhi.mov* angezeigt wird. Sie können aus diesem Frame eine Key-Farbe auswählen, oder Sie können in das weiße Feld über dem Frame klicken und eine Key-Farbe im Farbwähler bestimmen. In dieser Lektion wählen Sie die Farbe aus dem Frame.

5 Setzen Sie den Zeiger auf den Frame unter »Farbe« – der Zeiger wird zur Pipette.

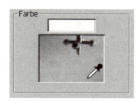

6 Klicken Sie auf den gelben Hintergrund, um die Key-Farbe festzulegen.

Da der gelbe Hintergrund in *Jackhi.mov* gedithert ist (keine Volltonfarbe), verändert sich die Hintergrundfarbe im Beispielbereich nur geringfügig. Sie müssen die Regler »Ähnliche Farbe« und »Angleichen« verwenden, um den gelben Hintergrund transparent machen zu können.

Der Regler »Ähnliche Farbe« erweitert oder schränkt den Farbbereich ein, der transparent gemacht werden soll. Wenn Sie den Wert für *Jackhi.mov* erhöhen, wird der Bereich mit Gelbtönen, die transparent werden sollen, größer.

7 Wählen Sie das Symbol für schwarzen oder weißen Hintergrund (◪), und ziehen Sie den Regler »Ähnliche Farbe« auf den Wert 38. Während des Ziehens verringert sich die gelbe Farbe so weit, bis der gesamte Hintergrund weiß ist.

Mit dem Regler »Angleichen« werden die Bildkanten an den Hintergrund angeglichen, indem die Deckkraft dort verändert wird, wo die Farbpixel aufeinandertreffen.

8 Ziehen Sie den Regler »Angleichen« auf den Wert 12. Beachten Sie, wie der Übergang zwischen Bild und Hintergrund weichgezeichnet wird.

Die Regler »Schwellenwert« und »Schwellenwertabgrenzung« werden für diesen Clip nicht benötigt.

9 Wählen Sie das Umblättern-Symbol (⬚), um sich den Effekt des geteilten Bildes mit *Jacklo.mov* im Hintergrund anzusehen.

10 Klicken Sie auf OK, um den Dialog »Transparenz einstellen« zu schließen.

11 Sehen Sie sich die Vorschau auf die Clips an, indem Sie mit gedrückter Alt-Taste (Windows) bzw. Wahltaste (Mac OS) in der Zeitleiste scrubben. Beachten Sie die Clips mit ihren Transparenzeinstellungen, die gleichzeitig dargestellt werden.

Hinzufügen von Clips ohne Transparenz

Sie fügen nun Clips auf zwei weiteren Spuren im Schnittfenster hinzu. Diese Clips sollen opak (ohne Transparenz) sein, da sie zeitweise die darunter angeordneten Clips verdekken sollen.

1 Ziehen Sie *Ball.mov* aus dem Projektfenster auf die Videospur 6, so daß der In-Point am Anfang des Schnittfensters einrastet.

2 Ziehen Sie in der Programmansicht des Monitorfensters den Shuttle-Regler auf 0:00:01:00.

3 Ziehen Sie *Excite.ptl* aus dem Projektfenster auf die Videospur 7, so daß der In-Point an der Schnittlinie einrastet.

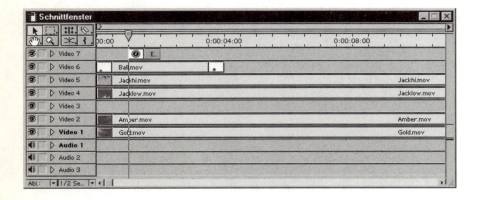

4 Schauen Sie sich die ersten vier Sekunden des Projekts an, indem Sie mit gedrückter Alt-Taste (Windows) bzw. Wahltaste (Mac OS) in der Zeitleiste scrubben.

Nur der springende Ball und die Grafik mit dem Stern sind im Monitorfenster zu sehen. *Excite.ptl* ist eine Premiere-Titeldatei, d.h. deren Transparenzeinstellung erfolgt automatisch. *Ball.mov* hat keine Transparenz, so daß nichts unterhalb dieses Clips im Schnittfenster sichtbar ist.

5 Speichern Sie das Projekt.

Sie werden den Übergang zwischen *Ball.mov* und dem übrigen Projekt etwas später festlegen.

Zuweisen des Keys *Bewegte Maske*

Mit dem Key *Bewegte Maske* können Sie eine verschiebbare Maske für das Zusammenführen zweier übereinandergelegter Clips erstellen. Wenn Sie diesen Key-Typ zuweisen, können Sie einen Film durch die Maske eines anderen Films und gleichzeitig einen weiteren Film im Hintergrund abspielen.

Beim Erstellen des Keys *Bewegte Maske* ist die Reihenfolge Ihrer Clips wichtig. Das Zuweisen dieses Keys auf unterschiedliche Clips und Videospuren ermöglicht zahllose Effekte. Einige dieser Effekte werden Sie in dieser Lektion kennenlernen. In Lektion 10 werden Sie den Key *Bewegte Maske* einem sich bewegenden Bild zuweisen und so den Effekt einer »wandernden« Maske erzielen.

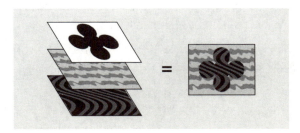

Der Key Bewegte Maske *auf den mittleren Clip angewendet*

Bewegte Maske

Mit dem Key »Bewegte Maske« können Sie eine verschiebbare Maske zur Zusammenführung zweier übereinandergelegter Clips erstellen. Als Maske können dabei beliebige Clips, Standbilder und Standbilder mit Bewegung verwendet werden. Weiße Bereiche in der Maske führen zu opaken Bereichen mit überlagerten Clips, so daß darunterliegende Clips nicht sichtbar sind. Schwarze Bereiche in der Maske führen zu transparenten Bereichen; graue Bereiche führen zu teilweise transparenten Bereichen. Verwenden Sie ein Graustufenbild als Maske, damit die ursprünglichen Farben des überlagerten Clips erhalten bleiben. Wenn die Maske Farben enthält, werden die entsprechenden Farbanteile aus dem überlagerten Clip entfernt.

Masken können auf folgende Arten erstellt werden:

•Erstellen Sie im Fenster »Titel« Text und Formen (nur Graustufen), speichern Sie den Titel, und importieren Sie die Datei anschließend als Maske.

•Erstellen Sie mit dem Key »Chroma«, »RGB-Differenz«, »Differenz-Maske«, »Blue Screen«, »Green Screen« oder »Non-Red« eine Maske aus einem beliebigen Clip. Wählen Sie anschließend die Option »Maske erstellen«.

•Erstellen Sie in Adobe Illustrator oder Photoshop ein Graustufenbild, und importieren Sie dieses in Premiere. Falls gewünscht, können Sie auf das Bild auch Bewegungseinstellungen anwenden.

Aus dem Adobe Premiere 5.0 Handbuch, Kapitel 8

Sie werden den Effekt »Bewegte Maske« mit *Ball.mov* und *Excite.ptl* erstellen, und zwar so, daß der Ball innerhalb der Grafik *Excite.ptl* springt und die darunterliegenden Clips im Hintergrund abgespielt werden.

Zuerst fügen Sie *Ball.mov* und *Excite.mov* wieder dem Schnittfenster hinzu und erstellen für beide Clips einen Aliasnamen, um sie nicht mit den Clips am Anfang im Schnittfenster zu verwechseln. Falls erforderlich, arbeiten Sie mit der Navigatorpalette, um schnell die jeweiligen Clips im Schnittfenster sehen zu können.

1 Ziehen Sie *Ball.mov* aus dem Projektfenster an das Ende der Videospur 6, so daß der Out-Point am Out-Point von *Jackhi.mov* (bei 0:00:20:00) einrastet.

2 Markieren Sie Ball.mov im Schnittfenster, und wählen Sie **Clip: Aliasname**. Geben Sie in das Textfeld **Ball2.mov** ein, und klicken Sie auf OK.

3 Ziehen Sie *Excite.ptl* aus dem Projektfenster an das Ende der Videospur 7, so daß der Out-Point am Out-Point von *Ball2.mov* einrastet.

4 Markieren Sie *Excite.ptl* im Schnittfenster, und wählen Sie **Clip: Aliasname**. Geben Sie in das Textfeld **Excite2.ptl** ein, und klicken Sie auf OK.

5 Setzen Sie den Zeiger auf die linke Kante von *Excite2.ptl*; wenn sich der Cursor in das Trimmen-Werkzeug ändert, ziehen Sie so weit nach links, bis die Kante am Anfang von *Ball2.mov* bei 0:00:16:00 ausgerichtet ist.

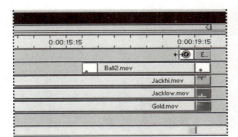 

Sie werden nun den Key *Bewegte Maske* zuweisen.

6 Markieren Sie *Ball2.mov*, und wählen Sie **Clip: Video: Transparenz**.

7 Wählen Sie im Einblendmenü den Key-Typ *Bewegte Maske*.

8 Achten Sie darauf, daß im Beispielbereich das Umblättern-Symbol gewählt ist; ziehen Sie den Regler unterhalb der Beispielansicht, um sich den Effekt anzusehen

Beachten Sie, wie alle Clips in den niedrigeren Spuren innerhalb der Maske *Excite2.ptl* (schwarzer Bereich) angezeigt werden. Um den Effekt umzukehren (der Hintergrund bleibt im Videoprogramm konstant, und nur der Ball wird innerhalb der Maske angezeigt), werden Sie die Option »Key umkehren« zuweisen.

9 Wählen Sie die Option »Key umkehren«. Ziehen Sie den Regler unterhalb der Beispielansicht, um sich den Effekt anzusehen. Klicken Sie anschließend auf OK.

10 Speichern Sie das Projekt.

Hinzufügen einer Serie mit Standbildern

Sie werden eine Serie mit Titeldateien in die Videospur 3 einfügen. Sie fügen gleichzeitig sechs Clips in das Schnittfenster ein, erstellen aber vorher erst ein Storyboard, um die Reihenfolger dieser Clips im Schnittfenster festzulegen.

Clips lassen sich im Projektfenster und in der Ablage auf verschiedene Weise arrangieren. Um Clips alphabetisch anzuordnen, klicken Sie im Projekt- oder Ablagefenster (die Listenansicht ist gewählt) auf die Spaltenüberschrift, nach der die Clips sortiert werden sollen. Sollen die Clips z.B. in alphabetischer Reihenfolger sortiert werden, müssen Sie auf die Überschrift »Name« klicken; wollen Sie die Clips nach Typ anzeigen lassen, klikken Sie auf die Überschrift »Medientyp«.

Um die Clips in einem Storyboard zu arrangieren, klicken Sie unten im Projekt- oder Ablagefenster auf das Symbol für die Thumbnail-Ansicht (□), um die Clips durch Ziehen im Fenster in der gewünschten Reihenfolge anzuordnen. Sämtliche Titel wurden bereits in der *Titles*-Arbeitsablage zusammengefaßt, um das Erstellen des Storyboards zu vereinfachen.

1 Doppelklicken Sie im Projektfenster auf das Symbol der *Titles*-Arbeitsablage, um sie zu öffnen.

2 Das Ablagefenster ist aktiviert; klicken Sie unten im Fenster auf das Symbol für die Thumbnail-Ansicht (☐). Die Titel werden nun als Symbole angezeigt, die Sie beliebig im Fenster verschieben können.

3 Ziehen Sie die Titel-Symbole, um sie in numerischer Reihenfolge von links nach rechts anzuordnen. Falls erforderlich, können Sie die Fenstergröße entsprechend verändern.

Sie erkennen, daß drei Clips einen weißen und drei einen schwarzen Hintergrund besitzen. Die Hintergründe variieren deshalb, um einen erkennbaren Übergang zwischen den Clips zu erhalten. Nachdem Sie die Transparenz zugewiesen haben, wird der Übergang zwischen den Clips noch besser zu erkennen sein.

Bevor Sie die Clips in das Schnittfenster ziehen, werden Sie die Schnittlinie festlegen.

4 Ziehen Sie in der Programmansicht des Monitorfensters den Shuttle-Regler auf den In-Point von *Ball2.mov* (bei 0:00:16:00).

5 Klicken Sie auf die Titelleiste des *Titles*-Ablagefensters, um es zu aktivieren; wählen Sie anschließend **Bearbeiten: Alles auswählen**.

6 Ziehen Sie die Dateien auf die Videospur 3, und richten Sie den Out-Point der letzten Datei an der Schnittlinie aus.

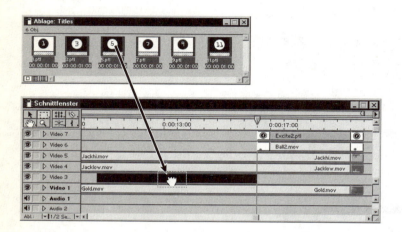

7 Wenn Sie an der Position der Clip-Serie im Schnittfenster noch Änderungen vornehmen müssen, wählen Sie alle Clips mit dem Bereichsauswahlwerkzeug ( ). Verschieben Sie dann die Clips als Gruppe. Achten Sie darauf, daß Sie ausschließlich die Clips auf der Videospur 3 auswählen. Sollten Sie versehentlich noch andere Clips ausgewählt haben, klicken Sie auf das Auswahlwerkzeug, um alle Clips wieder abzuwählen. Danach wählen Sie erneut das Bereichsauswahlwerkzeug.

Hinweis: Sie können das Bereichsauswahlwerkzeug ( ) auch verwenden, um die Clips auszuwählen, da sie die einzigen Clips auf der Spur sind; allerdings können Sie mit diesem Werkzeug keine Clips an der Schnittlinie oder an einem anderen Clip einrasten lassen.

8 Schließen Sie das Fenster der *Titles*-Ablage.

9 Schauen Sie sich die Titel an, indem Sie die Alt-Taste (Windows) bzw. Wahltaste (Mac OS) gedrückt halten und in der Zeitleiste scrubben.

10 Speichern Sie das Projekt.

Verwenden von Transparenz, um Clips zu überlagern

Wenn Sie mit einer Gruppe von Clips arbeiten, die identische Hintergründe haben und die direkt über, unter oder neben einem anderen Clip im Schnittfenster angeordnet sind, können Sie diese Clips als Gruppe auswählen und ihnen Transparenz zuweisen.

Premiere stellt verschiedene Key-Typen für Transparenz zur Verfügung, mit denen sich verschiedene Effekte zum Überlagern und Ein- bzw. Ausblenden erzielen lassen. Um beispielsweise einen dunklen Clip aufzuhellen, können Sie dem Clip den Key-Typ *Luminanz* zuweisen, über den die dunkleren Farben in einem überlagerten Clip durch die helleren Farben des darunterliegenden Clips im Schnittfenster ersetzt werden. Sie werden nun mit den verschiedenen Key-Typen und deren Effekten experimentieren.

1 Wählen Sie das Spurauswahlwerkzeug, und klicken Sie auf den ersten Clip in der Videospur 3, um alle Titel-Clips in dieser Spur zu markieren.

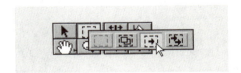

2 Wählen Sie **Clip: Video: Transparenz**. Sie können aber auch den Tastatur-Kurzbefehl wählen, indem Sie Strg+G (Windows) bzw. Befehl+G (Mac OS) drücken.

3 Wählen Sie *Negativ multiplizieren* als Key-Typ. Achten Sie darauf, daß das Umblättern-Symbol für die Vorschau auf den Effekt aktiviert ist.

Wenn Sie den Key-Typ *Negativ multiplizieren* auf ein Graustufenbild wie *1.ptl* anwenden, ersetzt Premiere die schwarzen Bereiche des Clips durch die Farben des darunterliegenden Clips im Schnittfenster.

4 Verschieben Sie den Regler »Schwellwertabgrenzung«, und schauen Sie sich die verschiedenen Effekte an. Mit diesem Regler können Sie die Deckkraft des Hintergrunds ändern.

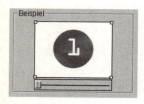 

Key-Typ Negativ multiplizieren *mit 100% und 50% Schwellwertabgrenzung*

5 Wählen Sie den Key-Typ *Multiplizieren*.

Beim Key-Typ *Multiplizieren* werden Transparenzen in den Bereichen des Bildes erzeugt, die den hellen Bereichen des darunterliegenden Bildes entsprechen. Da Sie diesen Effekt einem schwarzweißen Clip zugewiesen haben, werden die weißen Bereiche im Clip transparent.

6 Verschieben Sie den Regler »Schwellwertabgrenzung«, und schauen Sie sich die verschiedenen Effekte an. Mit diesem Regler wird die Transparenz für den gesamten Clip eingestellt: Je niedriger der Wert, desto transparenter der Clip – der Hintergrund scheint durch die schwarzen Bereich hindurch. Steht der Regler »Schwellwertabgrenzung« auf Null, wird der gewählte Clip vollständig transparent.

 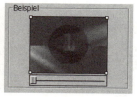

Key-Typ Multiplizieren *mit 100% und 30% Schwellwertabgrenzung*

Neben den Key-Typen für Transparenz können Sie auch den Key-Typ *Bewegte Maske* zum Überlagern von Bildern und Farben verwenden.

7 Wählen Sie den Key-Typ *Bewegte Maske*. Beachten Sie, daß nun – im Gegensatz zu den meisten anderen Key-Typen – die Transparenz der Clips oberhalb und unterhalb des ausgewählten Clips verändert wird.

8 Klicken Sie auf OK, um den Key-Typ *Bewegte Maske* zuzuweisen und das Dialogfeld »Transparenz einstellen« zu schließen.

9 Schauen Sie sich den Effekt der transparenten Titel an, indem Sie mit gedrückter Alt-Taste (Windows) bzw. Wahltaste (Mac OS) in der Zeitleiste scrubben.

Originaltitel

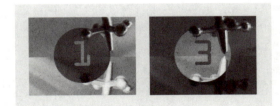

Titel mit zugewiesenem Transparenz-Key-Typ Bewegte Maske

Die abwechselnd schwarzen und weißen Hintergründe beeinflussen die in den einzelnen Clips dargestellten Farben. Sie können nicht vorhersehen, wie der Key-Typ *Bewegte Maske* die Farben überlagert; jedes Bild erzeugt einen anderen Effekt. Sie werden nun die Titel-Clips eindeutiger definieren, indem Sie die Transparenz-Einstellung des Key-Typs *Bewegte Maske* entsprechend anpassen.

10 Markieren Sie mit den Auswahlwerkzeug den Clip *3.ptl*, und drücken Sie Strg+G (Windows) bzw. Befehl+G (Mac OS), um das Dialogfeld »Transparenz einstellen« zu öffnen.

11 Wählen Sie die Option »Key umkehren«. Die Farben werden erneut verschoben. Klicken Sie auf OK.

12 Markieren Sie *7.ptl*, drücken Sie Strg+G (Windows) bzw. Befehl+G (Mac OS), wählen Sie die Option »Key umkehren«, und klicken Sie anschließend auf OK.

13 Markieren Sie *11.ptl*, drücken Sie Strg+G (Windows) bzw. Befehl+G (Mac OS), wählen Sie die Option »Key umkehren«, und klicken Sie anschließend auf OK.

Hinweis: Hinweise für das Kopieren von Transparenzeinstellungen für Clips finden Sie in Lektion 11, »Kopieren von Filtern und Einstellungen« auf Seite 381.

14 Schauen Sie sich den Transparenzeffekt an, indem Sie mit gedrückter Alt-Taste (Windows) bzw. Wahltaste (Mac OS) in der Zeitleiste scrubben.

15 Speichern Sie das Projekt.

Ausblenden von Spuren

Nachdem Sie alle Clips in das Schnittfenster eingefügt haben, können Sie sich den einzelnen Videospuren zuwenden. Die Clips *Gold.mov* und *Amber.mov* müssen nicht mehr bearbeitet werden, so daß Sie die Spuren Video 1 und Video 2 als »unbenutzt« markieren und ausblenden können.

Wenn Sie eine Spur als unbenutzt markieren und dann den Befehl »Unbenutzte Spuren ausblenden« aus dem Schnittfenster-Menü wählen, macht Premiere diese Spur unsichtbar; Sie haben danach mehr Platz für die Bearbeitung der Clips in den anderen Spuren. Da sich die Markierung von Spuren als »unbenutzt« nur auf die Darstellung im Schnittfenster auswirkt, hat sie keinerlei Auswirkungen auf die Vorschau oder das Exportieren. Unbenutzte Spuren werden, ungeachtet der Einstellung im Schnittfenster, immer in das Videoprogramm einbezogen.

1 Klicken Sie mit gedrückter Strg-Taste (Windows) bzw. Befehlstaste (Mac OS) auf das Augensymbol neben der Videospur 1. Verfahren Sie ebenso mit der Videospur 2.

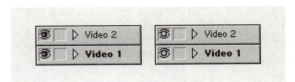

Das Augensymbol kennzeichnet die standardmäßige Spur,
ein konturiertes Augensymbol eine »unbenutzte« Spur

Das Augensymbol wird konturiert (👁) angezeigt.

2 Wählen Sie aus den Schnittfenster-Menü den Befehl »Unbenutzte Spuren ausblenden«.

Die Spur Video 3 ist nun die erste im Schnittfenster angezeigte Videospur.

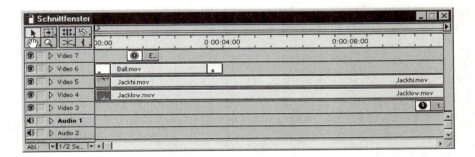

Hinweis: Sie können auch Audiospuren als »unbenutzt« markieren und ausblenden, indem Sie mit gedrückter Strg-Taste (Windows) bzw. Befehlstaste (Mac OS) auf das Lautsprechersymbol (◀)) klicken und aus dem Schnittfenster-Menü den Befehl »Unbenutzte Spuren ausblenden« wählen.

3 Sehen Sie sich das Projekt an, indem Sie mit gedrückter Alt-Taste (Windows) bzw. Wahltaste (Mac OS) in der Zeitleiste scrubben.

Obwohl Sie die Spuren Video 1 und Video 2 nicht im Schnittfenster sehen können, erscheinen sie während der Vorschau in der Programmansicht des Monitorfensters.

Wenn Sie die Spuren wieder im Schnittfenster anzeigen lassen wollen, wählen Sie aus dem Schnittfenster-Menü den Befehl »Unbenutzte Spuren anzeigen«. Wollen Sie wieder die standardmäßige Anzeige des Augensymbols zurückerhalten, klicken Sie mit gedrückter Strg-Taste (Windows) bzw. Befehlstaste (Mac OS) auf das konturierte Augensymbol. Im Augenblick bleiben die Spuren aber als »unbenutzt« markiert.

Ausschließen von Spuren

Die Möglichkeit, Clips im Premiere-Schnittfenster »auszuschließen«, bewirkt, daß diese Clips bei der Vorschau oder beim Export eines Projekts unberücksichtigt bleiben. Sie werden diese Möglichkeit in dieser Lektion nicht anwenden. Dennoch sollten Sie den Unterschied zur Option »unbenutzt« kennenlernen. Deshalb werden Sie nun mit der Videospur 4 experimentieren.

1 Klicken Sie auf das Augensymbol neben der Videospur 4, um diese Spur auszublenden. Wenn Sie ohne gedrückte Strg-Taste (Windows) bzw. Befehlstaste (Mac OS) auf das Augensymbol klicken, schließen Sie die Spur aus der Vorschau und dem Export aus.

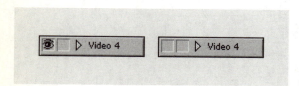

Das leere Feld zeigt an, daß die Spur ausgeschlossen ist

2 Scrubben Sie mit gedrückter Alt-Taste (Windows) bzw. Wahltaste (Mac OS) im Schnittfenster für eine Vorschau der Clips.

Die Videospur 4 wird weiterhin im Schnittfenster angezeigt, aber *Jacklow.mov* erscheint während der Vorschau auf das Projekt nicht in der Programmansicht. Beachten Sie außerdem, daß die Hälfte der Titel-Dateien in Schwarz und Weiß angezeigt wird, und die anderen Titel-Dateien überhaupt nicht. Der Key-Typ *Bewegte Maske* erzeugt erst dann einen Transparenzeffekt, wenn sich ein Clip direkt in der darüberliegenden Spur befindet.

3 Klicken Sie erneut in das Augensymbol-Feld der Videospur 4, um die Spur wieder einzuschließen. Speichern Sie anschließend das Projekt.

Hinweis: Sie können auch Audiospuren ausschließen, indem Sie auf das Lautsprechersymbol (◄)) klicken.

Ein- und Ausblenden von Clips

Mit Premieres Blendensteuerung können Sie Clips auf Überlagerungsspuren ein- und ausblenden sowie Schatten, Transparenzen und den Effekt mehrfacher Kameras erzeugen. Sie werden die Blendensteuerung in den obersten vier Spuren im Schnittfenster einstellen. Sie beginnen mit der obersten Spur Video 7.

1 Wählen Sie **Fenster: Anzeigen Informationen**, um die Informationenpalette als Hilfe heranziehen zu können. Drücken Sie anschließend die Home-Taste, um zur Schnittlinie am Anfang des Schnittfensters zu gelangen.

Hinweis: Wenn ein Clip im Schnittfenster ausgewählt ist, wird die Schnittlinie an den Anfang dieses Clips gesetzt. Um den Clip abzuwählen, klicken Sie erneut auf den Clip; oder Sie klicken auf das Auswahlwerkzeug.

2 Klicken Sie auf das Dreieck links neben der Spurbezeichnung *Video 7*, um die Spur vergrößert anzuzeigen.

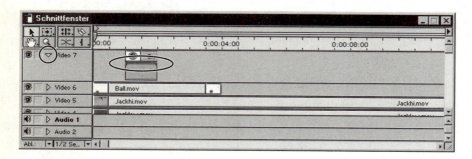

Unter dem Namen und Thumbnail des Clips erscheint eine rote Linie: die Blendensteuerung. Sie hat für jeden Clip am Anfang und Ende einen Griffpunkt. Über die Blendensteuerung wird die Deckkraft des gesamten Clips festgelegt. Durch Hinzufügen von Griffpunkten und eine Änderung des mit dieser Steuerung eingestellten Wertes über einen bestimmten Zeitabschnitt können Sie den Clip ein- und ausblenden. Der Vorgang ähnelt der Lautstärkeeinstellung in Lektion 5.

3 Aktivieren Sie das Auswahlwerkzeug, und positionieren Sie den Zeiger auf der oberen Linie der Blendensteuerung in der Mitte des Clips. Der Zeiger nimmt die Form einer Hand mit ausgestrecktem Zeigefinger mit roten Plus- und Minuszeichen an (☜).

4 Bewegen Sie den Zeiger über der Blendensteuerung; sobald in der Informationenpalette unter »Zeiger« der Wert 0:00:01:15 angezeigt wird, klicken Sie für einen neuen Griffpunkt. Falls sich der neue Griffpunkt noch an der falschen Stelle befindet, können Sie ihn entweder markieren und verschieben oder aber aus der Linie ziehen und damit löschen.

5 Markieren Sie den ersten Griffpunkt am Anfang des Clips, und ziehen Sie ihn nach unten in die linke Ecke – diese Position entspricht einer Deckkraft von 0%. Der Clip beginnt jetzt vollständig transparent, um in der Mitte wieder seine volle Deckkraft einzunehmen.

Hinweis: Wollen Sie einen Griffpunkt der Blendensteuerung markieren, achten Sie darauf, daß Sie erst klicken, wenn das Fingersymbol grau ist; ansonsten würden Sie einen neuen Griffpunkt erzeugen. Wenn Sie versehentlich einen neuen Griffpunkt erzeugen, ziehen Sie ihn zum Löschen aus der Blendensteuerung.

6 Ziehen Sie den letzten Griffpunkt im Clip ebenfalls auf 0%.

7 Scrubben Sie für eine Vorschau mit gedrückter Alt-Taste (Windows) bzw. Wahltaste (Mac OS) in der Zeitleiste. Der Clip beginnt transparent, wird allmählich opak und dann wieder transparent.

8 Klicken Sie auf das Dreieck links neben der Spurbezeichnung *Video 6*, um die Spur vergrößert anzuzeigen; klicken Sie in der Blendensteuerung für einen Griffpunkt bei 0:00:02:15.

9 Ziehen Sie den Griffpunkt an das Ende von *Ball.mov* und auf 0%. Jetzt wird *Ball.mov* für 2 Sekunden und 15 Frames mit 100% Deckkraft abgespielt, um anschließend allmählich auf 0% Deckkraft auszublenden. Beim Ausblenden dieses Clips werden gleichzeitig alle darunter angeordneten Clips eingeblendet.

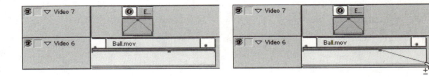

10 Scrubben Sie für eine Vorschau mit gedrückter Alt-Taste (Windows) bzw. Wahltaste (Mac OS) in der Zeitleiste.

11 Klicken Sie auf die Dreiecke neben den Spurbezeichnungen *Video 6* und *Video 7*, um die Spurdarstellung wieder zu verkleinern. Speichern Sie das Projekt.

Arbeiten mit dem Blendenbereichswerkzeug

Sie werden nun mit dem Blendenbereichswerkzeug und dem Auswahlwerkzeug arbeiten, um einen Clip ein- und auszublenden. Das Blendenbereichswerkzeug verschiebt die Blendensteuerung gleichmäßig zwischen zwei Griffpunkten.

1 Klicken Sie auf das Dreieck neben der Spur *Video 5*, um die Spurdarstellung zu vergrößern.

2 Klicken Sie mit dem Auswahlwerkzeug in die Blendensteuerung von *Jackhi.mov* an der Position 6:00 für einen neuen Griffpunkt; klicken Sie nochmals an der Position 6:05 für einen weiteren Griffpunkt.

Sie werden nun mit dem Blendenbereichswerkzeug die Linie zwischen dem ersten Griffpunkt im Schnittfenster und dem Punkt an der Position 6:00 verschieben.

3 Wählen Sie das Blendenbereichswerkzeug.

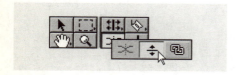

4 Setzten Sie das Werkzeug auf die Blendensteuerung zwischen den Griffpunkten bei 0:00 und 6:00; ziehen Sie die Linie nach unten auf 0% Deckkraft. Während des Ziehens wird die Deckkrafteinstellung in der Informationenpalette angezeigt.

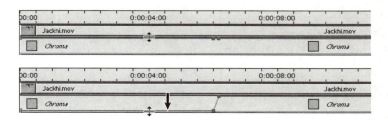

5 Scrubben Sie für eine Vorschau mit gedrückter Alt-Taste (Windows) bzw. Wahltaste (Mac OS) in der Zeitleiste.

Jackhi.mov blendet von 0% bis 100% über 5 Frames ein. Dieser Einblendeffekt soll jetzt verlängert werden, indem der Abstand zwischen dem zweiten Griffpunkt mit 0% Deckkraft und dem dritten Griffpunkt mit 100% Deckkraft vergrößert wird.

6 Wählen Sie mit dem Auswahlwerkzeug den Griffpunkt an der Position 6:00 auf der Blendensteuerung, und ziehen Sie den Griffpunkt nach links auf die Position 5:15. Benutzen Sie die Informationenpalette als Hilfe.

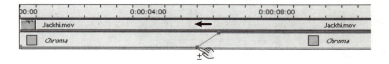

7 Scrubben Sie für eine Vorschau mit gedrückter Alt-Taste (Windows) bzw. Wahltaste (Mac OS) in der Zeitleiste.

8 Klicken Sie auf das Dreieck neben der Spur *Video 5*, um die Spurdarstellung wieder zu verkleinern.

9 Speichern Sie das Projekt.

Ein- und Ausblenden der Videospur 4

Sie stellen nun die Blendensteuerung für *Jacklow.mov* so ein, daß der Clip ein- und ausblendet, den Wert 100% aber erst dann erreicht, wenn die sechs Titel erscheinen. Verwenden Sie die Informationenpalette als Hilfe für das Einrichten und Verschieben der jeweiligen Griffpunkte.

1 Klicken Sie auf das Dreieck neben der Videospur 4, um die Spurdarstellung zu vergrößern.

2 Klicken Sie mit dem Auswahlwerkzeug (↖) in der Blendensteuerung ungefähr bei 4:00 für einen neuen Griffpunkt; klicken Sie erneut bei 5:00 für einen weiteren Griffpunkt.

3 Wählen Sie das Blendenbereichswerkzeug (↕), und ziehen Sie die Linie zwischen den Griffpunkt bei 0:00 und dem nächsten Griffpunkt auf 0% Deckkraft.

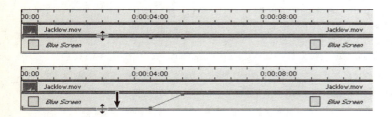

4 Klicken Sie mit dem Auswahlwerkzeug an der Position 5:15 für einen Griffpunkt. Klicken Sie anschließend bei 6:00 für einen weiteren Griffpunkt.

Sie können das Auswahlwerkzeug zwischendurch auf das Blendenbereichswerkzeug umstellen, indem Sie das Auswahlwerkzeug über eine Blendensteuerung setzen und die Umschalttaste drücken. Wenn Sie mit Hilfe dieser Technik die Blendensteuerung verschieben, wird während des Ziehens der Deckkraftwert auf der Blendensteuerung eingeblendet.

5 Drücken Sie die Umschalttaste, und positionieren Sie das Auswahlwerkzeug ( ) über die Blendensteuerung zwischen den Griffpunkten bei 5:00 und 5:15. Wenn sich das Werkzeug in das Blendenbereichswerkzeug ( ) verändert, ziehen Sie die Linie auf 50% Deckkraft.

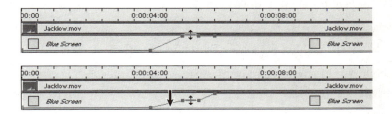

6 Klicken Sie auf der Blendensteuerung bei 7:15 und 9:15 für zwei neue Griffpunkte.

7 Ziehen Sie bei gedrückter Umschalttaste die Linie zwischen den Griffpunkten bei 6:00 und 7:15 auf 0% Deckkraft.

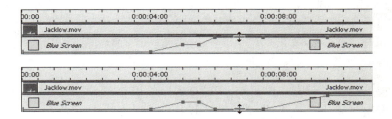

8 Scrubben Sie für eine Vorschau mit gedrückter Alt-Taste (Windows) bzw. Wahltaste (Mac OS) in der Zeitleiste.

Sie sehen, wie alle Clips allmählich ein- und ausgeblendet werden und so den Effekt einer Reflexion erzeugen.

9 Klicken Sie auf das Dreieck neben der Videospur 4, um die Spurdarstellung wieder zu verkleinern.

10 Speichern Sie das Projekt.

Exportieren des Films

Sie werden das Projekt als QuickTime-Film für die Wiedergabe von einer CD-ROM exportieren. Wenn Video für eine CD-ROM exportiert wird, sollte die Dateigröße möglichst klein sein. Die Datenrate sollte auf 300 oder 500 Kbyte/Sek begrenzt werden, so daß der Film auf möglichst vielen Systemen in der bestmöglichen Qualität abgespielt werden kann.

1 Das Schnittfenster ist aktiviert; wählen Sie **Datei: Exportieren: Film**.

2 Klicken Sie im Dialogfeld auf Einstellungen; wählen Sie »QuickTime« als Dateityp und »Gesamtes Projekt« für den Bereich.

3 Achten Sie darauf, daß die Optionen »Video exportieren« und »Fertige Datei öffnen« aktiviert sind. Deaktivieren Sie die Option »Audio exportieren«, und klicken Sie dann auf »Nächste«.

4 Wählen Sie »Cinepak« für »Kompressor«. Cinepak ist Bestandteil von QuickTime und ergibt eine qualitativ hochwertige Ausgabe bei der begrenzten Datenrate und hohen Kompressionsrate, die für die Wiedergabe von einer CD-ROM erforderlich sind.

5 Achten Sie darauf, daß für »Framegröße« die Abmessungen 240 x 180 eingegeben sind und daß die Framerate 15 fps beträgt.

6 Aktivieren Sie unter »Datenrate« die Option »Begrenzen auf«, und geben Sie in das Feld »KB/Sek« den Wert **300** ein. Das Begrenzen der Datenrate benötigt weniger Systemressourcen für das Abspielen, d.h. die Wiedergabequalität verbessert sich auf unterschiedlichen Systemen.

7 Klicken Sie auf OK, um das Dialogfeld »Einstellungen für Filmexport« zu schließen.

8 Geben Sie **Promo.mov** als Dateinamen ein, und klicken Sie auf »Speichern« (Windows) bzw. OK (Mac OS).

Premiere beginnt mit der Filmerstellung und zeigt eine Statusleiste an, in welcher der Fortschritt und die geschätzte Zeitdauer für die Generierung angezeigt werden. Anschließend wird der Film im Clip-Fenster geöffnet.

9 Klicken Sie auf die Abspielen-Schaltfläche, um sich den Film anzusehen.

Selber ausprobieren

Experimentieren Sie mit dem in dieser Lektion erstellten Projekt. Dazu einige Vorschläge:

• Ändern Sie den Transparenz-Key-Typ für die Titel-Dateien, um unterschiedliche Effekte zu erzielen.

• Verwenden Sie die Überblendung *Wischen* für ein geteiltes Bild zwischen *Amber.mov* und *Gold.mov*.

• Erstellen Sie ein dreigeteiltes Bild mit Hilfe der *Wischen*-Überblendung und dem Beispielbereich im Dialogfeld »Transparenz einstellen«.

• Ändern Sie die Transparenz für *Ball2.mov*, so daß die Hintergrundclips durch den Ball scheinen.

• Erstellen Sie einen Titel, und fügen Sie ihn dem Projekt hinzu; überlagern Sie alle anderen Clips mit diesem Titel.

• Finden Sie heraus, welche anderen Transparenz-Key-Typen den Hintergrund in den Clips *Jackhi.mov* und *Jacklo.mov* entfernen.

Fragen

1 Wie erstellen Sie ein geteiltes Bild?

2 Worin liegt der Unterschied zwischen den Key-Typen *Blue Screen* und *Chroma*?

3 Mit welchen Key-Typen können Sie Filme modifizieren und so übereinanderlegen, daß ein Film durch die Maske eines anderen Films abgespielt wird?

4 Wie markieren Sie eine Spur als »unbenutzt«?

5 Worin liegt der Unterschied zwischen einer ausgeblendeten und als »unbenutzt« markierten Spur und einer ausgeschlossenen Spur?

6 Wodurch unterscheiden sich die Regler »Ähnliche Farben« und »Angleichen«?

Antworten

1 Sie verschieben im Dialogfeld »Transparenz einstellen« die Griffpunkte im Beispielbereich.

2 Mit dem Key-Typ *Blue Screen* läßt sich nur die Farbe Blau, mit dem Key-Typ *Chroma* dagegen eine beliebige Farbe ausstanzen bzw. mit Transparenz versehen.

3 Mit dem Key-Typ *Bewegte Maske*.

4 Halten Sie die Strg-Taste (Windows) bzw. Befehlstaste (Mac OS) gedrückt, und klikken Sie auf das Augensymbol.

5 Eine ausgeblendete und als »unbenutzt« markierte Spur wird im Schnittfenster nicht angezeigt, aber in der Vorschau. Eine ausgeschlossene Spur wird im Schnittfenster angezeigt, nicht aber in der Vorschau.

6 Der Regler »Ähnliche Farben« vergrößert den Farbbereich, der vom jeweiligen Transparenz-Key-Typ ausgestanzt bzw. mit Transparenz versehen wird. Mit dem Regler »Angleichen« werden die Bildkanten an den Hintergrund angeglichen, indem die Deckkraft dort verändert wird, wie die Farbpixel aufeinandertreffen.

Lektion 10

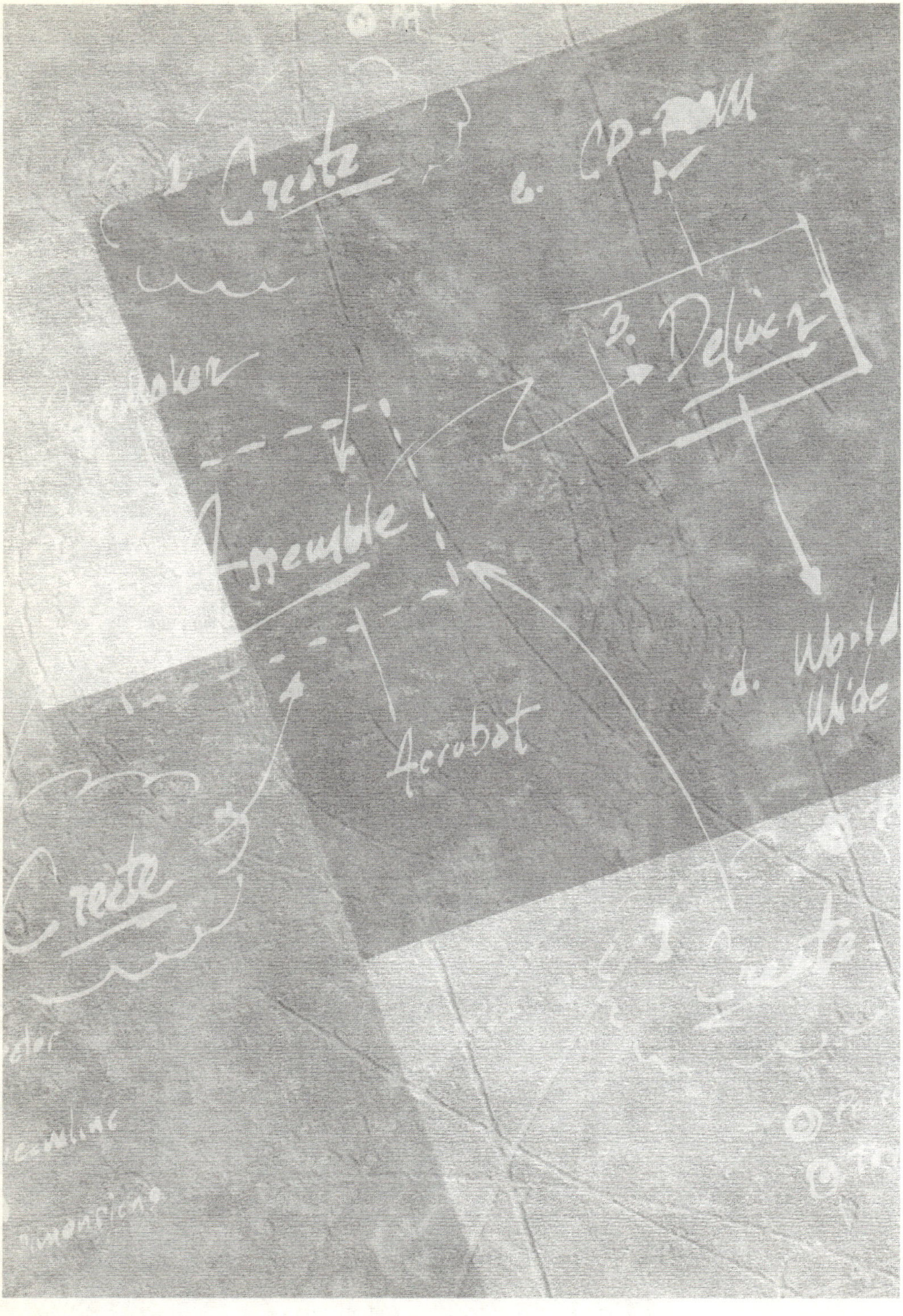
1. Create
Acrobat
Create

Hinzufügen von Bewegung

Bewegung macht Standbilder in einem Videoprogramm interessant. Mit den Animationsmöglichkeiten in Premiere können Sie die unterschiedlichsten Standbilder bewegen, drehen, verzerren und vergrößern.

In dieser Lektion erstellen Sie einen 10 Sekunden langen Werbespot für einen Blumen-
laden. Sie lernen, wie sie mit Hilfe des Dialogfelds »Bewegung einstellen« die unterschiedlichsten Bewegungsabläufe bzw. Animationseffekte erstellen können. Insbesondere machen Sie sich mit folgenden Techniken vertraut:

• Erstellen und Ändern eines Bewegungspfads

• Einstellen der Bewegung auf der Zeitleiste

• Festlegen der Bewegungen Zoom, Drehen, Verzögern und Verzerren

• Erstellen einer Bewegungsmaske mit Standbildern

• Laden und Speichern von Bewegungspfaden

Beginnen mit der Lektion

Sie werden für diese Lektion ein vorhandenes Projekt öffnen und den Clips verschiedene Bewegungs- und Transparenzeinstellungen zuweisen. Prüfen Sie, wo sich die für
diese Lektion benötigten Dateien befinden. Eventuell müssen Sie auf die Buch-CD-
ROM zugreifen. Entsprechende Informationen finden Sie unter »Verwenden der Classroom-in-a-Book-Dateien« auf Seite 17.

Um sicherzustellen, daß Sie mit den standardmäßigen Premiere-Programmeinstellungen arbeiten, beenden Sie Premiere, um die Vorgabedatei zu löschen. Entsprechende
Hinweise finden Sie unter »Wiederherstellen der Standardeinstellungen« auf Seite 18.

1 Doppelklicken Sie auf die Datei *10Lesson.ppj* im Ordner *10Lektion*, um Premiere zu
starten und die Datei zu öffnen.

2 Nachdem das Projekt geöffnet ist, wählen Sie **Datei: Speichern unter**. Öffnen Sie
einen Lektionen-Ordner auf Ihrer Festplatte, geben Sie **FlowerAd.ppj** ein, und klicken
Sie auf »Speichern«.

Ansehen des fertigen Films

Sie können sich den Film, den Sie erstellen werden, erst einmal als fertige Version
ansehen.

1 Wählen Sie **Datei: Öffnen**, und doppelklicken Sie auf die Datei *10Final.mov* im
Ordner *Final* innerhalb des Ordners *10Lektion*.

Der Film wird in der Originalansicht des Monitorfensters geöffnet.

2 Klicken Sie auf die Abspielen-Schaltfläche(►), und sehen Sie sich den Film an.

Definieren eines Bewegungspfads für ein Standbild

Sie können mit Hilfe der Bewegungseinstellungen in Premiere einen Bewegungspfad definieren, um Standbilder oder Videoclips zu animieren. Sie werden einen einfachen Bewegungspfad für die Datei *Forget.psd* (eine Photoshop-Datei mit einem Alpha-Kanal) definieren. Informationen über Alpha-Kanäle finden Sie unter »Transparenz und Überblendung« auf Seite 114.

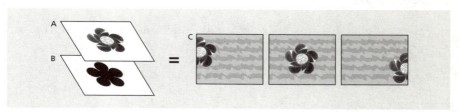

A. Photoshop-Datei *B. Alpha-Kanal in Photoshop-Datei* *C. Transparenz-Key-Typ* Alpha-Kanal *und zugewiesene Bewegung*

Zuweisen von Transparenz

Zuerst fügen Sie den Clip *Backdrop.mov* der Originalansicht hinzu, sehen sich die Vorschau an und plazieren dann den Clip im Schnittfenster.

1 Ziehen Sie *Backdrop.mov* aus dem Projektfenster in die Originalansicht des Monitorfensters, und klicken Sie auf die Abspielen-Schaltfläche.

2 Nachdem Sie sich die Vorschau angesehen haben, ziehen Sie *Backdrop.mov* aus der Originalansicht auf die Videospur 1 und richten den Clip am Anfang des Schnittfensters aus.

Jetzt werden Sie *Forget.psd* dem Schnittfenster hinzufügen und Transparenz zuweisen. Vorher bringen Sie noch die Schnittlinie an eine neue Position, um an ihr den Clip im Schnittfenster auszurichten.

3 Ziehen Sie den Shuttle-Regler in der Programmansicht des Monitorfensters auf 0:00:00:15.

4 Ziehen Sie *Forget.psd* aus dem Projektfenster auf die Videospur 2, und richten Sie den In-Point an der Schnittlinie aus.

5 Schieben Sie den Shuttle-Regler in der Programmansicht auf 0:00:03:00.

6 Ziehen Sie die rechte Kante von *Forget.psd* an die Schnittlinie. Auf diese Weise läßt sich ganz einfach die Dauer eines Standbilds einstellen.

7 Markieren Sie *Forget.psd* im Schnittfenster, und wählen Sie **Clip: Video: Transparenz**.

8 Wählen Sie *Alpha-Kanal* für »Key Typ«. Achten Sie darauf, daß das Umblättern-Symbol (▨) gewählt ist, so daß Sie eine Vorschau des Effekts erhalten.

Als *Forget.psd* in Adobe Photoshop gespeichert wurde, wurde der weiße Hintergrund als ein Alpha-Kanal mitgespeichert; deshalb läßt sich der Hintergrund in Premiere einfach transparent machen bzw. ausstanzen, indem der Key-Typ *Alpha-Kanal* oder *Weiße Alpha-Maske* gewählt wird.

9 Klicken Sie auf OK, um die Transparenzeinstellungen zu übernehmen und das Dialogfeld zu schließen.

Zuweisen von Bewegung

Jetzt werden Sie das Standbild animieren.

1 *Forget.psd* ist noch im Schnittfenster markiert; wählen Sie **Clip: Video: Bewegung**.

2 Fall erforderlich, klicken Sie auf die Abspielen-Schaltfläche rechts neben dem Vorschau-Thumbnail, um die Bewegungen anzusehen.

Die Standardbewegung ist direkt, wie durch die horizontale Linie im oberen rechten Fenster angezeigt. Diese Linie wird als *Bewegungspfad* bezeichnet. Wenn Sie – ohne

Änderungen vorgenommen zu haben – auf OK klicken würden, würde sich der ausgewählte Clip auf einer horizontalen Linie bewegen.

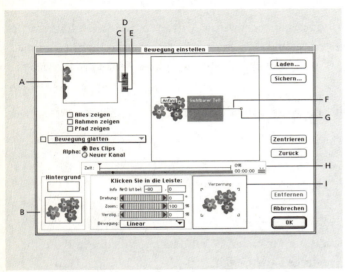

A. *Thumbnail für Bewegung* **B.** *Bereich für Füllfarbe* **C.** *Abspielen-*
Schaltfläche **D.** *Zusammenfalten-Symbol (nur Mac OS)* **E.** *Pause-*
Schaltfläche **F.** *Bewegungspfad* **G.** *Bewegungspunkt* **H.** *Zeitleiste für*
den Bewegungspfad **I.** *Bereich für Verzerren*

3 Achten Sie darauf, daß für Alpha unter dem Bewegungs-Thumbnail die Option »Des
Clips« aktiviert ist; wählen Sie dann »Alles zeigen«, um eine Vorschau der Bewegung zu
sehen, die den Clip *Backdrop.mov* überlagert.

Wenn Sie die Option »Des Clips« wählen, benutzt Premiere für Transparenz den Alpha-
Kanal des Clips. Mit der Option »Neu erstellen« verwendet Premiere den Frame des
Clips als Begrenzung für die Transparenz, d.h. das Bild wird von einem weißen Feld um-
geben.

Beide Enden des Bewegungspfads haben einen *Bewegungspunkt*. Mit Hilfe der Bewegungspunkte lassen sich Richtung und Form des Bewegungspfads festlegen.

4 Setzen Sie den Zeiger auf den Anfangspunkt des Bewegungspfads. Der Zeiger nimmt die Form einer Hand mit ausgestrecktem Zeigefinger an.

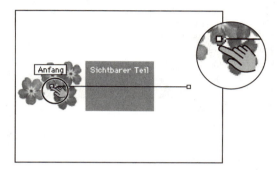

Wenn Sie das Fingersymbol direkt über einen Punkt bringen, wird das Symbol grau; wird es über den Pfad gesetzt, wird es weiß. Klicken mit grauem Fingersymbol wählt einen Bewegungspunkt, und Klicken mit weißem Symbol erstellt einen neuen Bewegungspunkt.

Hinweis: Das Fingersymbol könnte beim Positionieren auf einen Bewegungspunkt »zittern«. Grund: Permanenter Bildschirmaufbau im Vorschaufenster und speicherbedingte Probleme. Ein Pausieren der Vorschau kann eventuell das Zittern abstellen.

5 Klicken Sie auf die Pause-Schaltfläche neben dem Bewegungs-Thumbnail, um die Vorschau anzuhalten und so Speicher freizugeben.

Der Bewegungs-Thumbnail benötigt Arbeitsspeicher für die Anzeige der Bewegungseinstellungen. Ist der Thumbnail permanent aktiviert, könnte die Leistung Ihres Computersystems leiden. Das Anhalten der Vorschau vergrößert den verfügbaren Arbeitsspeicher und gibt ihn für andere Funktionen in Premiere wieder frei.

6 Ziehen Sie den ersten Bewegungspunkt in die untere linke Ecke, so daß sich das Bild gerade außerhalb des sichtbaren Bereichs befindet.

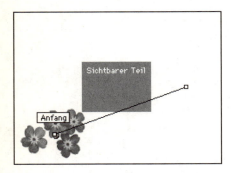

Der sichbare Bereich zeigt das, was später auf dem Bildschirm zu sehen ist. Punkte oder Pfade außerhalb dieses Bereichs sind im Videoprogramm nicht sichtbar. Sollen Clips allmählich in den Bildschirm hineinlaufen oder ihn verlassen, müssen Sie die Punkte außerhalb des sichtbaren Bereichs plazieren.

7 Ziehen Sie den letzten Bewegungspunkt in die obere rechte Ecke, so daß sich das komplette Bild außerhalb des sichtbaren Bereichs befindet.

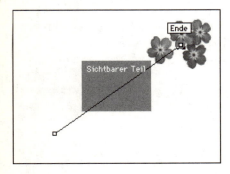

Hinweis: Der erste Punkt im Bewegungspfad ist mit Anfang, *der letzte mit* Ende *bezeichnet.*

8 Klicken Sie auf die Abspielen-Schaltfläche neben dem Bewegungs-Thumbnail, um sich die Bewegung anzusehen. Klicken Sie anschließend auf die Pause-Schaltfläche.

Hinzufügen von Punkten und Verzerren eines Bilds

Sie können Bewegungspunkte einem Bewegungspfad auf zwei Arten hinzufügen:

• Klicken Sie direkt auf den Pfad, und ziehen Sie den Punkt in die gewünschte Richtung.

• Klicken Sie auf eine Stelle auf der Zeitleiste für den Bewegungspfad; anschließend können Sie die Position des neuen Punktes durch Ziehen anpassen.

Um Punkte innerhalb des Raums festzulegen, verschieben Sie diese auf dem Bewegungspfad; um Punkte nach Zeit festzulegen, verschieben Sie die Punkte auf der Zeitleiste für den Bewegungspfad.

Sie werden jetzt mit Hilfe beider Methoden Punkte hinzufügen und den Pfad verschieben.

1 Klicken Sie auf den Bewegungspfad ungefähr ein Drittel vom Anfangspunkt entfernt für einen neuen Punkt; ziehen Sie den Bewegungspunkt in die obere linke Ecke des sichtbaren Bereichs.

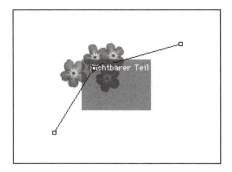

Der Bewegungspunkt ist noch markiert; Sie können das Bild nun verzerren.

2 Ziehen Sie im Verzerrungsbereich den oberen linken Eckpunkt nach oben und nach links.

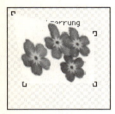

3 Ziehen Sie den unteren rechten Eckpunkt nach unten und nach rechts.

4 Ziehen Sie den oberen rechten Eckpunkt zum Mittelpunkt des Verzerrungsbereichs; verfahren Sie ebenso mit dem unteren linken Punkt. Das Bild sollte folgendermaßen aussehen:

Der Clip wird allmählich seine ursprüngliche Form zurückerhalten.

5 Klicken Sie auf die Abspielen-Schaltfläche, um die Bewegung zu prüfen; klicken Sie anschließend auf die Pause-Schaltfläche.

Sie werden den Verzerrungseffekt modifizieren, indem Sie einen weiteren Bewegungspunkt hinzufügen und den Clip wieder seine ursprünglichen Form, allerdings etwas kleiner, im Verzerrungsbereich einnehmen lassen.

6 Klicken Sie ungefähr nach dem zweiten Drittel auf den Bewegungspfad für einen weiteren Bewegungspunkt; ziehen Sie den Punkt in die untere rechte Ecke des sichtbaren Bereichs.

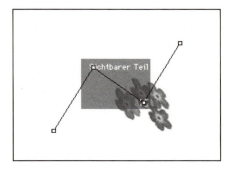

7 Der Bewegungspunkt ist noch ausgewählt; verschieben Sie im Verzerrungsbereich die Eckpunkte des Clips zurück in die ursprüngliche Rechteckform, wobei der Clip allerdings nur noch ein Drittel seiner ursprünglichen Größe haben soll. Orientieren Sie sich an der folgenden Abbildung.

8 Klicken Sie auf die Abspielen-Schaltfläche neben dem Bewegungs-Thumbnail für eine Vorschau der Änderungen.

9 Klicken Sie auf OK, um das Dialogfeld »Bewegung einstellen« zu schließen.

10 Speichern Sie das Projekt.

> ### So legen Sie die Position eines Punktes auf dem Bewegungspfad exakt fest:
>
> *Wahlweise können Sie auch die gewünschten Koordinaten eines Punktes in die Info-Felder unterhalb der Zeitleiste eingeben. Die Koordinaten beziehen sich auf die Auflösung des Beispielbildes (80 x 60 Pixel), werden jedoch bei der Ausgabe auf die tatsächliche Größe des Projektes hochgerechnet. Somit entspricht eine Verschiebung um ein Pixel im Beispielbild bei einer Ausgabegröße von 320 x 240 einer Verschiebung um vier Pixel und bei einer Ausgabegröße von 640 x 480 einer Verschiebung um acht Pixel. Durch Eingabe von Dezimalwerten können Sie in solchen Fällen die Verschiebung genauer festlegen. Wenn Sie beispielsweise im ersten Info-Feld den Wert 1,75 eingeben, ergibt sich bei einer Auflösung von 640 x 480 eine Verschiebung um 14 Pixel. Sie können den richtigen Eingabewert für die gewünschte Verschiebungsrichtung ermitteln, indem Sie die jeweilige Ausgabeabmessung (im Beispiel 640) durch die entsprechende Abmessung des Beispielbildes (80) und anschließend den gewünschten Verschiebungsbetrag (im Beispiel 14 Pixel) durch das Ergebnis teilen.*
>
> Aus dem Adobe Premiere 5.0 Handbuch, Kapitel 9

Zuweisen von Bewegungseinstellungen und Transparenz

Sie werden nun unter Verwendung des Bewegungspfad das Standbild *Lotus.psd* animieren, zoomen und drehen. Zuerst müssen Sie jedoch *Lotus.psd* im Schnittfenster plazieren und Transparenz zuweisen.

1 Verschieben Sie die Schnittlinie auf die Position 0:00:02:15; dabei hilft Ihnen der Timecode in der Programmansicht des Monitorfensters.

2 Ziehen Sie *Lotus.psd* aus dem Projektfenster auf die Videospur 3, und richten Sie den In-Point an der Schnittlinie aus.

3 Verschieben Sie die Schnittlinie auf die Position 0:00:06:15.

4 Ziehen Sie die rechte Kante von *Lotus.psd* auf die Schnittlinie.

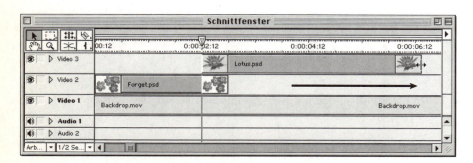

5 Markieren Sie *Lotus.psd* im Schnittfenster, und wählen Sie **Clip: Video: Transparenz.**

Lotus.psd wurde in Adobe Photoshop mit einem blaugrünen Hintergrund (Rot= 0, Grün = 255 und Blau= 255) erstellt. Ausgehend von dieser Farbe können Sie den Hintergrund transparent machen, indem Sie die Key-Typen *Blue Screen*, *Green Screen*, *Chroma* oder *RGB-Differenz* zuweisen. Informationen über diese Key-Typen finden Sie unter »Zuweisen des Transparenz-Keys Blue Screen« auf Seite 315 oder unter »Zuweisen des Transparenz-Keys Chroma« auf Seite 318.

Der Key-Typ *RGB-Differenz* umfaßt Optionen, um das verbleibende deckende Bild mit einem Schlagschatten zu versehen. Sie wenden diesen Key-Typ jetzt auf *Lotus.psd* an.

6 Wählen Sie den Key-Typ *RGB-Differenz.*

7 Klicken Sie im Farbbereich auf den blaugrünen Hintergrund des Thumbnails, um ihn als Transparenzwert festzulegen.

Achten Sie darauf, daß das Schwarzweiß-Symbol (◨) unterhalb des Beispielbereichs aktiviert ist, damit Sie den Transparenzeffekt klar erkennen können.

8 Ziehen Sie den Regler »Ähnliche Farben« auf den Wert 60, um den vom Key-Typ beeinflußten Farbbereich zu vergrößern. Klicken Sie auf das Umblättern-Symbol (◨), um die Transparenz in Relation zu den anderen Clips im Schnittfenster zu prüfen.

Beispielbereich vor und nach dem Verschieben des Reglers »Ähnliche Farben«

9 Aktivieren Sie die Option »Schlagschatten«. Sie sehen, daß der neue Schatten auf dem verbleibenden, deckenden Bild (auf der Blume) erscheint.

10 Klicken Sie auf OK, um das Dialogfeld »Transparenz einstellen« zu schließen.

Zuweisen von Bewegung auf einen Clip mit farbigem Hintergrund

Jetzt versehen Sie *Lotus.psd* mit Bewegung. Da der Clip einen farbigen Hintergrund besitzt, müssen Sie im Dialogfeld »Bewegung einstellen« die Hintergrundfarbe einstellen.

1 Markieren Sie *Lotus.psd* im Schnittfenster.

2 Wählen Sie **Clip: Video: Bewegung**.

3 Klicken Sie (falls erforderlich) auf die Abspielen-Schaltfläche, und achten Sie darauf, daß die Option »Alles zeigen« aktiviert ist. So können Sie bei der Vorschau auf die Bewegung auch den darunterliegenden Clip sehen.

Der Clip bewegt sich im Vorschaufenster mit einem voraus- und nachfolgenden weißen Hintergrund. Standardmäßig füllt Premiere den Bereich um einen Frame dann mit Weiß, wenn der Frame selbst nicht den Bildschirm ausfüllt. Da Sie einer anderen Farbe als Weiß die Transparenz zugewiesen haben, ist der Hintergrund opak – also nicht transparent. Mit der Option »Hintergrund« können Sie die Farbe bestimmen, die Premiere für den Füllbereich verwendet, um ihn transparent zu machen.

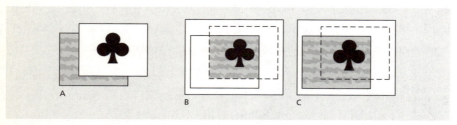

A. Clip mit einem anderen Transparenzwert als Weiß B. Vor Auswahl der Hintergrundfarbe
C. Nach Auswahl der Hintergrundfarbe

4 Setzen Sie den Zeiger auf den Clip-Thumbnail im Bereich »Hintergrund«. Der Zeiger wird zur Pipette (✐).

5 Klicken Sie auf den blaugrünen Hintergrund, um ihn auszuwählen. Klicken Sie auf die Abspielen-Schaltfläche; Sie erkennen, daß das weiße Feld in der Vorschau durch einen vollständig transparenten Hintergrund ersetzt wurde.

Zuweisen von Zoom und Drehung

Sie fügen nun Bewegungspunkte in der Zeitleiste für den Bewegungspfad hinzu und weisen Zoom und Drehung zu. Wenn Sie Punkte direkt auf der Zeitleiste statt auf dem Bewegungspfad setzen, können Sie den genauen Zeitpunkt für den jeweiligen Effekt festlegen.

1 Klicken Sie auf die Pause-Schaltfläche, um die Vorschau anzuhalten.

2 Setzen Sie den Zeiger auf die Mitte der Zeitleiste für den Bewegungspfad; sobald sich der Zeiger in ein Dreieck-Symbol ändert, klicken und ziehen Sie in der Zeitleiste, bis der Wert 55% angezeigt wird; lassen Sie anschließend die Maustaste los, um einen Bewegungspunkt zu setzen.

3 Klicken Sie auf die »Zentrieren«-Schaltfläche, um den neuen Bewegungspunkt direkt im Zentrum des sichtbaren Bereichs zu plazieren. Der Punkt wird mit Hilfe dieser Schaltfläche visuell und nicht chronologisch plaziert.

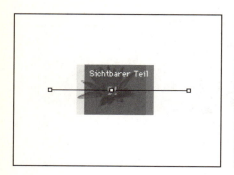 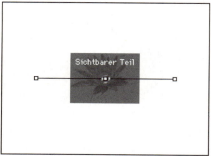

4 Der Bewegungspunkt ist noch markiert; geben Sie in das Feld »Drehung« den Wert **300** ein. Für eine vollständige Drehung beträgt dieser Wert 360 Grad. Durch die Eingabe des Wertes 300 erhalten Sie eine nahezu vollständige Drehung des Bildes.

5 Drücken Sie die Tabulatortaste, um in das Textfeld »Zoom« zu gelangen, und geben Sie den Wert **180** ein; drücken Sie erneut die Tabulatortaste. Ein Zoom-Wert von 100% steht für die Originalgröße des Clips. Durch die Eingabe von 180 wird das Bild um 80% vergrößert.

6 Schauen Sie sich die Bearbeitungen im Bewegungs-Thumbnail an, und klicken Sie dann auf die Pause-Schaltfläche.

Sie sehen, daß sich die Blume im Uhrzeigersinn dreht, während sie sich vom ersten zum zweiten Bewegungspunkt bewegt. Danach dreht sich die Blume entgegen dem Uhrzeigersinn und bewegt sich vom zweiten zum letzten Bewegungspunkt. Da der erste und der zweite Punkt auf dem Bewegungspfad einen Drehwert von 0 haben, muß sich die Blume um 300 Grad drehen, bevor sie den zweiten Punkt erreicht, und dann bis zum Erreichen des dritten Punkts wieder den Wert von 0 Grad einnehmen; deshalb ergibt sich der Effekt einer gegenläufigen Drehung zwischen dem zweiten und dem letzten Bewegungspunkt.

Sie werden jetzt den ersten Punkt auf dem Bewegungspfad bearbeiten.

7 Wählen Sie den Anfangspunkt auf dem Bewegungspfad, und klicken Sie auf die Schaltfläche »Zentrieren«.

Hinweis: *Denken Sie daran, daß das Fingersymbol grau wird, sobald es über einem Punkt auf dem Bewegungspfad positioniert wird. Falls das Symbol nicht grau ist, wird mit jedem Klicken ein neuer Punkt erstellt (und kein vorhandener Punkt ausgewählt).*

8 Geben Sie in das Textfeld »Zoom« den Wert **0** ein, und drücken Sie die Tabulatortaste.

9 Klicken Sie auf die Abspielen-Schaltfläche neben dem Bewegungs-Thumbnail, und beachten Sie, wie der Clip im Zentrum des sichtbaren Bereichs von 0 auf 180% vergrößert wird. Klicken Sie auf die Pause-Schaltfläche, um die Vorschau anzuhalten.

Sie werden nun den letzten Punkt auf dem Bewegungspfad aus dem sichtbaren Bereich ziehen, damit sich der Clip aus dem Bildschirm bewegt.

10 Ziehen Sie den letzten Punkt auf dem Bewegungspfad in die obere rechte Ecke, so daß sich das Bild gerade außerhalb des sichtbaren Bereichs befindet.

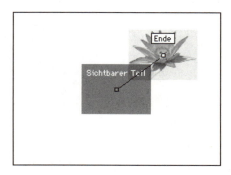

11 Der letzte Punkt ist noch ausgewählt; geben Sie in das Feld »Drehung« den Wert **150** ein; drücken Sie anschließend die Tabulatortaste.

12 Schauen Sie sich den Effekt an, indem Sie auf die Abspielen-Schaltfläche neben dem Bewegungs-Thumbnail klicken.

Dieser Effekt mag wenig spektakulär sein, aber die 150-Grad-Drehung beim letzten Bewegungspunkt verlangsamt die Drehung, während die Blume den sichtbaren Bereich verläßt. Das Bild muß sich jetzt während der Bewegung vom zweiten zum letzten Bewegungspunkt nur noch auf 150 statt auf 0 Grad zurückdrehen.

Einstellen der Bewegungspunkte auf der Zeitleiste

Sie können die Geschwindigkeit des Bewegungseffekts bestimmen, indem Sie die Optionen »Verzögerung« oder »Bewegung« ändern; oder Sie verschieben die Bewegungspunkte auf der Zeitleiste.

Sie werden den Zoomeffekt für den zweiten Bewegungspunkt realistischer machen, indem Sie das Zoomen mit Hilfe der Option »Bewegung« beschleunigen.

1 Wählen Sie den zweiten Bewegungspunkt auf der Zeitleiste (die Punkte werden als kurze senkrechte Striche angezeigt).

Hinweis: Wenn Sie einen Punkt auf der Zeitleiste wählen, achten Sie vor dem Klicken darauf, daß der Zeiger als Fingersymbol angezeigt wird. Wird der Zeiger als Dreieck angezeigt, wird durch jedes Klicken ein neuer Bewegungspunkt erstellt; ein vorhandener Punkt wird mit diesem Symbol nicht ausgewählt.

2 Wählen Sie aus dem Einblendmenü »Bewegung« unten im Dialogfeld die Option »Schneller«. Klicken Sie auf die Abspielen-Schaltfläche, um sich das Ergebnis anzusehen.

Die Bewegung wird beschleunigt, während die Blume auf 180% vergrößert wird.

💡 *Wenn Sie von einem Bewegungspunkt aus auszoomen, wählen Sie für einen realisti-scheren Effekt die Option »Langsamer«. Mit der Option »Linear« verläuft die Bewegung zwischen zwei Punkten konstant.*

Sie stellen nun die Punkte in der Zeitleiste so ein, daß die Geschwindigkeit zunimmt, sobald der Clip den Bildschirm verläßt.

3 Klicken Sie auf die Pause-Schaltfläche, um die Vorschau anzuhalten.

4 Ziehen Sie den zweiten Punkt auf der Zeitleiste so weit nach links, daß der Wert 46% angezeigt wird.

Die Zeit, in der sich die Blume vom ersten zum zweiten Punkt bewegt, ist jetzt kürzer als die Zeit vom zweiten zum letzten Bewegungspunkt.

5 Klicken Sie auf OK, um das Dialogfeld »Bewegung einstellen« zu schließen. Spei-chern Sie das Projekt.

6 Ziehen Sie die Arbeitsbereichsleiste über *Forget.psd* und *Lotus.psd*, und drücken Sie die Eingabetaste für eine Vorschau der neuen Bewegungseinstellungen.

Erstellen einer Bewegungsmaske

Bewegungsmasken sind Clips, denen der Key-Typ *Bewegte Maske* zugewiesen wurde. Sie können eine Bewegungsmaske erstellen, indem Sie ein Standbild mit Bewegung oder einen Clip mit den Farben Schwarz und Weiß bzw. mit Graustufen verwenden. Die einem Standbild zugewiesene Bewegung kann ein simpler Zoom sein, oder die Bewe-gung kann sich aus komplexen Drehungen, Verzerrungen und Verzögerungen zusam-mensetzen.

Zuerst werden Sie zwei weitere Clips in das Schnittfenster einfügen.

1 Ziehen Sie *Logo.ai* aus dem Projektfenster auf die Videospur 3, und richten Sie den In-Point am Ende von *Lotus.psd* aus.

2 Ziehen Sie die rechte Kante von *Logo.ai*, bis der Out-Point am Ende von *Backdrop.mov* einrastet.

3 Ziehen Sie *Green.psd* aus dem Projektfenster auf die Videospur 2, und richten Sie den In-Point am In-Point von *Logo.ai* aus.

4 Ziehen Sie die rechte Kante von *Green.psd*, bis der Out-Point ebenfalls am Ende von *Backdrop.mov* einrastet.

Zuweisen von Transparenz auf die Clips mit Bewegungsmaske

Wenn Sie eine transparente Bewegungsmaske erstellen, müssen Sie immer erst den Key-Typ *Bewegte Maske* dem Clip unterhalb der Maske im Schnittfenster zuweisen. Sie werden nun den Key-Typ *Bewegte Maske* dem Clip *Green.psd* zuweisen, so daß dieser Clip im schwarzen Bereich (in der Maske) des Clips *Logo.ai*, der oberhalb von *Green.psd* angeordnet ist, abgespielt wird.

1 Markieren Sie *Green.psd* im Schnittfenster, und wählen Sie **Clip: Video: Transparenz**.

2 Wählen Sie den Key-Typ *Bewegte Maske*. Achten Sie darauf, daß das Umblättern-Symbol aktiviert ist.

Sie sehen, daß *Green.psd* zum Hintergrund wird; gleichzeitig ist *Backdrop.mov* (der Hintergrund des Videoprogramms) in der Maske von *Logo.ai* zu sehen. Sie werden diesen Effekt umkehren, so daß der Hintergrund im Videoprogramm konstant bleibt und *Green.psd* in der Maske von *Logo.ai* abgespielt wird.

3 Aktivieren Sie die Option »Key umkehren«.

Vor und nach dem Aktivieren der Option »Key umkehren«

4 Klicken Sie auf OK, und speichern Sie das Projekt.

Zuweisen fertiger Bewegungseinstellungen

Sie können Bewegungseinstellungen speichern und jederzeit auf Clips in verschiedenen Projekten anwenden. Sie laden jetzt eine zuvor gespeicherte Datei mit Bewegungseinstellungen und weisen diese Einstellungen dem Clip *Logo.ai* zu.

1 Markieren Sie *Logo.ai* im Schnittfenster, und wählen Sie **Clip: Video: Bewegung**.

2 Klicken Sie auf die Schaltfläche »Laden«; doppelklicken Sie anschließend auf *Logomoti.pmt* im Ordner *10Lektion*.

Ein Bewegungspfad erscheint im sichtbaren Bereich.

3 Klicken Sie auf die Abspielen-Schaltfläche, um sich die Bewegung anzusehen.

4 Klicken Sie auf den Anfangpunkt im Bewegungspfad (nur mit grauem Fingersymbol klicken, da sonst ein neuer Punkt erstellt wird). Beachten Sie die verschiedenen Einstellungen für Drehung, Zoom und Verzögerung.

5 Drücken Sie die Tabulatortaste, um zu den einzelnen Punkten auf dem Bewegungspfad zu gelangen.

Der Bewegungspfad beginnt mit dem Zoomwert 450%, verkleinert sich vom zweiten bis zum letzten Punkt auf 37% und endet mit 75%. Der blaue Bereich am Ende der Zeitleiste steht für eine Verzögerung beim letzten Bewegungspunkt.

6 Klicken Sie auf den letzten Punkt auf der Zeitleiste; Sie erkennen, daß die Verzögerung auf 7% eingestellt ist.

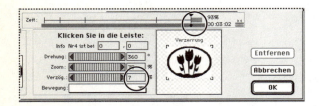

7 Klicken Sie auf OK, um den Dialog »Bewegung einstellen« zu schließen.

8 Speichern Sie das Projekt.

Verzögern eines Punktes auf dem Bewegungspfad

Sie werden sich die Bewegung im Monitorfenster ansehen, um dann die Verzögerung zu verändern.

1 Ziehen Sie die Arbeitsbereichsleiste über alle Clips im Schnittfenster; drücken Sie die Eingabetaste, um sich die Vorschau des Projekts anzusehen.

Im Augenblick erreicht das Logo seine Endposition, kurz bevor *Background.mov* stoppt. Das Logo soll schneller an seinem letzten Bewegungspunkt erscheinen und dort länger angezeigt werden, d.h. es soll ein längerer Bereich von *Background.mov* abgespielt werden, nachdem die Bewegung des Logos stoppt. Sie müssen für diesen Effekt die Dauer der Verzögerung auf dem letzten Bewegungspunkt um eine halbe Sekunde bzw. 15 Frames verlängern.

2 Markieren Sie *Logo.ai* im Schnittfenster, und wählen Sie **Clip: Video: Bewegung**.

Sie werden mit der Zeitanzeige ( ) neben der Zeitleiste arbeiten, um die Verzögerung im Dialogfeld »Bewegung einstellen« exakt auf 15 Frames festzulegen.

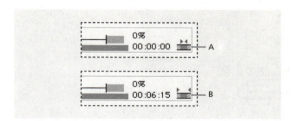

A. *Zeitanzeige mit dem Timecode für den Clip*
B. *Zeitanzeige mit dem Timecode für das Projekt*

Die Zeitanzeige gibt Auskunft darüber, ob der Timecode der Zeitleiste für das gesamte Projekt oder nur für den ausgewählten Clip gilt. Sie können mit Hilfe dieser Information den genauen Zeitpunkt für einen Bewegungseffekt im Videoprogramm oder in einem einzelnen Clip festlegen.

Sie werden die Zeitanzeige so einstellen, daß sie den Timecode für das gesamte Projekt anzeigt; das Projekt ist 10 Sekunden lang. Anschließend können Sie den Eintritt der Verzögerung exakt auf 9 Sekunden und 15 Frames festlegen – also eine halbe Sekunde vor Ende des Projekts.

Die Zeitanzeige ( ) zeigt im Augenblick den Timecode für den ausgewählten Clip an.

3 Klicken Sie auf die roten Pfeile der Zeitanzeige, um die Position des ausgewählten Bewegungspunktes in Relation zum Timecode für das gesamte Projekt ( ) anzuzeigen.

4 Wählen Sie den letzten Bewegungspunkt auf der Zeitleiste; die Zeitanzeige steht jetzt ungefähr auf 00:09:22. An diesem Punkt endet jegliche Bewegung der Verzögerungseinstellung, und das Bild verbleibt für die letzten 8 Frames des Projekts unverändert.

5 Ziehen Sie den Verzögerungsregler, bis die Zeitanzeige auf 00:09:15 steht. Im Eingabefeld »Verzögerung« sollte der Wert 14% angezeigt werden.

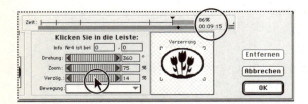

6 Klicken Sie auf OK, um das Dialogfeld »Bewegung einstellen« zu schließen. Speichern Sie anschließend das Projekt.

7 Drücken Sie die Eingabetaste für eine Vorschau des Projekts.

Exportieren des Films

Wenn Sie tatsächlich einen TV-Spot produzieren würden, müßte der Clip eine Auflö-
sung von 640 x 480 für die optimale Darstellung auf einem NTSC-Monitor haben. Die
Timebase würde 29,97 betragen, und Sie würden den Film mit Hilfe eines Hardware-
Codecs direkt auf Videoband ausgeben (PAL: Auflösung 720 x 486, Timebase 25).

Da jedoch Dateien mit einer Auflösung von 640 x 480 (bzw. 720 x 486) eine große Festplattenkapazität und einen großen Arbeitsspeicher für die Bearbeitung benötigen,
haben die in diesem Buch verwendeten Lerndateien nur eine Auflösung von 240 x 180.
Sie werden das Projekt mit dieser kleineren Dateigröße, einer Timebase von 15 fps und
mit einem Software-Codec exportieren.

1 Das Schnittfenster ist aktiviert; wählen Sie **Datei: Exportieren: Film**.

2 Klicken Sie im Dialogfeld auf »Einstellungen«.

3 Wählen Sie »QuickTime« als Dateityp und »Gesamtes Projekt« für den Bereich.

4 Deaktivieren Sie die Option »Audio exportieren«, und klicken Sie auf »Nächste«.

5 Wählen Sie »Cinepak« für »Kompressor«.

6 Wählen Sie »15« für »Framerate«.

7 Klicken Sie auf OK, um das Dialogfeld »Einstellungen für Filmexport« zu schließen.

8 Geben Sie **FlowerAd.mov** als Dateinamen ein, und klicken Sie auf »Speichern«. Premiere beginnt mit der Filmerstellung und zeigt eine Statusleiste an, in welcher der Fortschritt und die geschätzte Zeitdauer für die Generierung angezeigt werden.

Sobald der Film generiert ist, wird er in einem neuen Clip-Fenster geöffnet.

9 Klicken Sie auf die Abspielen-Schaltfläche, um sich den Film anzusehen.

Ausgabe auf Video

Soll ein fertiger Film auf Videoband ausgegeben werden, müssen Sie die Option »Auf Videoband ausgeben« wählen. Sie können aber auch die Option »Auf Video ausgeben« wählen, um einen Film später mit voller Bildschirmauflösung auf Ihrem Computer-Monitor wiederzugeben. Hat Ihr Film eine geringere Auflösung als 640 x 480, können Sie den Film entsprechend vergrößert oder verkleinert mit einem schwarzen Rahmen versehen abspielen.

1 Das Clip-Fenster ist aktiviert; wählen Sie **Datei: Exportieren: Auf Video ausgeben**.

2 Geben Sie in die Felder »Farbbalken für« und »Schwarzbild für« jeweils den Wert **1** (1 Sekunde) ein; aktivieren Sie »Vollbildschirm« (Windows) bzw. »Bild zoomen« (Mac OS), und klicken Sie auf OK.

Der Film wird bildschirmfüllend auf Ihrem Computermonitor oder einem anderen Monitor abgespielt. Da Ihr Film nicht die volle Auflösung von 640 x 480 besitzt, ist er entsprechend pixelig.

3 Wählen Sie erneut **Datei: Exportieren: Auf Video ausgeben**, und deaktivieren Sie die Option »Vollbildschirm« bzw. »Bild zoomen«. Jetzt wird der Film mit höherer Auflösung, aber in kleinerer Größe abgespielt.

Selber ausprobieren

Experimentieren Sie mit dem in dieser Lektion erstellten Projekt. Dazu die Vorschläge:

• Ändern Sie den Bewegungspfad für *Forget.psd*, so daß sich daß Bild gleichmäßig entlang des Pfades dreht. Speichern Sie den Pfad in einer Datei.

• Erstellen Sie einen Titel mit einem oder zwei Wörtern für den Blumenspot. Plazieren Sie den Titel an den Anfang des Projekts auf der Videospur 3, und ändern Sie die Dauer, so daß der Titel dann endet, wenn *Lotus.psd* beginnt. Weisen Sie dem Titel eine Bewegung zu, mit der er von 10% auf 100% gezoomt wird.

• Versehen Sie den Bewegungspfad von *Logo.ai* mit Bewegungspunkten, beschleunigen und verzögern Sie die Bewegung, und schauen Sie sich die Effekte an.

• Versehen Sie *Backdrop.mov* mit einem Zoomeffekt, indem Sie nur mit der Schaltfläche »Zentrieren« und dem Verzerrungsbereich arbeiten.

Fragen

1 Wann müssen Sie die Flächenfarbe im Dialogfeld »Bewegung einstellen« festlegen?

2 Wann sollte ein Bewegungspfad beschleunigt werden?

3 Wenn ein Punkt auf der Zeitleiste im Dialogfeld »Bewegung einstellen« gesetzt werden und dieser Punkt mit einem bestimmten Zeitpunkt im Clip übereinstimmen soll – müssen die Zeiger in der Zeitanzeige dicht nebeneinander oder weiter auseinander angezeigt werden?

4 Welche beiden Möglichkeiten gibt es, um Bewegungspunkte in einen Bewegungspfad einzufügen?

5 Wie wandelt man den Key-Typ *Bewegte Maske* in eine Bewegungsmaske um?

6 Wie bestimmen Sie die Zeit zwischen zwei Punkten auf dem Bewegungspfad?

Antworten

1 Wenn Ihr Clip einen farbigen (z.B. blauen) Hintergrund besitzt.

2 Wenn auf das Bild eingezoomt wird, d.h. das Bild größer wird.

3 Dicht nebeneinander.

4 Durch Klicken auf dem Bewegungspfad und Klicken auf der Zeitleiste.

5 Weisen Sie dem Clip erst den Key-Type *Bewegte Maske* und dann eine Bewegung zu.

6 Durch Verschieben des Bewegungspunktes auf der Zeitleiste. Je weiter zwei Punkte auseinanderliegen, desto mehr Zeit liegt zwischen den Punkten.

Lektion 11

Zuweisen von Video- und Audiofiltern

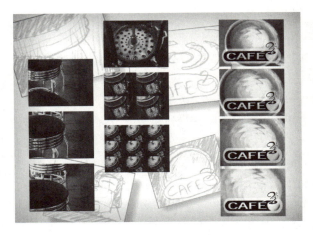

Adobe Premiere verfügt über eine ganze Reihe von Video- und Audiofiltern, mit denen Sie Probleme lösen und Ihr Videoprojekt mit Spezialeffekten versehen können.

Um den Umgang mit den in Premiere enthaltenen Filtern zu lernen, werden Sie einen kurzen Promotionsspot für eine Cafeteria erstellen. Insbesondere machen Sie sich mit folgenden Techniken vertraut:

• Zuweisen von Video- und Audiofiltern

• Ändern von Filtereffekten und Filtereinstellungen

• Arbeiten mit mehreren Filtern und Ändern der Reihenfolge

• Kopieren von Filtern und Filtereinstellungen und Einfügen in einen anderen Clip

• Zeitweises Ändern von Filtern mit Hilfe von Keyframes und Überblendungen

• Zuweisen eines Filters auf bestimmte Bildteile

• Verwenden des Filters »Bildschwenk«

Beginnen mit der Lektion

Sie werden für diese Lektion ein vorhandenes Projekt öffnen, in welches die meisten der benötigten Dateien bereits importiert wurden. Prüfen Sie, wo sich die für diese Lektion benötigten Dateien befinden. Eventuell müssen Sie auf die Buch-CD-ROM zugreifen. Entsprechende Informationen finden Sie unter »Verwenden der Classroom-in-a-Book-Dateien« auf Seite 17.

Um sicherzustellen, daß Sie mit den standardmäßigen Premiere-Programmeinstellungen arbeiten, beenden Sie Premiere, um die Vorgabedatei zu löschen. Entsprechende Hinweise finden Sie unter »Wiederherstellen der Standardeinstellungen« auf Seite 18.

1 Doppelklicken Sie auf die Datei *11Lesson.ppj* im Ordner *11Lektion*, um Premiere zu starten und die Datei zu öffnen.

2 Nachdem das Projekt geöffnet ist, wählen Sie **Datei: Speichern unter**. Öffnen Sie einen Lektionen-Ordner auf Ihrer Festplatte, geben Sie **coffee.ppj** ein, und drücken Sie die Eingabetaste.

Ansehen des fertigen Films

Sie können sich den Film, den Sie erstellen werden, erst einmal als fertige Version ansehen.

1 Wählen Sie **Datei: Öffnen**, und doppelklicken Sie auf die Datei *11Final.mov* im Ordner *Final* innerhalb des Ordners *11Lektion*.

Der Film wird in der Originalansicht des Monitorfensters geöffnet.

2 Klicken Sie auf die Abspielen-Schaltfläche(▶), und sehen Sie sich den Film an.

Warum Filter?

Video- und Audiofilter sind nützlich in nahezu jedem Projekt. Sie können Filter einsetzen, um schlechtes Video- oder Audiomaterial zu verbessern, wie z.B. das Ändern der Farbbalance eines Video-Clips oder das Ausfiltern von Störgeräuschen in einem Dialog. Sie könnten Audiofilter auch verwenden, um einen im Studio aufgenommenen Dialog zu verhallen bzw. diesem Dialog eine bestimmte räumliche Dimension zuzuweisen. Filter werden häufig benutzt, um einen Effekt oder eine Stimmung zu erzeugen, die im Rohmaterial (Video oder Audio) so nicht vorhanden ist. Dazu gehören z.B. das Weichzeichnen einer Szene oder das Hinzufügen des Lichts der untergehenden Sonne.

Arbeiten mit Videofiltern

Adobe Premiere verfügt über eine ganze Reihe von Videofiltern, mit denen Sie Ihre Clips verzerren, weichzeichnen, scharfzeichnen und mit Spezialeffekten versehen können. Die Filter können für einzelne Clipabschnitte variiert werden, so daß die Effekte verstärkt und abgeschwächt werden können. Sie können einem einzelnen Clip auch mehrere Filter zuweisen. Darüber hinaus können Sie auch eigene Filter erstellen und zuweisen sowie zur weiteren Verwendung speichern.

Neben den im Lieferumfang von Adobe Premiere enthaltenen Filtern können zahlreiche weitere Filter in Form von Zusatzmodulen (Plug-ins) eingebunden werden; diese sind zum Teil kostenlos verfügbar oder können separat bei diversen Herstellern oder in Verbindung mit anderen Programmpaketen erworben werden. So können Sie beispielsweise die Zusatzmodule von Photoshop für Video-Clips und Standbilder in Ihren Videos verwenden, indem Sie sie einfach in den entsprechenden Ordner von Premiere kopieren.

Aus dem Adobe Premiere 5.0 Handbuch, Kapitel 10

Zuweisen von Filtern

In Premiere werden Video- und Audiofilter auf gleiche Weise zugewiesen. Nachdem Sie einen Video-Clip ausgewählt haben, werden die Videofilter im Dialogfeld »Filter« aufgelistet. Falls Sie einen Audio-Clip oder die Tonspur eines Video-Clips wählen, sind im Dialogfeld alle verfügbaren Audiofilter aufgeführt.

Sie werden in diesem Projekt einen monochromen Effekt erzeugen, indem sie eine Anzahl von Clips mit einem Gelbton versehen. Für diesen Effekt werden drei Videofilter benötigt: *Schwarz & Weiß*, *Farbe ersetzen* und *Lasierend einfärben*. Sie beginnen mit dem Zuweisen des Filters *Lasierend einfärben* auf den Clip *Stool.mov*.

1 Bevor sie mit der Arbeit an diesem Projekt beginnen, sollten Sie die Audiospuren stumm schalten, um beim Prüfen der Videospuren nicht unnötig gestört zu werden: Klicken Sie auf das Lautsprechersymbol (🔊) links neben den Spuren Audio 1 und Audio 2, um das Symbol auszublenden.

2 Doppelklicken Sie auf *Stool.mov* im Schnittfenster, um den Clip in der Originalansicht zu öffnen; klicken Sie dann auf die Abspielen-Schaltfläche, um sich den Clip anzusehen.

Der Clip soll wie ein altes Foto aussehen, d.h. er wird braun eingefärbt, um den Sepiaton früher Fotoabzüge zu simulieren. Beim Ändern von Clips unter Verwendung von Filtern ist es hilfreich, den Originalclip in der Originalansicht anzuzeigen; so können Sie den Clip jederzeit mit der Vorschau im Dialogfeld »Filter« vergleichen.

3 Ziehen Sie in der Originalansicht den Shuttle-Regler ganz nach links, um den ersten Frame von *Stool.mov* in der Originalansicht anzuzeigen.

4 Markieren Sie *Stool.mov* im Schnittfenster, und wählen Sie **Clip: Filter**, um das Dialogfeld »Filter« zu öffnen.

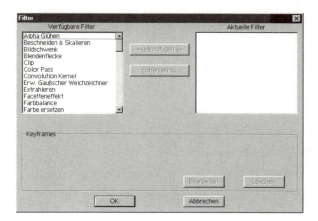

💡 *Um im Listenfeld »Verfügbare Filter« im Dialogfeld »Filter« den gewünschten Filter auszuwählen, geben Sie den ersten Buchstaben des Filternamens ein. Unter Windows muß ein Filter in der Liste markiert sein, um mit diesem Kurzbefehl arbeiten zu können.*

5 Wählen Sie im Listenfeld den Filter »Lasierend einfärben«, und klicken Sie auf »Hinzufügen«, um das Filter-Dialogfeld zu öffnen.

6 Klicken Sie im Dialogfeld »Lasierend einfärben einstellen« auf das Farbfeld, um das Dialogfeld für den Farbwähler zu öffnen.

7 Klicken Sie auf ein dunkles Braun (Rot = **85**, Grün = **42** und Blau = **0**); klicken Sie anschließend auf OK, um den Farbwähler zu schließen.

8 Ziehen Sie den Tonwertregler auf 35%, und klicken Sie auf OK, um das Dialogfeld zu schließen. Klicken Sie erneut auf OK, um auch das Dialogfeld »Filter« zu schließen.

9 Schauen Sie sich den Effekt an, indem Sie mit gedrückter Alt-Taste (Windows) bzw. Wahltaste (Mac OS) in der Zeitleiste des Schnittfensters scrubben.

Das Farbbild ist braun eingefärbt. Verglichen mit dem Originalbild in der Originalansicht kommt dieser Effekt besonders in den weißen Bildbereichen zum Tragen. Beachten Sie die blaugrüne Leiste über dem Clip-Symbol im Schnittfenster. Diese Leiste weist darauf hin, daß der Clip mit einem Filter versehen wurde.

💡 *Sie können schnell das Dialogfeld »Filter« öffnen, indem Sie die Tastenkombination Strg+F (Windows) bzw. Befehl+F (Mac OS) drücken.*

Zuweisen von Filtern in der richtigen Reihenfolge

Wenn einem Clip mehrere Filter zugewiesen werden, wirkt sich die Reihenfolge der Filter meist auf das endgültige Ergebnis aus. Sie werden jetzt dem Clip *Stool.mov* zwei weitere Filter zuweisen. Sie beginnen mit dem Filter *Schwarz & Weiß*, um die Originalfarbe aus dem Clip zu entfernen – der Clip sieht danach wie ein altes Schwarzweißfoto aus. Anschließend fügen Sie den Filter *Farbe ersetzen* hinzu, um den Farbbereich zu verändern.

1 *Stool.mov* ist im Schnittfenster markiert. Öffnen Sie das Dialogfeld »Filter«, und doppelklicken Sie im Listenfeld auf *Schwarz & Weiß*, um diesen Filter der Liste »Aktuelle Filter« hinzuzufügen.

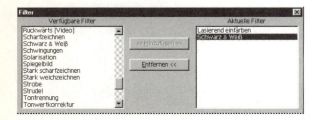

2 Klicken Sie auf OK, um das Dialogfeld »Filter« zu schließen, und schauen Sie sich dann den Effekt beider Filter an, indem Sie mit gedrückter Alt-Taste (Windows) bzw. Wahltaste (Mac OS) in der Zeitleiste des Schnittfensters scrubben.

Sie sehen jetzt nur noch ein Schwarzweißbild. Der Filter *Schwarz & Weiß* hat die vom vorherigen Filter (*Lasieren einstellen*) zugewiesene Farbe entfernt. Beim Zuweisen von Filtern ist also die richtige Reihenfolge wichtig, was eine einfache Angelegenheit ist.

3 *Stool.mov* ist noch ausgewählt; öffnen Sie erneut das Dialogfeld »Filter«. Stellen Sie im Listenfeld »Aktuelle Filter« den Filter *Schwarz & Weiß* an die erste Stelle, indem Sie den Filter unter den Filter *Lasierend einfärben* ziehen. Klicken Sie auf OK, um das Dialogfeld »Filter« zu schließen.

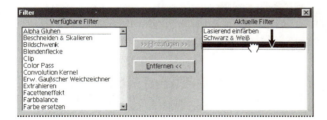

4 Schauen Sie sich wieder den Effekt der beiden Filter an, indem Sie mit gedrückter Alt-Taste (Windows) bzw. Wahltaste (Mac OS) in der Zeitleiste des Schnittfensters scrubben.

Das Schwarzweißbild ist jetzt mit einer braunen Lasur eingefärbt – und genau dieser Effekt sollte erzielt werden. Sie versehen den Clip nun mit dem letzten Filter, mit dem Sie Lichter in eine Farbe ändern.

5 *Stool.mov* ist noch ausgewählt; öffnen Sie erneut das Dialogfeld »Filter«. Doppelklikken Sie im Listenfeld »Verfügbare Filter« auf den Filter *Farbe ersetzen*, um das Dialogfeld »Farbe ersetzen einstellen« zu öffnen.

6 Positionieren Sie den Zeiger in das Bild »Clip-Beispiel«; der Zeiger wird zur Pipette ( ). Ziehen Sie die Pipette auf den hellen Bereich in der oberen linken Ecke, und klicken Sie, um die Farbe aufzunehmen.

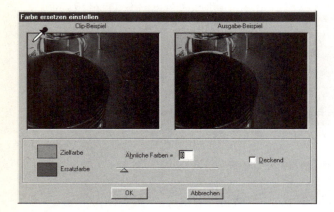

7 Klicken Sie nun im Farbfeld »Ersatzfarbe«, und wählen Sie im Farbwähler ein helles Orange (Rot = **255**, Grün = **210** und Blau = **115**), um die Farbauswahl per Pipette durch diese Farbe zu ersetzen; klicken Sie dann auf OK.

Jetzt werden Sie mit Hilfe des Reglers »Ähnliche Farben« den Bereich der zu ersetzenden Farben einstellen, ausgehend von der Farbähnlichkeit der im Farbwähler ausgewählten Farbe. Diese Einstellung erzeugt einen weichen Übergang von der Originalfarbe zur Ersatzfarbe.

8 Ziehen Sie den Regler »Ähnliche Farben« auf den Wert 70, und klicken Sie anschließend auf OK, um das Dialogfeld »Farbe ersetzen einstellen« zu schließen. Klicken Sie auf OK, um das Dialogfeld »Filter« zu schließen.

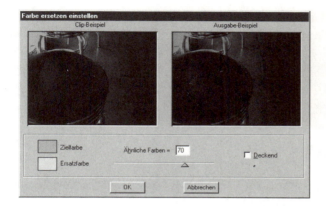

9 Schauen Sie sich den aus drei Filtern zusammengesetzten Farbeffekt an, indem Sie mit gedrückter Alt-Taste (Windows) bzw. Wahltaste (Mac OS) in der Zeitleiste des Schnittfensters scrubben.

10 Speichern Sie das Projekt.

Kopieren von Filtern und Einstellungen

Nachdem Sie einen oder mehrere Filter eingestellt und einem Clip zugewiesen haben, möchten Sie vielleicht dieselben Filter und Einstellungen auf andere Clips anwenden. Das ist viel Arbeit, sofern Sie »manuell« vorgehen – doch es gibt eine viel bessere Möglichkeit. Sie können mit Hilfe des Befehls »Speziell einfügen« identische Filter und Einstellungen auf beliebig viele Clips anwenden. Sie kopieren jetzt mit dieser Technik die Filter aus *Stool.mov*, um sie dem Clip *Roaster.mov* zuzuweisen.

1 *Stool.mov* ist im Schnittfenster noch markiert; wählen Sie **Bearbeiten: Kopieren**.

Hinweis: Sie können den kompletten Namen eines Clips erkennen, wenn Sie den Zeiger so lange auf den Clip setzen, bis der Name angezeigt wird.

2 Markieren Sie *Roaster.mov* im Schnittfenster, und wählen Sie **Bearbeiten: Speziell einfügen**.

3 Aktivieren Sie im Dialogfeld »Speziell Einfügen« die Option »Einstellungen«, und deaktivieren Sie die Optionen »Blendenkontrolle«, »Transparenz« und »Bewegung« – es ist nur noch die Option »Filter« ausgewählt.

4 Klicken Sie auf »Einfügen«.

5 Schauen Sie sich *Roaster.mov* an, indem Sie mit gedrückter Alt-Taste (Windows) bzw. Wahltaste (Mac OS) in der Zeitleiste des Schnittfensters scrubben.

Die Filter aus *Stool.mov* sind jetzt auch dem Clip *Roaster.mov* zugewiesen worden, und zwar mit allen ursprünglichen Einstellungen. Diese Filter sollen noch weiteren Clips zugewiesen werden. Sie werden die »Ziel«-Clips mit dem Bereichsauswahlwerkzeug markieren. Mit diesem Werkzeug können Sie mehrere Clips gleichzeitig auswählen.

6 Wählen Sie im Schnittfenster das Bereichsauswahlwerkzeug.

7 Ziehen Sie im Schnittfenster über *Press.mov* und *Dessert.mov*, um diese Clips auszuwählen.

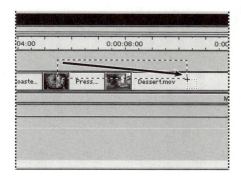

Da Sie nach dem letzten Kopieren von *Stool.mov* den »Kopieren«-Befehl nicht wieder benutzt haben, enthält der »Einfügen«-Befehl noch die kopierten Filter und Einstellungen. Und da Sie bereits die Einstellungen für den Befehl »Speziell einfügen« im entsprechenden Dialogfeld vorgenommen haben, können Sie jetzt mit dem Befehl »Erneut speziell einfügen« arbeiten, um diese Einstellungen wiederzuverwenden.

8 Wählen Sie **Bearbeiten: Erneut speziell einfügen**.

Die Filter und Einstellungen aus *Stool.mov* werden den markierten Clips zugewiesen.

9 Deaktivieren Sie das Bereichsauswahlwerkzeug, indem Sie das Auswahlwerkzeug (▶) wählen.

10 Sehen Sie sich das Projekt an, indem Sie mit gedrückter Alt-Taste (Windows) bzw. Wahltaste (Mac OS) in der Zeitleiste des Schnittfensters scrubben.

Die ersten vier Clips innerhalb des Projekts sollten nun mit identischen Filtern und Filtereinstellungen versehen sein.

11 Speichern Sie das Projekt.

Zeitabhängiges Ändern von Filtern

Einige der Premiere-Filter lassen sich über eine bestimmte Zeitspanne bzw. *dynamisch* ändern. Derartige Filter arbeiten mit *Keyframes*, in denen der Zeitpunkt der Veränderung festgelegt ist. Filter ohne Einstellungsmöglichkeiten, wie z.B. der Filter *Schwarz & Weiß*, benötigen keine Keyframes, d.h. sie lassen sich auf diese Weise nicht verändern.

Filter, die ohne Keyframes arbeiten, lassen sich mit Hilfe von Überblendungen zeitweise verändern; allerdings ist diese Technik weniger flexibel als die Keyframe-Technik.

Ändern von Filtern mit Hilfe von Keyframes

Ein Keyframe ist eine Zeitmarke; er enthält alle Einstellungen eines Videofilters und weist diese Werte dem Clip für einen bestimmten Zeitpunkt zu. Sie werden den Filter *Wiederholen* verwenden und diesen Effekt dem Clip *Press.mov* zuweisen. Anschließend legen Sie mit Hilfe eines Keyframe fest, wann der Filter einsetzen soll und welche Einstellungen zu diesem Zeitpunkt zugewiesen werden sollen. Danach verwenden Sie einen weiteren Keyframe, um den Effekt zu einem anderen Zeitpunkt wieder zu verändern.

1 Wählen Sie *Press.mov* im Schnittfenster, und öffnen Sie das Dialogfeld »Filter«.

2 Doppelklicken Sie im Listenfeld »Verfügbare Filter« auf *Wiederholen*.

3 Ziehen Sie im Dialogfeld »Wiederholen einstellen« den Regler, um sich den Filtereffekt anzusehen. Schieben Sie den Regler ganz nach links zurück, um wieder das 2 x 2-Format (siehe Abbildung) zu erhalten; klicken Sie anschließend auf OK, um das Dialogfeld zu schließen.

Um Keyframes einzurichten, zu plazieren und deren Einstellungen zu bearbeiten, arbeiten Sie in der Keyframes-Zeitleiste im Dialogfeld »Filter«. Keyframes sind durch dreieckige Markierungen auf der Keyframes-Zeitleiste gekennzeichnet. Standardmäßig ist nach der Auswahl eines Filters immer der erste Keyframe aktiviert. Einen aktiven Keyframe erkennt man an der blauen Dreiecksmarkierung. Die Keyframes-Zeitleiste repräsentiert die Dauer eines Clips. Premiere zeigt unten links in der Keyframes-Zeitleiste die Zahl der aktiven Keys (bzw. Keyframes) und den Timecode eines Keys entsprechend seiner Position im Videoprogramm an.

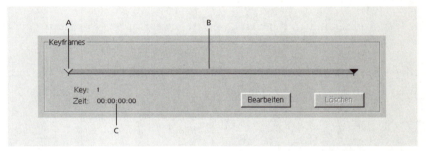

Die Keyframe-Markierung (A) repräsentiert die Filtereinstellungen zu einem bestimmten Zeitpunkt innerhalb der Keyframes-Zeitleiste (B), angezeigt durch den Timecode für diesen Keyframe (C)

Da der Filtereffekt in der Mitte des Clips einsetzen soll, werden Sie den ersten Keyframe auf der Keyframes-Zeitleiste auf diesen Zeitpunkt verschieben. Anschließend fügen Sie einen neuen Keyframe hinzu und ändern für diesen Zeitpunkt die Filtereinstellungen. Schließlich werden Sie noch die Einstellungen für den letzten Keyframe ändern.

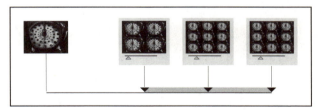

Der Filter Wiederholen *ändert sich bei den jeweiligen Keyframes auf der Keyframe-Zeitleiste – von einem bis hin zu neun Bildern*

4 Plazieren Sie das Dialogfeld »Filter« so auf Ihrem Desktop, daß Sie auch die Programmansicht des Monitorfensters sehen können.

5 Ziehen Sie die erste Markierung auf der Keyframes-Zeitleiste an die Stelle, an welcher der glänzende Deckel des Kaffezubereiters gerade ins Bild kommt. An dieser Stelle soll der Filtereffekt im Clip einsetzen.

Als nächstes erstellen Sie einen neuen Keyframe und stellen für diesen Keyframe einen Filterwert ein.

6 Klicken Sie in der Keyframes-Zeitleiste in der Mitte zwischen dem ersten und letzten Keyframe, um einen neuen Keyframe zu erstellen.

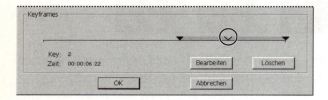

Das Dialogfeld »Wiederholen einstellen« wird mit denselben Einstellungen wie im vorherigen Keyframe geöffnet.

7 Ziehen Sie den Regler, so daß 3 x 3 Bilder angezeigt werden; klicken Sie auf OK.

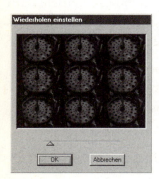

Sie werden nun die Filtereinstellungen für das Ende des Clips festlegen. Der letzte Keyframe besitzt aktuell das 2 x 2-Format. Da der letzte Keyframe nur den letzten Frame des Clips beeinflußt, würde eine Änderung an diesem Keyframe nur einen störenden Blitzer im Videofilm nach sich ziehen. Um das zu vermeiden, werden Sie diesem Keyframe ebenfalls das 3 x 3-Format (wie beim vorherigen Keyframe) zuweisen.

8 Doppelklicken Sie auf den Keyframe am rechten Ende in der Keyframes-Zeitleiste, um das Dialogfeld »Wiederholen einstellen« zu öffnen. Ziehen Sie den Regler für das 3 x 3-Format, und klicken Sie auf OK. Klicken Sie nochmals auf OK, um das Dialogfeld »Filter« zu schließen.

9 Schauen Sie sich den Filtereffekt in der Programmansicht des Monitorfensters an, indem Sie mit gedrückter Alt-Taste (Windows) bzw. Wahltaste (Mac OS) in der Zeitleiste des Schnittfensters scrubben.

Der dem Clip *Press.mov* zugewiesene *Wiederholen*-Filter erzeugt in der ersten Hälfte des Clips ein einzelnes Bild. Danach werden vier und schließlich neun Bilder angezeigt.

10 Speichern Sie das Projekt.

Ändern von Filtern mit Überblendungen

Bei einigen Filtern, die sich nicht mit Hilfe von Keyframes über einen bestimmten Zeitabschnitt verändern lassen, läßt sich derselbe Effekt mit Überblendungen erzielen. Dazu wird die Überblendung (normalerweise *Additive Blende*) zwischen zwei Versionen eines Clips plaziert. Die Clips sind bis auf die Filtereinstellungen identisch.

Die Methode des Ändern einer Filtereinstellung über einen bestimmten Zeitabschnitt funktioniert am besten mit ganz bestimmten Filtern, d.h. solchen, die sich auf die Bildqualität auswirken (z.B. auf Helligkeit, Sättigung und Kontrast).

Sie werden mit der Überblendung über einen bestimmten Zeitraum den Effekt der drei Filter in *Dessert.mov* aufheben und dem Clip wieder seine ursprüngliche Farbe verleihen. Sie arbeiten deshalb mit einer Überblendung, weil sich der Filter *Schwarz & Weiß* in *Dessert.mov* nicht dynamisch (also über Keyframes) verändern läßt.

Sie beginnen, indem Sie die Überblendung *Additive Blende* in der Überblendungsspur plazieren.

1 Klicken Sie auf den Pfeil links neben der Videospur 1, um die Spur zu vergrößern.

2 Ziehen Sie die Überblendung *Additive Blende* aus der Überblendungenpalette auf die Überblendungsspur. Achten Sie darauf, daß die Überblendung am In-Point des Clips *Dessert.mov* einrastet.

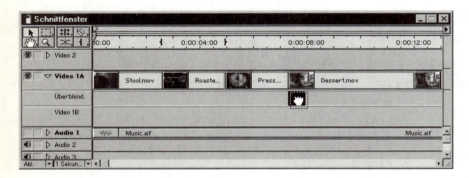

Jetzt plazieren Sie eine zusätzliche Version von *Dessert.mov* in der Spur Video 1B.

3 Ziehen Sie *Dessert.mov* aus dem Projektfenster in die Spur 1B im Schnittfenster, so daß der Clip auf einer Position direkt unter der ersten Version von *Dessert.mov* einrastet.

4 Setzen Sie den Zeiger auf die rechte Kante der Überblendung, und ziehen Sie so weit nach rechts, bis die Überblendung so lang wie der Clip *Dessert.mov* ist.

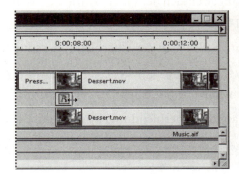 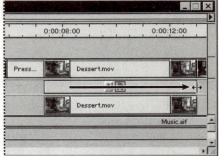

5 Sehen Sie sich *Dessert.mov* an; stellen Sie die Arbeitsbereichsleiste so ein, daß sie über den Clip reicht, und drücken Sie anschließend die Eingabetaste.

Der Clip *Dessert.mov* verändert sich allmählich während seiner Spieldauer: der Effekt der gelblichen Lichter mit brauen Schatten nimmt ab, und am Ende hat der Clip wieder seine ursprüngliche Farbigkeit.

Hinweis: *Wenn Sie in der Vorschau nur ein Geisterbild (versetzt übereinanderliegende Bilder) sehen, prüfen Sie, ob die beiden Versionen von* Dessert.mov *im Schnittfenster exakt aufeinander ausgerichtet sind.*

6 Speichern Sie das Projekt.

Verwenden der Filter *Bildschwenk* und *Schwingungen*

Sie werden nun das Standbild einer Tasse Espresso, *Latte.tif*, animieren, indem Sie für einen Zoom den Filter *Bildschwenk* und für einen Quirleffekt den Filter *Schwingungen* zuweisen. Beide Filter lassen sich über einen bestimmten Zeitraum ganz allmählich verändern (im Gegensatz zum *Wiederholen*-Filter, der sich nur stufenweise verändert).

Latte.tif im Schnittfenster ist 30 Frames lang. Für dieses Projekt soll der Clip jedoch 3:23 lang sein; Sie müssen deshalb erst die Dauer des Clips festlegen, bevor Sie den Filter Bildschwenk zuweisen. Diese Änderung führen Sie mit Hilfe des Befehls »Dauer« aus.

1 Markieren Sie im Projektfenster den Clip *Latte.tif*, wählen Sie **Clip: Clip wiederfinden**, und klicken Sie auf »Fertig«.

2 Wählen Sie **Clip: Dauer**.

3 Geben Sie in das Feld »Neue Dauer festlegen« den Wert **323** ein; klicken Sie dann auf OK, um das Dialogfeld zu schließen. Damit haben Sie die Dauer des Clips *Latte.tif* von 00:30 in 3:23 geändert.

 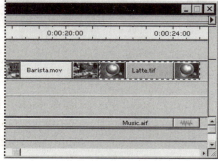

Sie werden jetzt diesem Clip den Filter *Bildschwenk* zuweisen.

4 *Latte.tif* ist noch ausgewählt; öffnen Sie das Dialogfeld »Filter«, und doppelklicken Sie im Listenfeld »Verfügbare Filter« auf *Bildschwenk*.

Das Dialogfeld »Bildschwenk einstellen« enthält ein Vorschaufenster, in dem der komplette Clip abgespielt werden kann. Sie werden mit Hilfe dieses Filters einen Zoom erzeugen und sich den Zoom während der Arbeit im Dialogfeld »Bildschwenk« ansehen. Das Dialogfeld zeigt auch Bilder des ersten und letzten Frames im Clip – jedes mit Optionen, um Schwenks und Zooms erzeugen zu können. Sie können die Größe dieser beiden Auswahlfelder auf zweierlei Weise ändern: durch Eingabe der Werte für Breite und Höhe oder durch Ziehen an den Griffpunkten in den Ecken der Felder. Zuerst werden Sie das Bild geringfügig beschneiden, indem Sie eine neue Framegröße (in Pixeln) bestimmen.

5 Geben Sie im Dialogfeld »Bildschwenk einstellen« auf der linken Seite unter »Anfang« die Werte **392** für Breite und **287** für Höhe ein.

6 Klicken Sie auf die obere Schaltfläche »Kopieren«(>>Kopieren>>), um dieselbe Größe und Position des Bilds unter »Ende« (auf der rechten Seite des Dialogfelds) festzulegen.

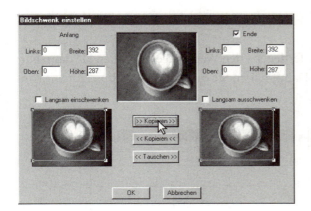

Sie sehen, daß in der Vorschau das Bild beschnitten (angezeigt mit dem weißen Auswahlrahmen) und noch keine Bewegung vorhanden ist. Um mit diesem Filter auch Bewegung zu erzeugen, muß der Auswahlrahmen in der Anfangsansicht eine andere Größe und/oder Position haben als der Rahmen in der Endansicht. Anschließend animiert der Filter das Bild von der Anfangs- in die Endposition. Sie fügen nun einen Zoom hinzu, indem Sie mit den Griffpunkten den Auswahlrahmen ändern.

7 Sie sehen in der Anfangsansicht den unteren rechten Griffpunkt des Auswahlrahmens. Ziehen Sie diesen Griffpunkt mit gedrückter Alt-Taste (Windows) bzw. Wahltaste (Mac OS) so, daß die untere rechte Ecke des Auswahlrahmens die rechte Kante der Kaffeesahne berührt. Das Ziehen mit gedrückter Alt- bzw. Wahltaste bewahrt das Seitenverhältnis (Breite zu Höhe) des Originalbilds; das ist wichtig, da das Bild nicht verzerrt werden soll. Ziehen Sie mit derselben Technik die anderen Griffpunkte des Auswahlrahmens, so daß dieser nur noch die Kaffeesahne umschließt. Ziehen Sie im Auswahlrahmen, um ihn über der Kaffeesahne zu zentrieren.

Sie ändern jetzt die Richtung des Zooms, d.h. er soll ein- statt auszoomen. Premiere hat dafür eine Schaltfläche, so daß Sie die Größe und Position des Auswahlrahmens nicht erst manuell verändern müssen.

8 Klicken Sie auf die Schaltfläche »Tauschen«, um die Richtung des Zooms zu ändern.

9 Wenn Sie mit den vorgenommenen Einstellungen zufrieden sind, klicken Sie auf OK, um das Dialogfeld »Bildschwenk einstellen« zu schließen.

Als nächstes werden Sie *Latte.tif* den Filter *Schwingungen* zuweisen. Der Filter soll ohne Effekt beginnen und allmählich bis zum Ende des Clips den Effekt in der gewünschten Intensität zuweisen.

10 Doppelklicken Sie im Dialogfeld »Filter« im Listenfeld »Verfügbare Filter« auf den Filter *Schwingungen*. Standardmäßig ist der erste Keyframe ausgewählt, obwohl die Keyframes noch nicht im Dialogfeld »Schwingungen einstellen« angezeigt werden.

Sie nehmen jetzt die Einstellungen für den ersten Keyframe vor.

11 Geben Sie im Dialogfeld »Schwingungen« die Werte **0** für »Stärke« und **1** für »Wellen« ein; wählen Sie im Einblendmenü »Stil« die Option »Kreisförmig um die Mitte«. Mit diesen Einstellung hat der Filter keine oder kaum erkennbare Auswirkungen auf den Clip. Klicken Sie auf OK, um das Dialogfeld »Schwingungen« zu schließen.

Abschließend werden Sie die Filtereinstellungen für den letzten Keyframe festlegen.

12 Doppelklicken Sie auf den Keyframe am rechten Ende der Keyframes-Zeitleiste, um ihn auszuwählen und das Dialogfeld »Schwingungen« zu öffnen.

13 Geben Sie die Werte **41** für »Stärke« und **5** für »Wellen« ein; klicken Sie auf OK, um das Dialogfeld »Schwingungen« zu schließen. Klicken Sie erneut auf OK, um das Dialogfeld »Filter« zu schließen.

14 Sehen Sie sich den gerade zugewiesenen Filter an. Stellen Sie die Arbeitsbereitsleiste so ein, daß sie über den Clip *Latte.tif* reicht, und drücken Sie die Eingabetaste.

Das Bild zoomt ein, während der Filtereffekt immer stärker wird.

15 Speichern Sie das Projekt.

Hinzufügen eines Logos

Sie werden die letzte Szene in diesem Projekt mit einem Logo versehen. Dazu machen Sie einfach den Logo-Clip wieder sichtbar. *Logo.tif* ist bereits auf der Videospur 3 platziert, aber die Spur wurde als »unbenutzt« markiert. Außerdem wurden alle »unbenutzten« Spuren ausgeblendet, um das Schnittfenster übersichtlicher zu gestalten. Die Spur wurde zusätzlich noch aus der Vorschau ausgeschlossen, was Sie am fehlenden Augensymbol links neben der Spur erkennen.

Eine vollständige Beschreibung von als »unbenutzt« markierten und ausgeschlossenen Spuren finden Sie unter »Ausblenden von Spuren« in der Online-Hilfe oder in Kapitel 4 im *Adobe Premiere 5.0 Handbuch*.

1 Wählen Sie im Schnittfenster-Menü die Option **Unbenutzte Spuren anzeigen**, um die Videospur 3 mit dem Clip *Logo.tif* anzuzeigen. Eventuell müssen Sie die Größe des Schnittfensters ändern oder senkrecht im Fenster rollen, um die Spur sehen zu können.

2 Schauen Sie sich *Barista.mov* und *Logo.tif* an, indem Sie mit gedrückter Alt-Taste (Windows) bzw. Wahltaste (Mac OS) in der Zeitleiste des Schnittfensters scrubben.

Das Logo wird in der Vorschau nicht angezeigt, weil die Videospur 3 noch ausgeschlossen ist, was an dem leeren Feld (▢) ganz links neben der Videospur 3 zu erkennen ist.

3 Klicken Sie in das leere Feld an der äußersten linken Seite der Videospur 3, so daß das konturierte Augensymbol (👁) angezeigt wird. Das Symbol zeigt an, daß die Spur nicht mehr ausgeschlossen ist, d.h. die Spur ist wieder für die Vorschau und den Export freigegeben.

4 Schauen Sie sich *Barista.mov* und *Logo.tif* erneut an, indem Sie mit gedrückter Alt-Taste (Windows) bzw. Wahltaste (Mac OS) in der Zeitleiste des Schnittfensters scrubben.

Das Logo ist in *Barista.mov* und *Latte.tif* eingeblendet, aber nur schwer erkennbar, da die Hintergründe für das schwarze Logo zu dunkel sind. Das Hinzufügen einer Maske könnte Sie in die Lage versetzen, einen Filter nur zum Aufhellen des Bereichs von *Barista.mov* unter dem Logo zuzuweisen.

Zuweisen eines Filters auf bestimmte Bildbereiche

In Lektion 10, »Hinzufügen von Bewegung«, haben Sie eine Bewegungsmaske für einen Bewegungseffekt erstellt. An dieser Stelle werden Sie mit einer Bewegungsmaske arbeiten, um einen Filter nur auf einen bestimmten Bildbereich anzuwenden. Dazu müssen

Sie eine weitere Version des Clips in der Überblendungsspur (Video 2) plazieren, und
Sie müssen einem der Clips einen Filter zuweisen.

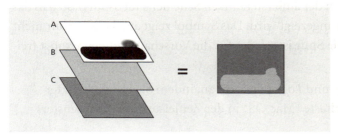

A. Maske
B. Aufgehellte Version des Clips mit zugewiesener Maske
C. Original-Clip

Das Hinzufügen eines Filters erzeugt eine Differenz zwischen den beiden Clips, so daß
Teile des einen Clips in der Maske des anderen Clips hindurchscheinen. Würden beide
Clips identisch sein, hätte die Maske keinerlei Funktion.

Sie beginnen, indem Sie eine weitere Version von *Barista.mov* in der Überblendungsspur plazieren.

1 Ziehen Sie *Barista.mov* aus dem Projektfenster auf die Videospur 2, so daß der Clip
an der ersten Version von *Barista.mov* auf der Videospur 1 einrastet; beide Clips sind
jetzt aufeinander ausgerichtet.

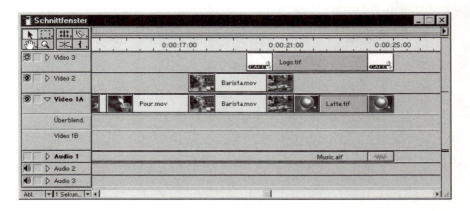

Sie weisen nun einen Filter zu, um die gerade auf der Videospur 2 hinzugefügte Version von *Barista.mov* aufzuhellen.

2 Wählen Sie *Barista.mov* auf der Videospur 2, und öffnen Sie das Dialogfeld »Filter«.

3 Doppelklicken Sie im Listenfeld »Verfügbare Filter« auf *Helligkeit & Kontrast*. Stellen Sie »Helligkeit« auf **-37** und »Kontrast« auf **-60** ein; klicken Sie anschließend auf OK, um das Dialogfeld zu schließen. Klicken Sie erneut auf OK, um auch das Dialogfeld »Filter« zu schließen.

Nun bestimmen Sie die Transparenz und weisen dem Clip *Barista.mov* auf der Videospur 2 eine Maske zu.

4 *Barista.mov* ist noch auf der Videospur 2 markiert; wählen Sie **Clip: Video: Transparenz**, um das Dialogfeld »Transparenz einstellen« zu öffnen.

5 Wählen Sie im Einblendmenü den Key-Typ *Bildmaske*.

6 Klicken Sie unter »Maske« auf die Schaltfläche »Wählen«, und doppelklicken Sie dann auf *Matte.tif* im Ordner *11Lektion*.

7 Klicken Sie auf das Umblättern-Symbol (◪), und aktivieren Sie die Option »Key umkehren«.

8 Ziehen Sie den Regler im Feld »Beispiel«, um eine Vorschau der soeben vorgenommenen Einstellungen zu erhalten; klicken Sie dann auf OK, um das Dialogfeld »Transparenz einstellen« zu schließen.

9 Schauen Sie sich *Barista.mov* und *Logo.tif* an, indem Sie mit gedrückter Alt-Taste (Windows) bzw. Wahltaste (Mac OS) in der Zeitleiste des Schnittfensters scrubben.

Der Bildbereich aus dem Originalclip *Barista.mov* über dem Logo wird mit normalen Helligkeits- und Kontrastwerten angezeigt, während die Kopie von *Barista.mov* unter dem Logo aufgehellt ist.

Die Maske beginnt vor dem Logo, was unnötig ist. Deshalb werden Sie die obere Version von *Barista.mov* am Anfang trimmen.

10 Setzen Sie den Zeiger auf den Anfang von *Barista.mov* in der Videospur 2, und ziehen Sie nach recht, bis der Clip am Anfang von *Logo.tif* einrastet.

 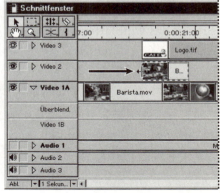

Sie werden nun *Latte.tif* auf die gleiche Weise wie *Barista.mov* einrichten, so daß das Logo in beiden Clips sichtbar ist. Dazu fügen Sie eine Kopie von *Latte.tif* in die Videospur 2 ein und weisen einen Filter zu. Danach kopieren Sie die Transparenzeinstellungen von *Barista.mov* und fügen diese Einstellungen in *Latte.tif* auf der Videospur 2 ein, um die Maske zu erstellen.

11 Markieren Sie *Latte.tif* im Schnittfenster, und wählen Sie **Bearbeiten: Kopieren**.

12 Wählen Sie die Videospur 2 aus, indem Sie rechts neben *Barista.mov* klicken; wählen Sie dann **Bearbeiten: Kopieren**.

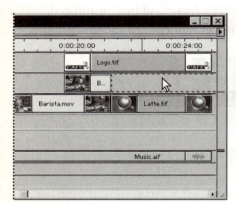

Die Kopie von *Latte.tif* hat dieselbe Länge wie der Originalclip und ist wie das Original mit den Filtern *Bildschwenk* und *Schwingungen* versehen.

13 Wählen Sie die Kopie von *Latte.tif* aus, und öffnen Sie das Dialogfeld »Filter«.

14 Doppelklicken Sie im Listenfeld »Verfügbare Filter« auf *Helligkeit & Kontrast*. Stellen Sie die Helligkeit auf **-40** und den Kontrast auf **-50** ein, und klicken Sie auf OK, um das Dialogfeld zu schließen. Klicken Sie erneut auf OK, um das Dialogfeld »Filter« zu schließen.

Jetzt kopieren Sie die Transparenzeinstellungen, zu denen auch die Maske gehört, von *Barista.mov* in *Latte.tif*.

15 Markieren Sie *Barista.mov* auf der Videospur 2, und wählen Sie **Bearbeiten: Kopieren**.

16 Markieren Sie die Kopie von *Latte.tif* auf der Videospur 2, und wählen Sie **Bearbeiten: Speziell einfügen**. Aktivieren Sie »Einstellungen«, deaktivieren Sie die Option »Filter«, und aktivieren Sie die Option »Transparenz«. Klicken Sie auf »Einfügen«.

Sie haben die Option »Filter« deaktiviert, da sonst die bereits der Kopie von *Latte.tif* zugewiesenen Filter beeinflußt worden wären.

17 Um den fertigen Effekt einschließlich Logo anzusehen, scrubben Sie mit gedrückter Alt-Taste (Windows) bzw. Wahltaste (Mac OS) in der Zeitleiste des Schnittfensters.

18 Speichern Sie das Projekt.

Anwenden von Audiofiltern

Sie wissen bereits, daß Audio- und Videofilter auf die gleiche Weise zugewiesen werden. Sie werden an dieser Stelle zuerst Nebengeräusche in einem Audio-Clip herausfiltern und anschließend demselben Clip eine »räumliche Tiefe« verleihen.

1 Setzen Sie die Zeiteinheit unten rechts im Schnittfenster auf »2 Sekunden«.

2 Rollen Sie mit Hilfe des Rollbalkens an der rechten Seite des Schnittfenster, so daß Sie die Audiospuren 1 und 2 sehen können.

3 Ziehen Sie *Voice1.aif* aus dem Projektfenster auf die Audiospur 2, so daß der Out-Point am Ende des letzten Clips im Projekt einrastet.

Zuerst müssen Sie den Ton der Audiospur 2 einschalten, bevor Sie mit *Voice1.aif* arbeiten können.

4 Kicken Sie auf das Feld links außen neben der Audiospur 2, so daß das Lautsprechersymbol (◄») angezeigt wird.

5 Hören Sie sich *Voice1.aif* an, indem Sie die Schnittlinie an dan Anfang des Clips bewegen und auf die Abspielen-Schaltfläche in der Programmansicht klicken.

Der Premiere-Audiofilter *Leitungsrauschen unterdrücken* wird verwendet, um z.B. den Summton in der Leitung zu entfernen (niederfrequentes 50-Hz-Geräusch) oder andere feste Frequenzanteile in einem Audio-Clip herauszufiltern. Mit diesem Filter entfernen Sie jetzt die im Clip *Voice.aif* vorhandenen Störgeräusche.

6 Markieren Sie *Voice1.aif* im Schnittfenster, und öffnen Sie das Dialogfeld »Filter«.

7 Doppelkicken im Listenfeld »Verfügbare Filter« auf den Audiofilter *Leitungsrauschen unterdrücken*.

8 Aktivieren Sie die Option »Audio-Vorschau«. Premiere spielt eine kurze Schleife des Tons auf der Audiospur ein.

Die Frequenz des Störgeräusches in *Voice1.aif* beträgt 800 Hz.

9 Ziehen Sie den Regler im Dialogfeld »Leitungsrauschen unterdrücken«, und hören Sie sich dabei die Audio-Vorschau an.

Sobald die Filtereinstellung (im Feld rechts vom Regler) den Wert 800 Hz erreicht, verringert sich das Störgeräusch. Um den Filter präzise auf 800 Hz einzustellen, werden Sie den Wert eingeben.

10 Geben Sie in das Feld »Hz« den Wert **800** ein, und klicken Sie auf OK, um das Dialogfeld zu schließen. Klicken Sie erneut auf OK, um auch das Dialogfeld »Filter« zu schließen.

11 Hören Sie nochmals *Voice1.aif* an. Das Störgeräusch ist fast vollständig herausgefiltert, also kaum mehr zu hören. Allerding klingt der Ton noch etwas flach, weshalb Sie ihn noch mit etwas Leben versehen werden.

Sie werden einen Filter zuweisen, um dem Audio-Clip eine räumliche Tiefe zu verleihen. Der Filter *Reverb* simuliert Ton, der von den massiven Wänden in großen und mittelgroßen Räumen reflektiert wird.

12 Klicken Sie in der Titelleiste des Schnittfensters, um es zu aktivieren. Der Clip *Voice1.aif* ist noch ausgewählt; öffnen Sie das Dialogfeld »Filter«, und doppelklicken Sie im Listenfeld »Verfügbare Filter« auf den Filter *Reverb*.

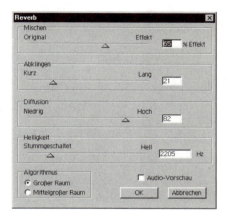

13 Aktivieren Sie die Optionen »Audio-Vorschau« und »Mittelgroßer Raum«. Ziehen Sie den Regler »Mischen« auf etwa **20%**. Ziehen Sie den Regler »Abklingen« auf einen Wert, der dem Klang in einem mittelgroßen Raum entspricht (z.B. **20%**).

14 Klicken Sie auf OK, um das Dialogfeld »Reverb« zu schließen. Klicken Sie erneut auf OK, um auch das Dialogfeld »Filter« zu schließen.

Bevor Sie sich *Voice1.aif* und *Music1.aif* zusammen anhören, müssen Sie die Tonwiedergabe für die Audiospur 1 einschalten.

15 Klicken Sie auf *Voice1.aif*, um den Clip abzuwählen.

16 Klicken Sie auf das Feld ganz links neben der Audiospur 1, so daß das Lausprechersymbol (◀») angezeigt wird.

17 Hören Sie sich *Voice1.aif* und *Music1.aif* zusammen an, indem Sie die Schnittlinie auf eine Position einige Sekunden vor dem Beginn von *Voice1.aif* verschieben; drücken Sie dann die Abspielen-Schaltfläche unter der Programmansicht – die Tonqualität ihres Projekts hat sich hörbar verbessert.

18 Speichern Sie das Projekt.

Exportieren des Films

Da Sie die Bearbeitung bzw. das Editing abgeschlossen haben, werden Sie nun die Filmdatei generieren.

1 Klicken Sie auf die Titelleiste des Schnittfensters, um es zu aktivieren.

2 Wählen Sie **Datei: Exportieren: Film**.

3 Klicken Sie im Dialogfeld auf »Einstellungen«.

4 Wählen Sie »QuickTime« als Dateityp und »Gesamtes Projekt« für den Bereich.

5 Aktivieren Sie die Optionen »Video exportieren« und »Audio exportieren«. Die restlichen Einstellungen können Sie übernehmen.

6 Klicken Sie auf OK, um das Dialogfeld »Einstellungen für Filmexport« zu schließen.

7 Wählen Sie im Dialogfeld »Film exportieren« den Ordner *11Lektion* als Speicherort, geben Sie **Coffee.mov** als Dateinamen ein, und klicken Sie auf »Speichern«.

Premiere beginnt mit der Filmerstellung und zeigt eine Statusleiste an, in welcher der Fortschritt und die geschätzte Zeitdauer für die Generierung angezeigt werden.

8 Sobald der Film generiert ist, wird er in der Originalansicht des Monitorfensters geöffnet.

9 Klicken Sie auf die Abspielen-Schaltfläche, um sich den Film anzusehen.

Selber ausprobieren

Experimentieren Sie mit dem in dieser Lektion erstellten Projekt. Dazu einige Vorschläge:

• Suchen Sie sich Filter aus, um ein Bild horizontal zu spiegeln, es auf den Kopf zu stellen oder um einen Clip rückwärts abzuspielen.

• Probieren Sie folgende Methode aus, um eine Filterveränderung zu einem exakten Zeitpunkt innerhalb eines Clips einsetzen zu lassen: Setzen Sie eine Markierung an die Stelle im Clip, an welcher die Veränderung einsetzen soll. Ziehen Sie anschließend im Dialogfeld »Filter« die Keyframe-Marke, so daß sie an der Markierung im Clip einrastet.

• Teilen Sie einen Clip mit Hilfe der Rasierklinge in mehrere gleichlange Segmente auf, und weisen Sie jedem Segment mit Hilfe der Befehle »Speziell einfügen« und »Erneut speziell einfügen« einen Filter zu.

Fragen

1 Woran erkennen Sie, ob ein Clip bereits mit einem Filter versehen ist?

2 Wofür steht der Timecode unter »Keyframes« im Dialogfeld »Filter«?

3 Warum benötigen Sie eine Überblendung, um einen Filter über einen bestimmten Zeitabschnitt zu verändern?

4 Was ist die schnellste Methode, um identische Filter und Filtereinstellungen mehreren Clips zuzuweisen?

5 Was bedeutet das Lautsprechersymbol im Schnittfenster?

Antworten

1 Über dem Clip im Schnittfenster wird eine blaugrüne Leiste angezeigt.

2 Dieser Timecode zeigt die Position des aktiven Keyframes in Relation zum gesamten Videoprogramm an.

3 Filter, die ohne Keyframes arbeiten, können innerhalb eines bestimmten Zeitabschnitts nur mit Hilfe einer Überblendung verändert werden.

4 Der Befehl »Speziell einfügen« ist die schnellste Möglichkeit, um identische Filter und Filtereinstellungen mehreren Clips zuzuweisen.

5 Das Lautsprechersymbol wird verwendet, um die Audiospur stumm zu schalten bzw. sie als »unbenutzt« zu markieren.

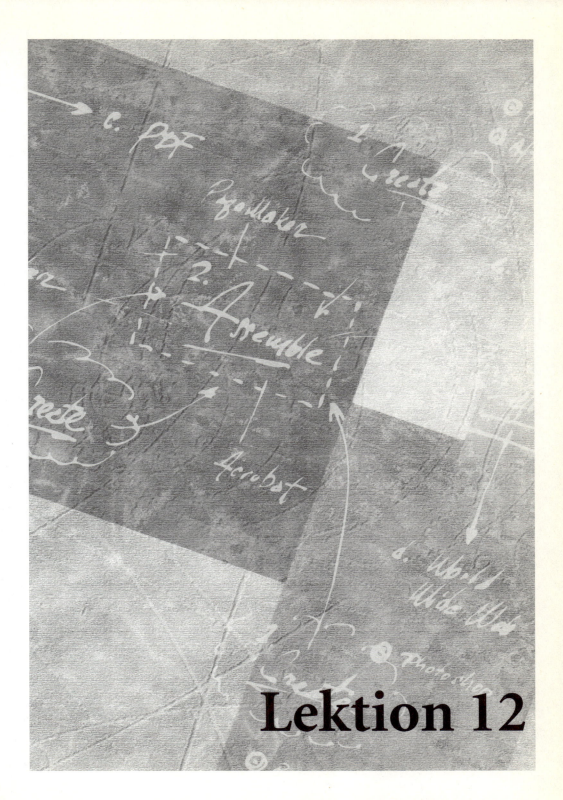

Lektion 12

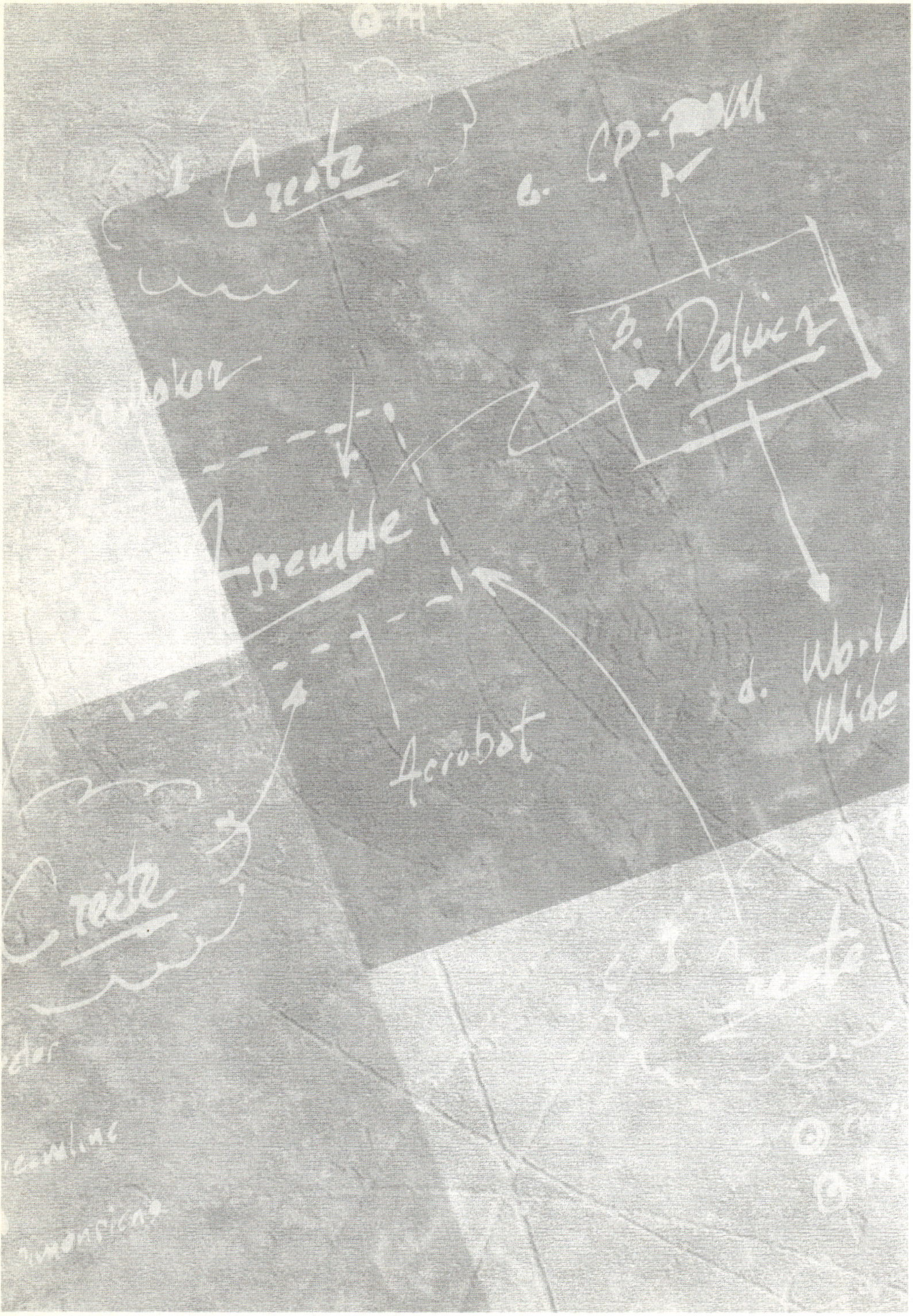
Create
Acrobat

Clipkopien und virtuelle Clips

Die Arbeit mit Clipkopien und virtuellen Clips erweitert die Möglichkeiten für das Zusammenstellen von Videoprogrammen erheblich. Clipkopien sind nützlich für das Aufteilen eines Clips in mehrere kürzere Clips, die in das Projektfenster aufgenommen werden. Im Gegensatz dazu können Sie einen oder mehrere Clips, Filter und Überblendungen zu einem einzelnen virtuellen Clip kombinieren, wodurch das Schnittfenster übersichtlicher wird und Sie Filter und Überblendung wiederholt auf das gleiche Material anwenden können.

Ausgehend von Videomaterial, das Sie in ein Premiere-Projekt importieren, können Sie zwei andere Arten von Clips erstellen: Clipkopien und virtuelle Clips. Sie lernen den Umgang mit diesen Clips, indem Sie eine Komponente eines TV-Spots für ein Ferienzentrum erstellen.

Insbesondere machen Sie sich mit folgenden Techniken vertraut:

- Erstellen und Benennen von Clipkopien
- Verwenden von Clipkopien in einem Projekt
- Erstellen von virtuellen Clips
- Verschachteln von virtuellen Clips
- Bearbeiten von virtuellen Clips
- Kompilieren eines virtuellen Clips in einen aktuellen Clip

Beginnen mit der Lektion

Sie werden für diese Lektion ein vorhandenes Projekt öffnen, in das bereits die wichtigsten Dateien importiert wurden. Prüfen Sie, wo sich die für diese Lektion benötigten Dateien befinden. Eventuell müssen Sie auf die Buch-CD-ROM zugreifen. Informationen finden Sie unter »Verwenden der Classroom-in-a-Book-Dateien« auf Seite 17.

Um sicherzustellen, daß Sie mit den standardmäßigen Premiere-Programmeinstellungen arbeiten, beenden Sie Premiere, um die Vorgabedatei zu löschen. Entsprechende Hinweise finden Sie unter »Wiederherstellen der Standardeinstellungen« auf Seite 18.

1 Doppelklicken Sie auf die Datei *12Lesson.ppj* im Ordner *12Lektion*, um das Projekt in Premiere zu öffnen.

2 Nachdem das Projekt geöffnet ist, wählen Sie **Datei: Speichern unter**. Öffnen Sie einen Lektionen-Ordner auf Ihrer Festplatte, geben Sie **Windsurf.ppj** ein, und drücken Sie die Eingabetaste.

Ansehen des fertigen Films

Sie können sich den Film, den Sie erstellen werden, erst einmal als fertige Version ansehen. Da Sie in dieser Lektion teilweise eigene Entscheidungen für die Bearbeitung treffen werden, kann Ihr fertiger Film etwas anders aussehen.

1 Wählen Sie **Datei: Öffnen**, und doppelklicken Sie auf die Datei *12Final.mov* im Ordner *Final* innerhalb des Ordners *12Lektion*.

Der Film wird in der Originalansicht des Monitorfensters geöffnet.

2 Klicken Sie auf die Abspielen-Schaltfläche(►), und sehen Sie sich den Film an.

Was sind Clipkopien?

Jede Komponente innerhalb eines Videoprogramms hat einen Namen, der die Funktion und den Ort im Premiere-Fenster beschreibt.

Master-Clip: Ein *Master-Clip* ist eine Referenz auf eine Datei, die digitalisierte Videoinformationen enthält. Alle aktuell im Projektfenster dieses Projekts angezeigten Dateien sind Master-Clips.

Instanz: Sie können beliebig viele Kopien eines Master-Clips aus dem Projektfenster in das Schnittfenster ziehen. Jede auf diese Weise erzeugte Kopie wird als *Instanz* bezeichnet.

Clipkopie: Sie können von einem Master-Clip im Projektfenster auch eine *Clipkopie* erstellen. Obwohl eine Clipkopie den kompletten Master-Clip enthalten kann, werden Clipkopien vorrangig für das Erstellen kürzerer Clips von einem Master-Clip verwendet. So wie ein Master-Clip wird auch eine Clipkopie im Projektfenster angezeigt, und zwar mit dem Namen, den Sie bei der Erstellung der Clipkopie vergeben. Sie können eine beliebige Anzahl von Instanzen einer Clipkopie innerhalb eines Projekts erzeugen. *Clipkopie* darf jedoch nicht mit *Aliasname* verwechselt werden. Wenn ein Clip mit einem Aliasnamen versehen wird, ändert sich nur der Name – ein neuer Clip wird also nicht erstellt.

Um von einem Master-Clip eine Clipkopie zu erzeugen, müssen Sie zuerst eine Instanz des Master-Clips in der Originalansicht öffnen, um die In- und Out-Points zu setzen.

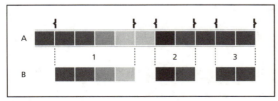

*Von einem Master-Clip (**A**) können mehrere Clipkopien (**B**) erzeugt werden*

Wichtig: Wird der Master-Clip im Projektfenster gelöscht, werden auch alle Instanzen und Clipkopien gelöscht, die von diesem Master-Clip erstellt wurden – sowohl im Projektfenster als auch im Schnittfenster.

Erstellen von Clipkopien

Sie beginnen diese Lektion, indem Sie drei Clipkopien des Master-Clips *Surf.mov* erstellen. Diese Clipkopien werden automatisch dem Projektfenster hinzugefügt. Die Kopien selbst werden Sie in der nächsten Übung für die Programmerstellung verwenden.

1 Doppelklicken Sie im Projektfenster auf *Surf.mov*; schauen Sie sich den Clip in der Originalansicht an.

Sie sehen, daß *Surf.mov* mehrere Szenen enthält. Von drei dieser Szenen werden Sie Clipkopien erstellen.

2 Setzen Sie in der Originalansicht den In-Point (‌{‌) für die erste Clipkopie an die Stelle, an der sich die Szene ändert (bei 1:22).

3 Setzen Sie den Out-Point (‌}‌) bei 9:26.

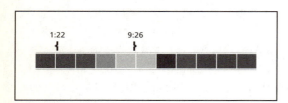

In- und Out-Points definieren die Quelle einer Clipkopie

4 Klicken Sie auf die Loop-Schaltfläche (‌⟳‌), um nur den Teil von *Surf.mov* anzusehen, der durch die gerade festgelegten In- und Out-Points definiert ist. Drücken Sie die Stoppen-Schaltfläche, um die Vorschau zu beenden.

5 Wählen Sie **Projekt: Erstellen: Clipkopie**.

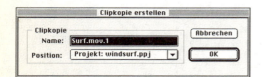

6 Geben Sie im Dialogfeld »Clipkopie erstellen« den Namen **Surf1.mov** für die Clipkopie ein. Achten Sie darauf, daß im Feld »Position« die Bezeichnung **Projekt: Windsurf.ppj** steht, und klicken Sie auf OK. *Surf1.mov* erscheint im Projektfenster.

💡 *Sie können eine Clipkopie mit Hilfe des Projektfensters umbenennen. Wählen Sie die Listenansicht im Projektfenster, falls erforderlich, indem Sie unten im Fenster auf das Liste-Symbol (☰) klicken. Doppelklicken Sie dann im Projektfenster auf den Namen der Clipkopie, geben Sie den richtigen Namen ein, und drücken Sie die Eingabetaste.*

Sie erstellen nun die zweite Clipkopie.

7 Achten Sie darauf, daß die Originalansicht im Monitorfenster aktiviert ist, und wählen Sie **Clip: Alle Marken löschen**, um die In- und Out-Points zu löschen.

8 Setzen Sie für die zweite Clipkopie den In-Point bei 13:20.

9 Setzen Sie den Out-Point bei 21:24.

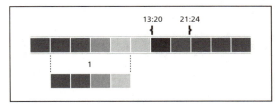

Die In- und Out-Points für die erste Clipkopie sind gelöscht,
und für die zweite Clipkopie werden neue Points gesetzt

10 Klicken Sie auf die Loop-Schaltfläche (↺), um das gerade definierte Material anzusehen. Drücken Sie die Stoppen-Schaltfläche, um die Vorschau zu beenden.

11 Wählen Sie **Projekt: Erstellen: Clipkopie**.

12 Geben Sie **Surf2.mov** als Namen für die Clipkopie ein, und klicken Sie auf OK.

Jetzt folgt noch das Erstellen der letzten Clipkopie.

13 Wählen Sie **Clip: Alle Marken löschen**, um die In- und Outpoints zu löschen.

14 Setzen Sie für die dritte Clipkopie den In-Point bei 23:10.

15 Setzen Sie den Out-Point bei 29:04.

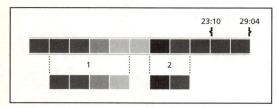

In- und Out-Points für die dritte Clipkopie

16 Klicken Sie auf die Loop-Schaltfläche(↻), um das gerade definierte Material anzusehen. Drücken Sie die Stoppen-Schaltfläche, um die Vorschau zu beenden.

17 Wählen Sie **Projekt: Erstellen: Clipkopie**.

18 Geben Sie **Surf3.mov** als Namen für die Clipkopie ein, und klicken Sie auf OK.

Die Clipkopien *Surf1.mov*, *Surf2.mov* und *Surf3.mov* befinden sich im Projektfenster und können für das Videoprogramm verwendet werden.

19 Speichern Sie das Projekt.

Was sind virtuelle Clips?

Beim Erstellen der Clipkopien haben Sie mehrere Clips von einem Master-Clip erstellt. Virtuelle Clips sind das genaue Gegenteil: Es wird ein einzelner Clip von einem vorher festgelegten Bereich des Schnittfensters erstellt; der Bereich kann dabei eine beliebige Anzahl von Clips umfassen. Ein virtueller Clip ähnelt mehr einem separaten Projekt mit mehreren Clips, Spuren, Filtern und Überblendungen, das als Film exportiert wurde. Ein virtueller Clip ist wie ein zweites Videoprogramm, das Sie zwar im Schnittfenster, aber separat vom Hauptvideoprogamm erstellen – Sie müssen keine Filme exportieren.

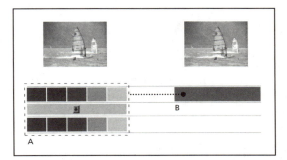

*Mehrere Clips (**A**) können in einem virtuellen Clip (**B**) kombiniert werden*

Mit Hilfe von virtuellen Clips können Sie alles, was Sie einmal im Schnittfenster erstellt haben, immer wieder in einem Videoprogramm verwenden. Einem virtuellen Clip können Sie Filter, Überblendungen oder andere Einstellungen von Clips im Ursprungs-bereich zuweisen. Wenn Sie später dieses Einstellungen ändern oder die Clips bearbeiten, werden alle Änderungen automatisch allen Instanzen des virtuellen Clips zuge-wiesen.

So wie bei den Clipkopien bezieht sich jeder Clip im Ursprungsbereich, der in einen vir-tuellen Clip aufgenommen wurde, auf einen Master-Clip im Projektfenster. Werden der Master-Clip oder der Clip im Ursprungsbereich für den virtuellen Clip gelöscht, wird auch der entsprechende Teil jeder Instanz des virtuellen Clips gelöscht.

Virtuelle Clips

Mit virtuellen Clips können Sie folgende Bearbeitungen vornehmen:

•*Sie können alles, was Sie einmal erstellt haben, immer wieder verwenden. Wenn Sie z.B. eine kurze Sequenz mit vier darübergelegten Videospuren und drei gemischten Audiospuren erstellt haben und diese Sequenz zehnmal in Ihrem Projekt verwenden wollen, bilden Sie zunächst die Sequenz, erstellen davon einen virtuellen Clip und fügen dem Schnittfenster zehn Instanzen dieses virtuellen Clips hinzu.*

•*Sie können unterschiedlichen Kopien einer Sequenz unterschiedliche Einstellungen zuweisen. Wenn Sie z.B. eine Sequenz wiederholt abspielen wollen und dabei jedesmal ein anderer Filter verwendet werden soll, erstellen Sie einen virtuellen Clip und kopieren diesen für jede Instanz, die mit einem anderen Effekt erscheinen soll.*

•*Sie können mehrere verstreute Sequenzen auf einmal aktualisieren. Wenn Sie z.B., wie oben beschrieben, einen virtuellen Clip erstellen und diesen zehnmal in Ihrem Videoprogramm verwenden, können Sie alle zehn Instanzen dieses virtuellen Clips auf einmal aktualisieren, indem Sie einfach die Clips in dem Bereich des Schnittfensters bearbeiten, in dem der virtuelle Clip definiert ist. Und falls jeder dieser Instanzen eines virtuellen Clips unterschiedliche Effekte zugewiesen sind, bleiben diese Effekte der einzelnen Instanzen bei der Bearbeitung erhalten. Wenn Sie aber, statt einen virtuellen Clip erstellt zu haben, die Sequenz kopiert und eingefügt haben, müssen Sie eine Sequenz aktualisieren und die aktualisierte Version dann neunmal kopieren und einfügen bzw. jede Kopie einzeln bearbeiten.*

•*Sie können ein und demselben Clip mehr als einmal Einstellungen zuweisen. Es gibt z.B. Effekte, die nur erzeugt werden können, wenn mehrere Überblendungen kombiniert werden. Sie können aber an der gleichen Stelle nicht mehr als eine Überblendung auf einmal zuweisen, es sei denn, Sie verwenden dabei einen virtuellen Clip. So können Sie z.B. eine Überblendung zwischen zwei Clips im Schnittfenster außerhalb des Hauptprogramms zuweisen, mit Hilfe der Clips auf den beiden Seiten der Überblendung zwei virtuelle Clips erstellen und die neuen virtuellen Clips in das Schnittfenster verschieben. Die erste Überblendung, die Sie zugewiesen haben, befindet sich nun in jedem virtuellen Clip, und Sie können zwischen den beiden virtuellen Clips eine weitere Überblendung zuweisen.*

Aus dem Adobe Premiere 5.0 Handbuch, Kapitel 4

Erstellen virtueller Clips

In dieser Lektion werden Sie einen virtuellen Clip erstellen, der dann mit anderen Clips für das fertige Projekt kombiniert wird.

Bevor Sie einen virtuellen Clip erstellen können, müssen Sie erst einmal die Clips für diesen virtuellen Clip zusammenstellen. Für das Erstellen eines virtuellen Clips benutzen Sie das Blockauswahlwerkzeug, mit dem Sie Material in allen Spuren des mit dem Werkzeug definierten Bereichs auswählen bzw. markieren können. Obwohl Sie jeden Teil des Hauptvideoprogramms im Schnittfenster auswählen können, in dem Sie auch den virtuellen Clip erstellen, ist der Beginn des Schnittfensters die ideale Stelle für das Originalmaterial, also vor dem Hauptvideoprogramm. Wenn Sie so verfahren, können Sie sicher sein, daß Änderungen im Hauptvideoprogramm nicht die Clips im Ursprungsbereich für den virtuellen Clip verschieben oder anderweitig beeinflussen.

Zusammenstellen der Original-Clips

Sie werden nun die Clips zusammenstellen, von denen Sie dann einen virtuellen Clip erstellen werden. Anschließend werden Sie in diesem virtuellen Clip zwei Clips mit Windsurfern kombinieren. Dabei ist der eine Clip teilweise transparent, während der andere Clip durch den transparenten Clip durchscheint.

1 Ziehen Sie *Surf1.mov* aus dem Projektfenster auf die Videospur 1B, und zwar an den Anfang des Schnittfensters.

2 Ziehen Sie *Surf2.mov* aus dem Projektfenster auf die Videospur 2, und zwar ebenfalls an den Anfang des Schnittfensters.

Sie bestimmen nun den Transparenz-Key-Typ für einen der Clips.

3 Markieren Sie *Surf2.mov* im Schnittfenster, und wählen Sie **Clip: Video: Transparenz**, um das Dialogfeld »Transparenz einstellen« zu öffnen.

4 Klicken Sie auf das Umblättern-Symbol (▨) unter dem Beispielfenster, um den Thumbnail des aktuellen Clips anzusehen.

5 Wählen Sie den Key-Typ *Luminanz*, belassen Sie den Schwellenwert auf 100 und die Schwellenwertabgrenzung auf 0; klicken Sie auf OK.

Sie werden nun eine Blende erstellen, um *Surf2.mov* teilweise transparent zu machen.

6 Klicken Sie auf das Dreieck links neben der Videospur 2, um die Spur zu vergrößern.

💡 *Um die komplette Blendensteuerung statt einen einzelnen Griffpunkt zu ziehen, halten Sie beim Ziehen die Umschalttaste gedrückt.*

7 Ziehen Sie bei gedrückter Umschalttaste die Blendensteuerung (rote Linie) nach unten auf 50%. Sie müssen aus dem Clip herausziehen, um diesen Wert einzustellen.

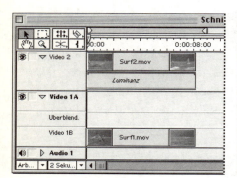 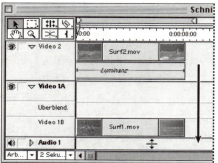

8 Räumen Sie das Schnittfenster auf, indem Sie auf den Pfeil links neben der Video-spur 1 klicken, um die Spur zu reduzieren.

Sie haben jetzt die Original-Clips für den ersten virtuellen Clip zusammengestellt.

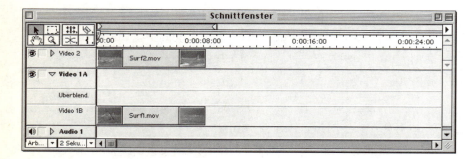

Sehen Sie sich Ihre bisherige Arbeit an.

9 Schauen Sie sich die zusammengestellten Clips an, indem Sie mit gedrückter Alt-Taste (Windows) bzw. Wahltaste (Mac OS) in der Zeitleiste des Schnittfensters scrubben.

10 Speichern Sie das Projekt.

Erstellen und Plazieren des virtuellen Clips

Sie erstellen jetzt einen virtuellen Clip aus den zusammengestellten Original-Clips.

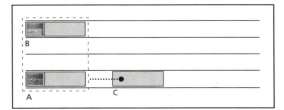

Sie wählen Surf1 *(A) und* Surf2 *(B) für den virtuellen Clip (C)*

1 Wählen Sie im Schnittfenster das Blockauswahlwerkzeug.

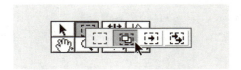

💡 *Wenn Sie mit dem Blockauswahlwerkzeug Clips am Anfang des Schnittfensters auswählen, sollten Sie einfach von rechts nach links ziehen.*

2 Ziehen Sie, um *Surf1.mov* und *Surf2.mov* auszuwählen; aus diesen Clips wird der virtuelle Clip erstellt. Achten Sie darauf, daß sich beide Clips innerhalb des Auswahlrechtecks befinden. Alle Clipteile außerhalb des Auswahlrechtecks werden nicht in den virtuellen Clip aufgenommen.

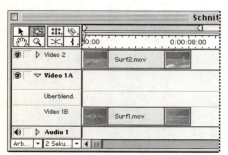 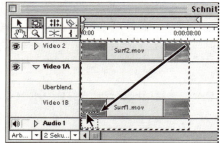

3 Setzen Sie den Zeiger in den ausgewählten Bereich, so daß sich der Zeiger in das Werkzeug für »Virtueller Clip« (🐘) ändert.

4 Ziehen Sie den ausgewählten Block auf die Videospur 1B, ungefähr eine Sekunde nach dem Ende des Ursprungsbereichs. So haben Sie genügend Platz für das Bearbeiten.

Nachdem Sie die schwarzen Markierungen, die für den virtuellen Clip an dieser Position stehen, entfernen, sieht der virtuelle Clip so wie jeder andere Clip aus – einzige Ausnahme sind die Farbe, der Name »Virtueller Clip« und die Zahlen unter dem Namen. Die Zahlen stehen für den Anfangs- und Endpunkt des im Schnittfenster ausgewählten Blocks. Deshalb könnten die Zahlenwerte auf Ihren virtuellen Clips von denen in den Abbildungen etwas abweichen.

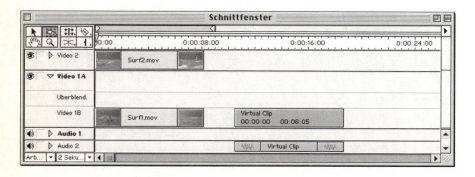

Standardmäßig erstellt Premiere zusammen mit dem Video- auch einen Audio-Clip. Im aktuellen Beispiel ist der Audio-Clip leer. Da Sie dem Projekt kein Audio hinzufügen müssen, werden Sie den Audio-Clip löschen.

5 Wählen Sie das Blockauswahlwerkzeug ab, indem Sie das Auswahlwerkzeug (↖) wählen.

6 Wählen Sie den Audioteil des virtuellen Clips, und drücken Sie die Löschen-Taste.

7 Schauen Sie sich den gerade erstellten virtuellen Clip an, indem Sie mit gedrückter Alt-Taste (Windows) bzw. Wahltaste (Mac OS) in der Zeitleiste des Schnittfensters scrubben.

Hinweis: Wenn die Auswahl des Ursprungsbereichs im Schnittfenster für den virtuellen Clip Leerraum (ohne Clips) enthält, werden im entsprechenden Teil des Clips schwarze Frames angezeigt.

Alle virtuellen Clips werden beim Erstellen mit »Virtueller Clip« bezeichnet. Damit sich der vorliegende virtuelle Clip besser von anderen virtuellen Clips unterscheiden läßt, werden Sie ihm einen Aliasnamen zuweisen.

8 Markieren Sie den virtuellen Clip, und wählen Sie dann **Clip: Aliasname**.

9 Geben Sie den Namen **Background** ein, und klicken Sie auf OK.

Der Name des virtuellen Clips ändert sich in *Background*.

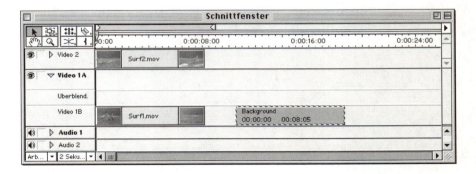

10 Speichern Sie das Projekt.

Sie haben soeben einen virtuellen Clip erstellt, und in der nächsten Übung werden Sie feststellen, daß Sie diesen virtuellen Clip auf eine Weise verwenden können, die mit den beiden Original-Clips alleine so nicht möglich ist.

Verschachteln virtueller Clips

In dieser Übung erstellen Sie einen weiteren virtuellen Clip unter Verwendung des gerade erstellten virtuellen Clips. Wenn Sie Clips für das Erstellen eines virtuellen Clips zusammenstellen, können auch andere virtuelle Clips im Originalmaterial enthalten sein. Dieses Einbringen eines virtuellen Clips innerhalb eines anderen virtuellen Clips wird als *Verschachteln* bezeichnet.

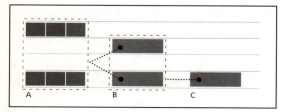

Ursprungsbereiche (A) werden ausgewählt, um mehrere virtuelle Clips (B)
zu erstellen, die in einem neuen virtuellen Clip (C) verschachtelt werden

Sie werden nun zwei Instanzen des gerade erstellten virtuellen Clip zusammenstellen und einer Instanz einen Filter zuweisen. Anschließend fügen Sie zwischen den virtuellen Clips die Überblendung *Bildmaske* ein, um beide Clips gleichzeitig anzuzeigen. Zum Schluß erzeugen Sie aus diesen Clips einen verschachtelten virtuellen Clip.

Zusammenstellen der Original-Clips

Zuerst erstellen Sie eine Kopie von *Background* und positionieren die Kopie im Schnittfenster.

1 Markieren Sie *Background*, und wählen Sie **Bearbeiten: Kopieren**.

2 Markieren Sie die Videospur 1A, und wählen Sie **Bearbeiten: Einfügen**. Ziehen Sie
den Clip, bis er am Anfang von *Background* einrastet.

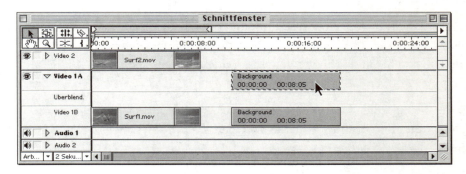

Um Verwechselungen zu vermeiden, geben Sie der Kopie von *Background* einen neuen
Namen.

3 Markieren Sie die Kopie von *Background*, und wählen Sie **Clip: Aliasname**.

4 Geben Sie **Background 2** ein, und klicken Sie auf OK.

Als nächstes werden Sie *Background* und *Background 2* einen Filter zuweisen. Wenn Sie
einem virtuellen Clip einen Filter zuweisen, werden nur die Bilder des virtuellen Clips,
nicht aber die des Original-Clips beeinflußt. Damit können Sie auf höchst effiziente
Weise einen Filter mehreren Clips gleichzeitig zuweisen. In dieser Übung stellen Sie die
Filter für jeden virtuellen Clip anders ein, so daß Sie beim Einfügen der Überblendung
die Unterschiede zwischen beiden erkennen können.

5 *Background 2* ist noch markiert; wählen Sie **Clip: Filter**, um das Dialogfeld »Filter« zu
öffnen.

6 Wählen Sie *Helligkeit & Kontrast* aus dem Listenfeld »Verfügbare Filter«, und klicken
Sie auf »Hinzufügen«.

7 Stellen Sie die Helligkeit auf **+19** und den Kontrast auf **-20** ein, und klicken Sie dann auf OK. Klicken Sie erneut auf OK, um das Dialogfeld »Filter« zu schließen.

8 Markieren Sie *Background*, und öffnen Sie das Dialogfeld »Filter«.

9 Wählen Sie *Helligkeit & Kontrast* aus dem Listenfeld »Verfügbare Filter«, und klicken Sie auf »Hinzufügen«.

10 Stellen Sie die Helligkeit auf **+19** und den Kontrast auf **-5** ein, und klicken Sie dann auf OK. Klicken Sie erneut auf OK, um das Dialogfeld »Filter« zu schließen.

In Lektion 11, »Zuweisen von Video- und Audiofiltern«, haben Sie im Dialogfeld »Transparenz einstellen« einen Filter einem bestimmten Bildbereich zugewiesen. An dieser Stelle arbeiten Sie mit der Überblendung *Bildmaske*, um den gleichen Effekt für *Background* und *Background 2* zu erzielen.

11 Ziehen Sie die Überblendung *Bildmaske* aus der Überblendungenpalette auf die Überblendungsspur, und positionieren Sie die Überblendung zwischen den beiden virtuellen Clips.

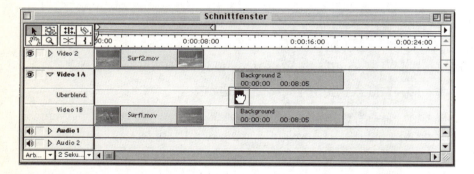

12 Klicken Sie im Dialogfeld »Bildmaske einstellen« auf die Schaltfläche »Eigene«, und doppelklicken Sie im Ordner *12Lektion* auf *Mask1.tif*. Klicken Sie anschließend auf OK, um das Dialogfeld zu schließen.

13 Um die Dauer der Überblendung einzustellen, setzen Sie den Zeiger auf das Ende der Überblendung. Ziehen Sie nach rechts, bis die Überblendung am Ende des virtuellen Clips einrastet.

14 Doppelklicken Sie auf die Überblendung im Schnittfenster. Sie erkennen in den Vorschaufeldern, daß der Clip auf der Videospur 1A im schwarzen Teil der Maske und der Clip auf der Videospur 1B im weißen Teil der Maske zu sehen ist. Aktivieren Sie die Option »Originalclips zeigen«, um den Effekt für die virtuellen Clips zu sehen. Klicken Sie auf OK, um das Dialogfeld »Bildmaske einstellen« zu schließen.

15 Schauen Sie sich den gerade erstellten Effekt an, indem Sie mit gedrückter Alt-Taste (Windows) bzw. Wahltaste (Mac OS) in der Zeitleiste des Schnittfensters scrubben.

Sie erstellen jetzt einen virtuellen Clip aus dem soeben zusammengestellten virtuellen Clip.

16 Rollen Sie im Schnittfenster nach links oder ziehen Sie in der Navigatorpalette, so daß *Background* und *Background 2* links im Schnittfenster zu sehen sind.

17 Wählen Sie im Schnittfenster das Blockauswahlwerkzeug (⊞).

18 Ziehen Sie, um *Background*, *Background 2* und die Überblendung auszuwählen.

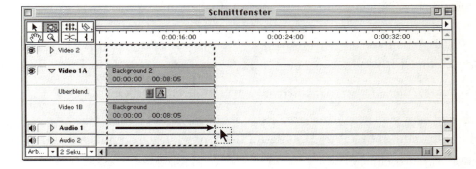

Diesmal verwenden Sie eine Tastenkombination, um einen virtuellen Clip ohne Audio zu erstellen.

19 Halten Sie die Umschalttaste und die Alt-Taste (Windows) bzw. die Umschalttaste und die Wahltaste (Mac OS) gedrückt, und ziehen Sie den ausgewählten Block auf die Videospur 1B. Lassen Sie eine kleine Lücke zwischen dem ausgewählten Block und dem neuen virtuellen Clip.

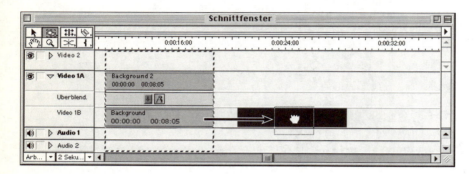

20 Wählen Sie das Blockauswahlwerkzeug ab, indem Sie das Auswahlwerkzeug (↖) wählen.

Sie haben jetzt einen neuen virtuellen Clip, in dem der bereits vorhandene virtuelle Clip verschachtelt ist. Da das Schnittfenster nur eine Überblendungsspur enthält, können Sie normalerweise auch nur eine Überblendung zur Zeit benutzen. Durch das Verschachteln virtueller Clips, in denen Überblendungen enthalten sind, können Sie mehrfache und damit viel komplexere Überblendungseffekte einer Gruppe von Clips zuweisen. Allerdings verlangsamen verschachtelte virtuelle Clips die Vorschau und den Filmexport, besonders, wenn Überblendungen, Filter und Überlagerungen verwendet wurden.

Sie geben dem virtuellen Clip jetzt einen aussagekräftigeren Aliasnamen.

21 Markieren Sie den neuen virtuellen Clip, und wählen Sie **Clip: Aliasname**. Geben Sie **Masked Background** (Maskierter Hintergrund) ein, und klicken Sie auf OK.

22 Schauen Sie sich den gerade erstellten Clip an, indem Sie mit gedrückter Alt-Taste (Windows) bzw. Wahltaste (Mac OS) in der Zeitleiste des Schnittfensters scrubben. Die Filtereffekte und die Überblendung unterscheiden sich nicht von denen in der Vorschau der Original-Clips.

23 Speichern Sie das Projekt.

Zusammenstellen des endgültigen Videoprogramms

Sie haben den gerade erstellten virtuellen Clip in einem neuen virtuellen Clip verschachtelt. In diesem neuen virtuellen Clip werden Sie den virtuellen Clip *Masked Background* zusammen mit einem anderen Video-Clip und einigen Standbildern kombinieren, indem Sie eine weitere *Bildmaske*-Überblendung hinzufügen. Diesmal benutzen Sie
die Überblendung, um einen Clip und eine Auswahl von Standbildern durch die Bildmaske auf den Hintergrundeffekten abzuspielen. Zuerst fügen Sie dem Projekt eine
neue Szene hinzu.

1 Ziehen Sie den Regler in der Navigatorpalette, oder klicken Sie auf die Zoom-Schaltflächen, um die Zeiteinheit im Schnittfenster auf 1 Sekunde einzustellen; Sie erkennen
jetzt mehr Einzelheiten.

2 Rollen Sie im Schnittfenster, oder ziehen Sie in der Navigatorpalette, so daß der
Clip *Masked Background* zu sehen ist.

3 Ziehen Sie *Surf3.mov* aus dem Projektfenster in die Videospur 1A, so daß der Clip am
Anfang von *Masked Background* einrastet.

Das Standbild, das Sie diesem Projekt hinzufügen werden, wird in der Mitte von
Surf3.mov eingefügt. Für dieses Einfügen werden Sie mit der Rasierklinge den Clip in zwei
Teile zerschneiden.

4 Wählen Sie im Schnittfenster die Rasierklinge (✎), und klicken Sie ungefähr in der
Mitte von *Surf3.mov*.

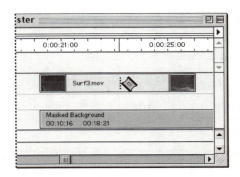 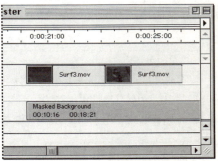

Surf3.mov besteht jetzt aus zwei Teilen.

5 Wählen Sie das Auswahlwerkzeug (▶), um die Rasierklinge abzuwählen.

Bevor Sie das Standbild diesem Projekt hinzufügen, werden Sie die Premiere-Grundeinstellungen so ändern, daß die Dauer eines Standbilds automatisch beim Import festgelegt wird. Sie müssen diese Grundeinstellung vor dem Import von Standbildern festlegen.

6 Wählen Sie **Datei: Vorgaben: Allgemein / Standbild**. Geben Sie unter »Standbild« in das Feld »Standarddauer« den Wert **5** für die Anzahl der Frames ein, und klicken Sie auf OK.

7 Wählen Sie **Datei: Importieren: Ordner**, wählen Sie im Ordner *12Lektion* den Ordner *Images*, und klicken Sie auf OK (Windows) bzw. »'Images wählen'« (Mac OS).

Sie werden alle 10 Standbilder gleichzeitig zwischen den beiden Teilen von *Surf3.mov* einfügen.

8 Doppelklicken Sie im Projektfenster auf die Ablage *Images*, um sie zu öffnen, und wählen Sie **Bearbeiten: Alles Auswählen**. Ziehen Sie alle Dateien gleichzeitig auf die Videospur 1A zwischen die beiden Segmente von *Surf3.mov*. Schließen Sie die *Images*-Ablage.

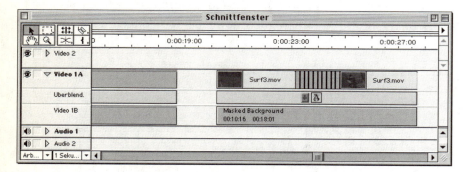

Der virtuelle Clip ist etwas länger als die Clips, die Sie auf der Videospur 1A zusammengestellt haben. Da das Material auf den Spuren Video 1A und Video 1B gleichlang sein soll, müssen Sie den virtuellen Clip trimmen.

9 Das Auswahlwerkzeug ( ) ist ausgewählt; setzen Sie den Zeiger auf das rechte Ende von *Masked Background*, und ziehen Sie so weit nach links, bis der Clip am Ende des letzten (darüber befindlichen) *Surf3.mov*-Segments einrastet.

Jetzt fügen sie die *Bildmaske*-Überblendung mit einer neuen Maskenform hinzu.

10 Ziehen Sie aus der Überblendungenpalette die Überblendung *Bildmaske* auf die Überblendungsspur, so daß die Überblendung am Anfang von *Masked Background* einrastet.

11 Doppelklicken Sie auf die Überblendung, um das Dialogfeld »Bildmaske einstellen« zu öffnen. Klicken Sie auf die Schaltfläche »Eigene«, und doppelklicken Sie dann auf *Mask2.tif* im Ordner *12Lektion*. Klicken Sie auf OK, um das Dialogfeld »Bildmaske einstellen« zu schließen.

12 Stellen Sie die Dauer der Überblendung ein, indem Sie den Zeiger auf das rechte Ende der Überblendung setzen und so weit nach rechts ziehen, bis die Kante am Ende von *Masked Background* und den gerade zusammengestellten anderen Clips einrastet.

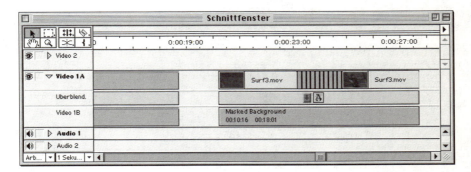

13 Sehen Sie sich die beiden Clips und die Überblendung an, indem Sie mit gedrückter Alt-Taste (Windows) bzw. Wahltaste (Mac OS) in der Zeitleiste des Schnittfensters scrubben.

Jetzt weisen Sie dem Clip *Masked Background* den Filter *Invertieren* zu und stellen die Keyframes-Marken so ein, daß der Clip nur dann mit dem Effekt versehen wird, wenn die Standbilder abgespielt werden. Um diesen Schritt zu vereinfachen, werden Sie zwei nicht numerierte Marken an den Stellen einfügen, an denen der Filtereffekt einsetzen und enden soll.

14 Ziehen Sie in der Programmansicht den Shuttle-Reger, um die Schnittlinie im Schnitt-fenster am Anfang von *Masked Background* zu positionieren. Klicken Sie auf die »Nächstes Edit«-Schaltfläche (▸⎸), um die Schnittlinie an den Anfang von *Still01.ti*f zu verschieben; wählen Sie **Clip: Marke setzen: Nicht numeriert.**

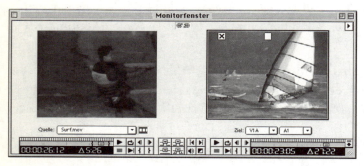

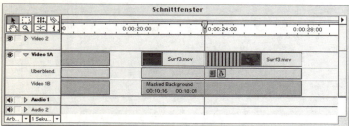

15 Ziehen Sie in der Programmansicht den Shuttle-Regler, um die Schnittlinie im Schnittfenster auf das letzte Segment von *Surf3.mov* zu positionieren. Klicken Sie auf die »Vorheriges Edit«-Schaltfläche (⎸◂), um die Schnittlinie auf den ersten Frame des letzten Segments von *Surf3.mov* zu positionieren. Klicken Sie jetzt unter der Programmansicht auf die »Frame zurück«-Schaltfläche (◂⎸), um die Schnittlinie zum letzten Frame von *Still10.tif* zu verschieben. Wählen Sie **Clip: Marke setzen: Nicht numeriert.** Verschieben

Sie die Schnittlinie von der Marke, so daß sie beim Ausrichten des Keyframes auf die Marke nicht stört.

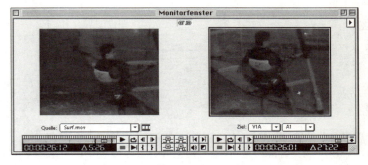

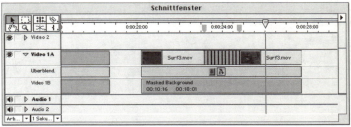

Nun werden Sie den *Invertieren*-Filter dem Clip *Masked Background* zuweisen. Der Filter kehrt jede Farbe in ihre Komplementärfarbe um.

16 Markieren Sie *Masked Background*, und öffnen Sie den Dialog »Filter einstellen«.

17 Wählen Sie im Listenmenü »Verfügbare Filter« den Filter *Invertieren*, und klicken Sie auf »Hinzufügen«. Plazieren Sie das Dialogfeld so auf Ihrem Desktop, daß Sie auch die Marken im Schnittfenster und die Programmansicht sehen können.

18 Ziehen Sie die erste Marke in der Keyframes-Zeitleiste so weit nach rechts, bis die Marke an der nicht numerierten Marke am Beginn von *Still1.tif* ausgerichtet ist.

19 Ziehen Sie nun die zweite Marke in der Keyframe-Zeitleiste so weit nach links, bis die Marke am Ende von *Still10.tif* ausgerichtet ist. Klicken Sie auf OK, um das Dialogfeld »Filter« zu schließen.

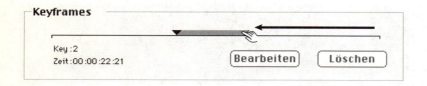

20 Schauen Sie sich die zusammengestellten Clips an, indem Sie mit gedrückter Alt-Taste (Windows) bzw. Wahltaste (Mac OS) in der Zeitleiste des Schnittfensters scrubben.

21 Speichern Sie das Projekt.

Bearbeiten virtueller Clips

Virtuelle Clips lassen sich auf verschiedene Weise bearbeiten. So wie andere Clips können Sie beide Enden eines virtuellen Clips trimmen, Einstellungen verändern oder Filter zuweisen. Darüber hinaus können Sie die Clips im Ursprungsbereich, aus denen der virtuelle Clip erstellt wurde, bearbeiten; diese Änderungen fließen automatisch in alle Instanzen des virtuellen Clips ein. Da Sie bereits virtuelle Clips direkt durch Zuweisen von Filtern bearbeitet haben, benutzen Sie jetzt eine andere Methode. Sie bearbeiten die Clips im Ursprungsbereich, um alle bislang erstellten virtuellen Clips zu modifizieren.

Sie werden die Form, die Sie mit der Überblendung *Bildmaske* erstellt haben, mit einem Schatten versehen. Dazu müssen Sie einen Clip dem Ursprungsbereich von *Masked Background* hinzufügen.

💡 *Um schnell den Ursprungsbereich für einen virtuellen Clip herauszufinden, doppelklicken Sie einfach auf den virtuellen Clip.*

1 Doppelklicken Sie auf *Masked Background*. Der Ursprungsbereich ist mit dem Auswahlrahmen ausgewählt, und das Blockauswahlwerkzeug ist aktiviert. Wählen Sie das Auswahlwerkzeug ( ).

2 Ziehen Sie *Shadow.tif* aus dem Projektfenster auf die Videospur 2, und zwar direkt über den Anfang von *Background* und *Background 2*.

Das Standbild *Shadow.tif* soll dieselbe Länge wie *Background* und *Background 2* haben; Sie müssen also die Dauer des Standbilds ändern.

3 Setzen Sie den Zeiger auf das Ende von *Shadow.tif*, und ziehen Sie, bis die Kante am Ende der virtuellen Clips einrastet.

4 Markieren Sie *Shadow.tif*, und wählen Sie dann **Clip: Video: Transparenz**, um das Dialogfeld »Transparenz einstellen« zu öffnen.

5 Wählen Sie den Key-Typ *Luminanz*, und stellen Sie den Schwellenwert auf 0 und die Schwellenwertabgrenzung auf 100 ein.

6 Klicken Sie auf das Umblättern-Symbol ( ) unter dem Beispielfenster für den Thumbnail des aktuellen Clips; klicken Sie anschließend auf OK.

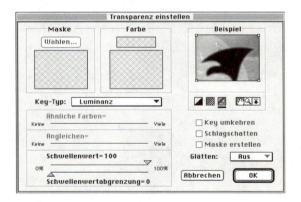

Sie werden nun eine Blende erstellen, um *Shadow.tif* teilweise transparent zu machen.

7 Klicken Sie auf das Dreieck links neben der Videospur 2, um die Spur zu vergrößern.

8 Halten Sie die Umschalttaste gedrückt, und ziehen Sie die rote Linie der Blendenkontrolle nach unten auf etwa 50%. Für diesen Wert müssen Sie aus dem Clip herausziehen.

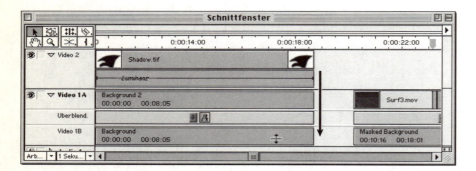

9 Schauen Sie sich den Effekt an, indem Sie mit gedrückter Alt-Taste (Windows) bzw. Wahltaste (Mac OS) in der Zeitleiste des Schnittfensters scrubben.

Durch das Hinzufügen von *Shadow.tif* in den Ursprungsbereich wurde der Schatteneffekt den beiden virtuellen Clips *Background* und *Background 2* hinzugefügt.

10 Schauen Sie sich auf die gleiche Weise *Masked Background* und die darüber angeordneten Clips an.

Durch das Hinzufügen von *Shadow.tif* in den Ursprungsbereich wurde *Masked Background* verändert. Der Filter in *Masked Background* invertiert den Schatten.

11 Räumen Sie das Schnittfenster auf, indem Sie auf das Dreieck neben Video 2 klicken, um die Spur zu reduzieren.

12 Speichern Sie das Projekt.

Kompilieren virtueller Clips

Wenn ein virtueller Clip seine endgültige Form hat und keinerlei Änderungen mehr erforderlich sind, können Sie die Originalkomponenten zu einem aktuellen Clip kompilieren. Dieser Schritt spart Zeit bei der Vorschau, und das Originalmaterial kann aus dem Schnittfenster entfernt werden. Ein weiterer Vorteil liegt darin, daß ein Löschen von Clips im Ursprungsbereich des Schnittfensters oder ein Löschen von zugeordneten Master-Clips im Projektfenster keinerlei Auswirkung auf einen kompilierten Clip hat.

Nachdem Sie nun den zweiten virtuellen Clip fertiggestellt haben, können Sie ihn kompilieren. Über die Zeitersparnis bei der Vorschau und den Filmexport hinaus verhindert das Kompilieren mögliche Veränderungen des virtuellen Clips, falls entsprechende Original-Clips modifiziert werden. Ein kompilierter Clip läßt sich wie jeder andere Clip bearbeiten, und wenn Sie Änderungen an den Original-Clips vornehmen, können Sie den kompilierten Clip erneut bearbeiten und anschließend wieder kompilieren.

1 Wählen Sie *Background* im Schnittfenster.

2 Wählen Sie **Clip: Durch Ursprungsdateien ersetzen**, um das Dialogfeld »Film exportieren« zu öffnen.

3 Geben Sie für den zu kompilierenden Clip den Dateinamen **Background.mov** ein.

4 Achten Sie darauf, daß im Dialogfeld der gewünschte Ordner ausgewählt ist, und klicken Sie auf »Speichern« (Windows) bzw. OK (Mac OS).

Wenn Premiere das Kompilieren abgeschlossen hat, ändert sich der virtuelle Clip in den neu benannten Clip im Schnittfenster; der Clip erscheint auch im Projektfenster.

5 Schauen Sie sich den gerade kompilierten Clip in der Originalansicht an.

6 Speichern Sie das Projekt.

Exportieren des Films

Da Sie die Bearbeitung bzw. das Editing abgeschlossen haben, werden Sie nun die Filmdatei generieren. Sie exportieren nur den zuletzt erstellten virtuellen Clip *Masked Background* und die darüber angeordneten Clips.

1 Rollen Sie im Schnittfenster, so daß *Masked Background* zu sehen ist.

2 Um die Arbeitsbereichsleiste schnell auszuweiten, so daß sie *Masked Background* und die Clips darüber im Schnittfenster abdeckt, klicken Sie mit gedrückter Alt-Taste (Windows) bzw. Wahltaste (Mac OS) direkt unterhalb der Titelleiste über *Masked Background*.

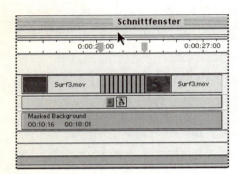 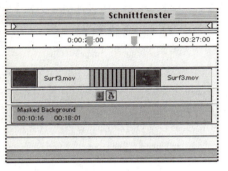

3 Wählen Sie **Datei: Exportieren: Film**.

4 Klicken Sie im Dialogfeld auf »Einstellungen«.

5 Wählen Sie »QuickTime« als Dateityp »Arbeitsbereich« für Bereich.

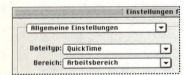

6 Aktivieren Sie die Option »Video exportieren«, und deaktivieren Sie »Audio exportieren«. Übernehmen Sie die restlichen Einstellungen. Klicken Sie auf OK, um das Dialogfeld »Einstellungen für Filmexport« zu schließen.

7 Wählen Sie im Dialogfeld »Film exportieren« den Ordner *12Lektion* als Speicherort, geben Sie **Windsurf.mov** als Dateinamen ein, und klicken Sie auf »Speichern« (Windows) bzw. OK (Mac OS).

Premiere beginnt mit der Filmerstellung und zeigt eine Statusleiste an, in welcher der Fortschritt und die geschätzte Zeitdauer für die Generierung angezeigt werden.

8 Der fertige Film wird im Clipfenster geöffnet.

9 Klicken Sie auf die Abspielen-Schaltfläche, um sich den Film anzusehen.

Selber ausprobieren

Experimentieren Sie mit dem in dieser Lektion erstellten Projekt. Dazu einige Vorschläge:

• Verwenden Sie den Befehl »Speziell einfügen«, um nur die Einstellungen der Blendenkontrolle von *Surf1.mov* in *Background 2* zu kopieren.

• Arbeiten Sie mit der Rasierklinge, um einen der virtuellen Clips in verschiedene Segmente einzufügen und jedem Segment unterschiedliche Filtereinstellungen zuzuweisen.

• Fügen Sie den *Strobe*-Filter (zusätzliche zum *Invertieren*-Filter) dem zuletzt erstellten virtuellen Clip hinzu. Stellen Sie »Sichtbare Frames« auf den Wert 4 und »Unsichtbare Frames« auf den Wert 1 ein; wählen Sie anschließend eine helle Farbe aus. Setzen Sie die gleichen Keyframes wie beim *Invertieren*-Filter.

Fragen

1 Mit welchen beiden Möglichkeiten läßt sich ein Clip umbenennen?

2 Welche Vorteile bieten verschachtelte virtuelle Clips beim Einsatz von Filtern und Überblendungen?

3 Würden Sie für einen neuen Clip, der im Projektfenster erscheint, eine Clipkopie, einen Aliasnamen oder einen virtuellen Clip erstellen?

4 Welche Vor- und Nachteile gibt es beim Kompilieren eines virtuellen Clips?

5 Kann eine Clipkopie mehr als einen Original-Clip enthalten?

6 Mit welchen drei Möglichkeiten läßt sich die Dauer eines Standbilds verändern?

Antworten

1 Weisen Sie dem Clip einen Aliasnamen zu, oder ändern Sie den Namen in der Listenansicht des Projektfensters.

2 Sie können Überblendungen und Filter mehr als einmal demselben Originalmaterial zuweisen.

3 Eine Clipkopie.

4 Das Kompilieren eines virtuellen Clips schützt ihn vor versehentlichen Änderungen, das Originalmaterial braucht nicht mehr im Projekt enthalten zu sein, und die Vorschauzeit wird verkürzt. Nachdem ein virtueller Clip kompiliert ist, läßt er sich allerdings nicht mehr durch Verändern des Originalmaterials modifizieren. Wenn der Bereich mit dem Originalmaterial gelöscht ist, lassen sich die Original-Clips weder durch ihren Namen identifizieren, noch können Sie die für den Original-Clip verwendeten Filter, Überblendungen oder Einstellungen sehen.

5 Eine Clipkopie kann nur einen Clip enthalten. Um dennoch diesen Effekt erzielen zu können, müssen Sie einen virtuellen Clip erstellen.

6 Sie können die Länge eines Standbilds auf folgende Arten verändern:

• Geben Sie vor dem Importieren des Clips im Dialogfeld »Grundeinstellungen, Allgemein / Standbild« unter »Standbild« die Standarddauer (in Frames) ein.

• Wählen Sie **Clip: Dauer**, und geben Sie den neuen Wert ein.

• Setzen Sie das Auswahlwerkzeug an den Rand des Clips, und ziehen Sie.

Index